4차 산업혁명시대 유망직업

맞춤형 화장품 조제관리사

강현경 · 김미성 · 마충량 · 조혜경 공저

- 최신 출제기준에 따른 과목별 핵심이론 정리
- 최신 재개정 법령 반영

PREFACE

맞춤형화장품 조제관리사를 출간하며…

화장품 산업은 아주 매력적이고 4차산업혁명에도 꺼지지 않는 불꽃처럼 계속적으로 발전을 하고 있는 산업입니다.

한국은 만년 화장품 수입국에서 지난 2014년 이후 수출이 앞서기 시작했고, 매출 증가로 세계 10위권 내의 화장품 수출 국가로 발돋움 하였습니다.

또한 K-뷰티의 인지도와 명성이 그에 따라 위상이 올라가고 있습니다.

그에 발맞춰 맞춤형화장품은 소비자의 요구에 따라 제조, 수입된 화장품을 덜어서 소분하거나 다른 내용물 또는 원료를 추가 및 혼합한 화장품을 말하며 맞춤형화장품 판매업법이 도입되면서 앞으로 맞춤형화장품을 판매를 하려면 조제관리사를 의무적으로 채용해야 합니다.

이에 따라 화장품업계의 실무자 및 화장품 관련학과, 맞춤화장품업체, 미용학원을 중심으로 자격증에 대한 필요성은 꾸준히 증가하게 될 전망입니다.

그에 따라 조제관리사 시험에 대비하시는 분들이 본교재로 시험에 필요한 사항을 이해하기 쉽도록 구성하여 합격에 도움을 드리고자 최선을 다했습니다.

맞춤형화장품 조제관리사는 인간의 행복한 삶과 아름다움을 유지하는 미래 유망 직종으로 타인의 삶의 가치를 향상시킴으로서 사회로부터 존경받고 인정받는 직업이 될것입니다.

이 교재를 통해서 많은 분들이 맞춤형화장품 조제관리사 자격을 취득하여 자신과 고객을 위해 아름답고 건강하며 행복한 일을 영위하시기를 바랍니다.

감사합니다.

저자

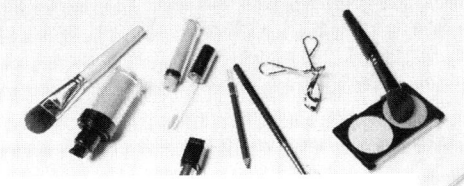

시 험 안 내

1. 시험방법 및 문항유형

과목명	문항유형	과목별 총점	시험방법
화장품 관련 법령 및 제도 등에 관한 사항	• 선다형 7문항 • 단답형 3문항	100점	필기시험
화장품의 제조 및 품질관리와 원료의 사용기준 등에 관한 사항	• 선다형 20문항 • 단답형 5문항	250점	
화장품의 유통 및 안전관리 등에 관한 사항	• 선다형 25문항	250점	
맞춤형화장품의 특성·내용 및 관리 등에 관한 사항	• 선다형 28문항 • 단답형 12문항	400점	

2. 접수방법

자격시험 홈페이지를 통한 인터넷 온라인 접수
※ 원서접수는 자격시험홈페이지(ccmm.kpc.or.kr)에서만 가능하며, 단체 및 방문접수는 불가

3. 응시자격

제한 없음

4. 응시 수수료 결제

응시 수수료: 100,000원
납부방법 : 전자 결제(신용카드, 계좌이체) 중 택 1
※ 모바일 접수시 계좌이체의 일부 은행이 제한될 수 있음

5. 합격기준

전 과목 총점(1,000점)의 60%(600점) 이상을 득점하고, 각 과목 만점의 40% 이상을 득점한 자

CONTENTS

PREFACE　　3

제1과목　화장품법의 이해

I. 화장품법　14

1. 화장품법의 입법취지 및 법령의 체계　14
2. 화장품의 정의 및 유형　14
   - 2.1 화장품의 정의　14
   - 2.2 화장품의 유형　15
   - 2.3 화장품법령에 따른 화장품의 유형　16
3. 화장품법에 따른 영업의 종류　18
   - 3.1 화장품법에 따른 영업의 종류　18
   - 3.2 영업의 등록 및 신고요건　19
   - 3.3 영업등록 및 신고의 결격사유　19
   - 3.4 영업변경등록 및 신고　20
   - 3.5 영업자별 자격기준 및 업무　20
   - 3.6 화장품책임판매관리자의 상세업무　21
4. 화장품의 품질요소　22
   - 4.1 안전성(Safety)　22
   - 4.2 화장품의 안정성(stability)　28
   - 4.3 유효성(efficacy)　29

5. 화장품의 사후관리 기준 … 30
   5.1 영업자의 의무 … 30
   5.2 영업자별 준수사항 … 31
   5.3 화장품 포장 기재, 표시사항 … 32
   5.4 화장품표시, 광고 준수사항 … 34
   5.5 제조 수입판매 등의 금지사항 … 36
   5.6 감독 및 벌칙사항 … 38

II. 개인정보보호법 … 46

1. 용어의 정의 … 46

2. 개인정보보호법에 근거한 고객정보 입력 … 47
   2.1 개인정보 수집·이용의 요건 … 47

3. 고객정보관리 및 상담 … 51
   3.1 개인정보의 파기 … 51
   3.2 업무 위탁에 따른 개인정보의 처리 제한 … 51
   3.3 영업양도 등에 따른 개인정보 이전 제한 … 52
   3.4 금지행위 … 52
   3.5 개인정보의 유출 통지 및 신고 … 52
   3.6 영상정보처리기기 설치 및 운영방법 … 53

기출문제 … 55

제2과목 화장품 제조 및 품질관리

1. 화장품 원료의 종류와 특성 … 60
   1.1 화장품 원료의 종류 … 60
   1.2 화장품원료의 특징 … 61

2. 천연화장품과 유기농화장품 — 79
- 2.1 용어의 정의 — 79
- 2.2 천연화장품 및 유기농화장품의 기준 — 81
- 2.3 제조공정 — 86
- 2.4 포장 및 보관 — 90
- 2.5 천연 및 유기농 함량의 계산 방법 — 91
- 2.6 천연화장품과 유기농화장품의 인증 — 92

3. 기능성화장품 — 93
- 3.1 기능성 화장품의 심사 — 93
- 3.2 자외선 차단효과 측정방법 및 기준 — 99
- 3.3 기능성화장품 보고서 제출 대상 — 101
- 3.4 자료제출이 생략되는 기능성화장품의 종류 — 103
- 3.5 함량기준 및 시험방법이 고시된 기능성화장품 — 111
- 3.6 기능성화장품의 양도 양수 및 변경 — 114
- 3.7 기능성화장품의 기재 표시사항 — 115
- 3.8 기능성화장품 인증 표시 — 116

4. 화장품의 기능과 품질 — 117
- 4.1 화장품법 통칙 — 117
- 4.2 맞춤형화장품의 구성 — 120
- 4.3 내용물 및 원료의 품질성적서 — 121
- 4.4 화장품 원료의 관리 — 122
- 4.5 화장품 원료의 입고/출고 관리 — 123

5. 화장품 사용제한 원료 — 123
- 5.1 인체 세포·조직 배양액 안전기준 — 123
- 5.2 착향제의 구성 성분 중 알레르기 유발성분 — 129

6. 화장품관리 — 132
- 6.1 화장품 사용 시의 주의사항 — 132
- 6.2 화장품의 함유 성분별 사용 시의 주의사항 표시 문구 — 140

7. 위해사례 판단 및 보고 ... 142
   7.1 위해화장품 ... 142
   7.2 인체적용제품의 위해성평가 등에 관한 규정 ... 147

기출문제 ... 154

제3과목   유통화장품 안전관리

1. **작업장 위생관리** ... 162
   1.1 작업장의 위생관리 ... 162
   1.2 작업장의 위생상태 ... 165
   1.3 작업장의 위생유지관리 활동 ... 170
   1.4 작업장 위생 유지를 위한 세제의 종류와 사용법 ... 174
   1.5 작업장 소독을 위한 소독제의 종류와 사용법 ... 176

2. **작업자 위생관리** ... 177
   2.1 작업장 내 직원의 위생기준 설정 ... 177
   2.2 작업장 내 직원의 위생 상태 판정 ... 178
   2.3 혼합, 소분 시 위생관리 규정 ... 178
   2.4 작업자 위생유지를 위한 세제의 종류와 사용법 ... 180
   2.5 작업자 소독을 위한 소독제의 종류와 사용법 ... 182
   2.6 작업자 위생관리를 위한 복장 청결상태 판단 ... 183

3. **설비 및 기구 관리** ... 185
   3.1 설비, 기구의 위생 기준 설정 ... 185
   3.2 설비, 기구의 위생상태판정 ... 187
   3.3 오염물질제거 및 소독방법 ... 190
   3.4 설비 기구의 구성 재질 구분 ... 193
   3.5 설비, 기구의 유지관리 및 폐기 기준 ... 194

4. 내용물 및 원료관리		196
	4.1 내용물 및 원료의 입고 기준	196
	4.2 유통화장품의 안전관리 기준	199
	4.3 입고된 원료 및 내용물 관리 기준	201
	4.4 보관중인 원료 및 내용물 출고기준	202
	4.5 내용물 및 원료의 폐기기준	205
	4.6 내용물 및 원료의 사용기한 확인.판정	207
	4.7 내용물 및 원료의 개봉 후 사용기한 확인 판정	208
	4.8 내용물 및 원료의 변질 상태 확인	209
	4.9 내용물 및 원료의 폐기절차	209
5. 포장재의 관리		211
	5.1 포장재의 입고기준	211
	5.2 입고된포장재 관리기준	213
	5.3 보관중인 포장재 출고기준	214
	5.4 포장재의 폐기기준	215
	5.5 포장재의(개봉 후)사용기한 확인·판정	216
	5.6 포장재의 변질상태확인	216
	5.7 포장재의 폐기절차	217
기출문제		219

제4과목 맞춤형화장품의 이해

1. 맞춤형화장품 개요		230
	1.1 맞춤형화장품 정의	230
	1.2 맞춤형화장품 주요규정	230
2. 피부 및 모발 생리구조		232
	2.1 피부의 생리구조	232

2.2 모발의 생리구조	239
2.3 피부 모발 상태 분석	245
3. 관능평가 방법과 절차	246
3.1 관능평가	246
4. 제품안내	248
4.1 맞춤형화장품 표시사항	248
4.2 맞춤형화장품 안전기준의 주요사항	249
4.3 맞춤형화장품의 특징	250
4.4 맞춤형화장품의 사용법	250
5. 혼합 및 소분	251
5.1 원료 및 제형의 물리적 특성	251
5.2 원료 및 내용물의 규격	252
5.3 혼합 소분에 필요한 도구 기기 리스트 선택	254
5.4 혼합, 소분에 필요한 기구 사용	254
6. 충진 및 포장	256
6.1 제품에 맞는 충진 방법 및 포장방법	256
7. 재고관리	259
7.1 원료 및 내용물의 재고파악과 발주	259
기출문제	261

화장품 사용제한 원료   273

제1과목

화장품법의 이해

I. 화장품법

1. 화장품법의 입법취지 및 법령의 체계

분류	규정	목적
「화장품법」	국회	화장품의 제조·수입·판매 및 수출 등에 관한 사항을 규정함으로써 국민보건향상과 화장품 산업의 발전에 기여를 목적으로 함
「화장품법 시행령」	대통령령	화장품법에서 위임된 사항과 그 시행에 필요한 사항 규정
「화장품법 시행규칙」	총리령	화장품법 및 같은 법 시행령에서 위임된 사항과 그 시행에 필요한 사항 규정
세부규정고시	식품의약품안전처	

「화장품법」 제정 배경
화장품의 특성에 부합되는 관리와 화장품 산업의 경쟁력 배양을 위한 제도 마련을 위해 1999년 약사법에서 분리, 2000년 7월 시행

2. 화장품의 정의 및 유형

2.1 화장품의 정의

> 화장품이란 인체를 청결·미화하여 매력을 더하고 용모를 밝게 변화시키거나 피부·모발의 건강을 유지 또는 증진하기 위해 인체에 바르고 문지르거나 뿌리는 등 이와 유사한 방법으로 사용되는 물품으로서 인체에 대한 작용이 경미한 것을 말한다. 「화장품법」에 따르면 의약품에 해당하는 물품은 화장품에서 제외한다.

(1) 화장품 사용 목적

① 인체를 청결·미화하여 매력 증진
② 용모를 밝게 변화
③ 피부·모발의 건강을 유지 또는 증진

(2) 화장품 사용 방법

① 인체에 바르고 문지르거나 뿌리는 등의 유사한 방법으로 사용

(3) 화장품 작용 범위

① 인체에 대한 작용이 경미한 것
② 의약품에 해당하는 물품은 제외

2.2 화장품의 유형

(1) 기능성화장품

화장품법	화장품시행규칙
피부의 미백에 도움을 주는 제품	① 피부에 멜라닌색소가 침착하는 것을 방지하여 기미·주근깨 등의 생성을 억제함으로써 피부의 미백에 도움을 주는 기능을 가진 화장품 ② 피부에 침착된 멜라닌색소의 색을 엷게 하여 피부의 미백에 도움을 주는 기능을 가진 화장품
피부의 주름개선에 도움을 주는 제품	① 피부에 탄력을 주어 피부의 주름을 완화 또는 개선하는 기능을 가진 화장품
피부를 곱게 태워주거나 자외선으로부터 피부를 보호하는 데에 도움을 주는 제품	① 강한 햇볕을 방지하여 피부를 곱게 태워주는 기능을 가진 화장품 ② 자외선을 차단 또는 산란시켜 자외선으로부터 피부를 보호하는 기능을 가진 화장품
모발의 색상 변화·제거 또는 영양공급에 도움을 주는 제품	① 모발의 색상을 변화(탈염(脫染)·탈색(脫色)을 포함한다)시키는 기능을 가진 화장품. 다만, 일시적으로 모발의 색상을 변화시키는 제품은 제외
체모를 제거하는 기능을 가진 화장품. 다만, 물리적으로 체모를 제거하는 제품은 제외	
피부나 모발의 기능 약화로 인한 건조함, 갈라짐, 빠짐, 각질화 등을 방지하거나 개선하는 데에 도움을 주는 제품	① 탈모 증상의 완화에 도움을 주는 화장품. 다만, 코팅 등 물리적으로 모발을 굵게 보이게 하는 제품은 제외 ② 여드름성 피부를 완화하는 데 도움을 주는 화장품. 다만, 인체세정용 제품류로 한정 ③ 피부장벽의 기능을 회복하여 가려움 등의 개선에 도움을 주는 화장품 ④ 튼살로 인한 붉은 선을 엷게 하는 데 도움을 주는 화장품

(2) 천연화장품

① 동식물 및 그 유래 원료 등을 함유한 화장품으로서 식품의약품안전처장이 정하는 기준에 맞는 화장품
② 식품의약품안전처장이 정하는 기준고시
   천연함량이 95% 이상(물+천연원료+천연유래원료)

(3) 유기농화장품

① 유기농 원료, 동식물 및 그 유래 원료 등을 함유한 화장품으로서 식품의약품안전처장이 정하는 기준에 맞는 화장품
② 식품의약품안전처장이 정하는 기준고시
   유기농함량 전체10% 이상, 유기농함량+천연함량이 95% 이상

(4) 맞춤형화장품

① 제조 또는 수입된 화장품의 내용물에 다른 화장품의 내용물이나 식약처장이 정하는 원료를 추가하여 혼합한 화장품
② 제조 또는 수입된 화장품의 내용물을 소분(小分)한 화장품. 단, 고형(固形) 비누 등 화장품의 내용물을 단순 소분한 화장품은 제외

2.3 화장품법령에 따른 화장품의 유형

구분	유형별 특성 및 종류
영·유아용 제품류 (만 3세이하)	① 영·유아용 샴푸, 린스　　② 영·유아용 로션, 크림 ③ 영·유아용 오일　　　　④ 영·유아 인체 세정용 제품 ⑤ 영·유아 목욕용 제품/신체의 청결과 상쾌감을 주기 위해 사용
목욕용 제품류	① 목욕용 오일·정제·캡슐　　② 목욕용 소금류 ③ 버블 배스(bubble baths)　　④ 그 밖의 목욕용 제품류
인체세정용 제품류	① 폼 클렌저(foam cleanser)　　② 바디 클렌저(body cleanser) ③ 액체 비누(liquid soaps)　　④ 화장 비누(고체 형태의 세안용 비누) ⑤ 외음부 세정제　　　　　　⑥ 물휴지 식품접객업의영업소에서 손을 닦는 용도등으로 사용할 수 있도록 포장된 물티슈와 장례식장 또는 의료기관 등에서 시체(屍體)를 닦는 용도로 사용되는 물휴지는 제외

구분	유형별 특성 및 종류
	⑦ 그 밖의 인체 세정용 제품류
눈 화장용 제품류	① 아이브로 펜슬(eyebrow pencil) ② 아이 라이너(eye liner) ③ 아이 섀도(eye shadow) ④ 마스카라(mascara) ⑤ 아이 메이크업 리무버(eye make-up remover) ⑥ 그 밖의 눈 화장용 제품류
방향용 제품류	① 향수 ② 분말향 ③ 향낭(香囊) ④ 콜롱(cologne) ⑤ 그 밖의 방향용 제품류
두발 염색용 제품류	① 헤어 틴트 ② 헤어 컬러스프레이 ③ 염모제 ④ 탈염·탈색용 제품 ⑤ 그 밖의 두발 염색용 제품류
색조화장용 제품류	① 볼연지 ② 페이스 파우더, 페이스 케이크 ③ 리퀴드, 크림·케이크 파운데이션 ④ 메이크업 베이스 ⑤ 메이크업 픽서티브 ⑥ 립스틱, 립라이너 ⑦ 립글로스, 립밤 ⑧ 바디페인팅, 페이스페인팅, 분장용 제품 ⑨ 그 밖의 색조 화장용 제품류
두발용 제품류	① 헤어 컨디셔너 ② 헤어 토닉 ③ 헤어 그루밍 에이드 ④ 헤어 크림·로션 ⑤ 헤어 오일 ⑥ 포마드 ⑦ 헤어 스프레이·무스·왁스·젤 ⑧ 샴푸 ⑨ 린스 ⑩ 퍼머넌트 웨이브 ⑪ 헤어 스트레이트너 ⑫ 흑채 ⑬ 그 밖의 두발용 제품류
손발톱용 제품류	① 베이스코트, 언더코트 ② 네일폴리시, 네일에나멜 ③ 탑코트 ④ 네일 크림·로션·에센스 ⑤ 네일폴리시·네일에나멜 리무버 ⑥ 그 밖의 손발톱용 제품류
면도용 제품류	① 애프터셰이브 로션 ② 남성용 탤컴 ③ 프리셰이브 로션 ④ 셰이빙 크림 ⑤ 셰이빙 폼 ⑥ 그 밖의 면도용 제품류
기초화장용 제품류	① 수렴·유연·영양 화장수, ② 마사지 크림, ③ 에센스, 오일 ④ 파우더, ⑤ 바디 제품, ⑥ 팩, 마스크, ⑦ 눈 주위 제품 ⑧ 로션, 크림, ⑨ 손·발의 피부연화 제품 ⑩ 클렌징 워터, 클렌징 오일, 클렌징 로션, 클렌징 크림 등 메이크업 리무버, ⑪ 그 밖의 기초화장용 제품류

구분	유형별 특성 및 종류
체취 방지용 제품류	① 데오도런트 ② 그 밖의 체취 방지용 제품류
체모 제거용 제품	① 제모제, 제모왁스 ② 그 밖의 체모 제거용 제품류

3. 화장품법에 따른 영업의 종류

3.1 화장품법에 따른 영업의 종류

	정의	세부종류
화장품제조업	화장품의 전부 또는 일부를 제조(1차 포장만 해당, 2차 포장 공정을 하는 경우는 제조업 등록 대상에서 제외)하는 영업	① 화장품을 직접 제조하는 영업 ② 화장품 제조를 위탁받아 제조하는 영업 ③ 화장품의 포장(1차 포장만 해당)을 하는 영업
화장품책임 판매업	취급하는 화장품의 품질 및 안전 등을 관리하면서 이를 유통·판매하거나 수입대행형 거래를 목적으로 알선·수여하는 영업	① 화장품제조업자가 화장품을 직접 제조하여 유통·판매하는 영업 ② 화장품제조업자에게 위탁하여 제조된 화장품을 유통·판매하는 영업 ③ 수입된 화장품을 유통·판매하는 영업 ④ 수입대행형 거래(전자상거래만 해당)를 목적으로 화장품을 알선·수여하는 영업
맞춤형화장품판매업	맞춤형화장품을 판매하는 영업	① 제조 또는 수입된 화장품의 내용물에 다른 화장품의 내용물이나 식품의약품안전처장이 정하여 고시하는 원료를 추가하여 혼합한 화장품을 판매하는 영업 ② 제조 또는 수입된 화장품의 내용물을 소분(小分)한 화장품을 판매하는 영업

3.2 영업의 등록 및 신고요건

종류	신고요건

화장품제조업자
(등록)
	① 총리령으로 정하는 시설기준을 갖출 것
	 ㉠ 제조 작업의 시설
	  • 쥐·해충 및 먼지 등을 막을 수 있는 시설
	  • 작업대 등 제조에 필요한 시설 및 기구
	  • 가루가 날리는 작업실은 가루를 제거하는 시설
	 ㉡ 원료·자재 및 제품을 보관하는 보관소
	 ㉢ 원료·자재 및 제품의 품질검사를 위하여 필요한 시험실
	 ㉣ 품질검사에 필요한 시설 및 기구
	② 결격사유에 해당되지 않을 것

화장품책임판매업자 (등록)	① 총리령으로 정하는 화장품의 품질관리기준 및 책임판매 후 안전관리에 관한 기준 마련 ② 화장품책임판매관리자 선임 의무 ③ 결격사유에 해당되지 않을 것
맞춤형화장품판매업자 (신고)	① 총리령으로 정하는 시설기준을 갖출 것 ② 맞춤형화장품조제관리사 선임 의무 ③ 결격사유에 해당되지 않을 것 맞춤형화장품판매업 신고 제외 대상 제조 또는 수입된 화장 비누(고체 형태의 세안용 비누)의 내용물을 단순 소분하여 판매하는 경우는 맞춤형화장품판매업 범위에서 제외

소재지 관할 지방식품 의약품안전청장에 제출

3.3 영업등록 및 신고의 결격사유

종류	정신 질환자	마약류의 중독자	피성년 후견인	파산선고	금고 이상의 형	영업취소 1년 미만
화장품 제조업자	○	○	○	○	○	○
화장품책임 판매업자	×	×	○	○	○	○
맞춤형화장품 판매업자	×	×	○	○	○	○
맞춤형화장 품조제관리사	○	○	○	×	○	자격취소 3년이지나지 않은 경우

3.4 영업변경등록 및 신고

종류	변경등록 및 신고 대상
화장품제조업자	① 화장품제조업자의 변경(법인인 경우에는 대표자의 변경) ② 화장품제조업자의 상호 변경(법인인 경우에는 법인의 명칭 변경) ③ 제조소의 소재지 변경 ④ 제조 유형 변경
화장품 책임판매업자	① 화장품책임판매업자의 변경(법인인 경우에는 대표자의 변경) ② 화장품책임판매업자의 상호 변경(법인인 경우에는 법인의 명칭 변경) ③ 화장품책임판매업소의 소재지 변경 ④ 책임판매관리자의 변경 ⑤ 책임판매 유형 변경
맞춤형화장품 판매업자	① 맞춤형화장품판매업자의 변경 ② 맞춤형화장품판매업소의 상호 변경 ③ 맞춤형화장품판매업소의 소재지 변경 ④ 맞춤형화장품조제관리사의 변경

3.5 영업자별 자격기준 및 업무

구분	자격기준	업무
화장품 책임판매 관리자	① 의사 또는 약사 이공계 학과 또는 향장학·화장품과학·한의학·한약학과 학사학위 이상 취득자 ② 학사 이상 학위 취득자로 간호학과, 간호과학과, 건강간호학과를 전공하고, 화학·생물학·생명과학·유전학·유전공학·향장학·화장품과학·의학·약학 등 관련 과목을 20학점 이상 이수한 자 ③ 전문대학 졸업자로서 화장품 관련 분야를 전공한 후 화장품 제조 또는 품질관리 업무 1년 이상 종사자 ④ 전문대학 졸업자로서 간호학과, 간호과학과, 건강간호학과를 전공하고, 화학·생물학·생명과학·유전학·유전공학·향장학·화장품과학·의학·약학 등 관련 과목을 이수한 후 화장품 제조 또는 품질관리 업무 1년 이상 종사자 ⑤ 화장품 제조 또는 품질관리 업무에 2년 이상 종사한 경력이 있는 사람 ⑥ 책임판매관리자 교육 또는 전문 교육과정을 이수한 자 ⑦ 맞춤형화장품조제관리사 자격시험에 합격한 사람으로서 화장품 제조 또는 품질관리 업무에 1년 이상 종사한 경력이 있는 사람	① 품질관리기준에 따른 품질관리 ② 책임판매 후 안전관리기준에 따른 안전확보 ③ 원료 및 자재재의 입고부터 완제품의 출고에 이르기까지 필요한 시험·검사 또는 검정에 대하여 제조업자 관리·감독

	• 대상 : 상시근로자수가 2인 이하로서 직접 제조한 화장비누만을 판매하는 화장품책임판매업자 ⑧ 화장품책임판매업자(대표자)의 책임판매관리자 겸직 허용 조건 • 상시근로자수 10인 이하인 화장품책임판매업을 경영하는 화장품책임판매업자가 책임판매관리자 자격 요건을 충족하는 경우	
맞춤형화장품 조제관리사	① 맞춤형화장품조제관리사 국가자격시험 합격자 ② 맞춤형화장품조제관리사 결격사유에 해당하지 않을 것	맞춤형화장품판매장에서 혼합·소분 등 품질·안전 관리 업무

3.6 화장품책임판매관리자의 상세업무

(1) 품질관리업무 관련

① 품질관리 업무를 총괄할 것
② 품질관리 업무가 적정하고 원활하게 수행되는 것을 확인할 것
③ 품질관리 업무의 수행을 위하여 필요하다고 인정할 때에는 화장품책임판매업자에게 문서로 보고할 것
④ 품질관리 업무 시 필요에 따라 화장품제조업자, 맞춤형화장품판매업자 등 그 밖의 관계자에게 문서로 연락하거나 지시할 것
⑤ 품질관리에 관한 기록 및 화장품제조업자의 관리에 관한 기록을 작성하고 이를 해당 제품의 제조일(수입의 경우 수입일을 말한다)부터 3년간 보관할 것

(2) 책임판매 후 안전관리업무 관련

① 안전확보 업무를 총괄할 것
② 안전확보 업무가 적정하고 원활하게 수행되는 것을 확인하여 기록·보관할 것
③ 안전확보 업무의 수행을 위하여 필요하다고 인정할 때에는 화장품책임판매업자에게 문서로 보고한 후 보관할 것

4. 화장품의 품질요소

안전성(Safety)	피부 및 신체에 대한 안전을 보장하는 성질
안정성(stability)	다양한 물리·화학적 조건에서 화장품 성분이 일정한 상태를 유지하는 성질
유효성(efficacy)	화장품을 사용함으로써 피부에 직간접적 유도되는 물리적, 화학적, 생물학적 그리고 심리적으로 나타나는 효과

4.1 안전성(Safety)

(1) 안전성 확보의 필요성

① 화장품은 소비자가 일상적으로 오랜 기간 동안 사용하는 것이므로 안전성이 중요
② 피부자극, 감작성, 이상반응 등의 최소화

(2) 안전성 시험

단회투여독성시험	동물에 1회 투여했을 때 LD 50(치사량)을 산출하여 위험성을 예측
1차 피부 자극시험	피부에 1회 투여했을 때 자극성을 평가
연속 피부자극시험	피부에 반복적으로 투여했을 때 나타나는 자극성을 평가 동물에 2주간 반복 투여
안점막 자극시험	동물이나 대체시험을 통해 눈에 들어갔을 때의 위험성을 예측함
피부감작성시험	피부에 투여했을 때 접촉으로 인한 감작(알레르기)을 평가 함
광독성시험	UV램프를 조사하여 자외선에 의해 생기는 작극성을 평가함
광감작성시험	광조사를 하여 자외선에 의해 생기는 접촉 감작성을 평가함
인체첩포시험	등, 팔 안쪽에 폐쇄첩포하여 피부 감작성이나 자극성을 평가함 국내외 대학 또는 전문연구기관에서 실시하여 관련분야 전문의사, 연구소, 병원 등 관련 기관에서 5년 이상 경력을 가진 자의 지도 및 감독하에 수행 평가되어야 함
유전독성시험	박테리아를 이용한 돌연변이시험 염색체 이상을 유발하는지 설치류를 통해 시험하고 안전성을 평가함

(3) 용어의 정의

유해사례	화장품의 사용 중 발생한 바람직하지 않고 의도되지 아니한 징후, 증상 또는 질병을 말하며, 당해 화장품과 반드시 인과관계를 가져야 하는 것은 아니다.
중대한 유해사례	① 사망을 초래하거나 생명을 위협하는 경우 ② 입원 또는 입원기간의 연장이 필요한 경우 ③ 지속적 또는 중대한 불구나 기능저하를 초래하는 경우 ④ 선천적 기형 또는 이상을 초래하는 경우 ⑤ 기타 의학적으로 중요한 상황
실마리정보	유해사례와 화장품 간의 인과관계 가능성이 있다고 보고된 정보로서 그 인과관계가 알려지지 아니하거나 입증자료가 불충분한 것을 말한다
안전성 정보	화장품과 관련하여 국민보건에 직접 영향을 미칠 수 있는 안전성·유효성에 관한 새로운 자료 및 유해사례 정보 등을 말한다.
안전성 정보의 보고	화장품 책임판매업자는 화장품의 사용 중 알게 된 유해사례 등 안전성정보에 대하여 매 반기 종료 후 1개월 이내에 식품의약품 안전처장에게 식품의약품안전처의 홈페이지,전화·우편·팩스·정보통신망 등의 방법 등으로 보고 해야 한다.
안전성 정보의 신속보고	식품의약품안전청장에게 중대한 유해사례, 판매중지나 회수에 준하는 외국정부의 조치 혹은 기타 중대한 정보로 식품의약품안전청장이 보고를 지시한 경우, 식품의약품안전처 홈페이지·전화·우편·팩스·정보통신망 등의 방법 등으로 15일이내 보고하여야 한다.
안전성 정보의 검토 및 평가	식품의약품안전처장은 화장품 안전성 정보 검토 및 평가 ① 정보의 신뢰성 및 인과관계의 평가 ② 국내, 외 상용현황 등 조사. 비교 ③ 외국의 조치 및 근거확인 ④ 관련 유해사례 등 안전성 정보자료의 수집, 조사 ⑤ 종합검토
후속조치	식품의약품안전처장 또는 지방식품의약품안전청장은 검토 및 평가결과에 따라 조치 ① 품목제조, 수입, 판매금지 및 수거, 폐기 등의 명령 ② 사용상의 주의사항 등 추가 ③ 조사연구 등의 지시 ④ 실마리정보로 관리 ⑤ 제조, 품질관리의 적정성 여부 조사 및 시험, 검사 등 기타 필요한 조치
정보의 전파	식품의약품안전처장은 안전성 정보의 평가 결과를 화장품책임판매업자 등에게 전파하고 소비자에게 제공
보고자 등의 보호	화장품 안전성 관련 종사자 및 공무원은 특정인의 인적사항, 생명, 신체를 해할 우려가 되는 상항을 공개하지 않아야 함

(4) 어린이 안전용기·포장

① 안전용기·포장 정의

만 5세 미만의 어린이가 개봉하기는 어렵게 설계·고안된 용기나 포장

② 어린이 안전용기·포장 대상 품목 및 기준

㉠ 아세톤을 함유하는 네일에나멜 리무버 및 네일 폴리시 리무버
㉡ 어린이용 오일 등 개별 포장당 탄화수소류를 10퍼센트 이상 함유하고 운동점도가 21센티스톡스(40℃ 기준) 이하 비에멀젼 타입의 액체상태의 제품
㉢ 개별포장당 메틸 살리실레이트를 5퍼센트 이상 함유하는 액체상태의 제품

③ 어린이 안전용기·포장 대상 예외 품목

일회용 제품, 용기 입구 부분이 펌프 또는 방아쇠로 작동되는 분무용기 제품, 압축 분무용기 제품(에어로졸 제품 등) 제외

(5) 영·유아·어린이 사용 화장품의 관리

① 영·유아·어린이 사용 화장품 관리 대상

영유아 화장품 1차 포장 또는 2차 포장에 영·유아 또는 어린이가 사용할 수 있는 화장품임을 특정하여 표시하는 경우(화장품의 명칭에 영·유아 또는 어린이에 관한 표현이 표시되는 경우 포함)

② 광고: 다음의 광고 매체·수단에 영·유아 또는 어린이가 사용할 수 있는 화장품임을 특정하여 광고하는 경우 (어린이 사용 화장품의 경우 "방문광고 또는 실연(實演)에 의한 광고"는 제외)

> ㄱ. 신문·방송 또는 잡지
> ㄴ. 전단·팸플릿·견본 또는 입장권
> ㄷ. 인터넷 또는 컴퓨터통신
> ㄹ. 포스터·간판·네온사인·애드벌룬 또는 전광판
> ㅁ. 비디오물·음반·서적·간행물·영화 또는 연극
> ㅂ. 방문광고 또는 실연(實演)에 의한 광고

③ 영·유아, 어린이 연령 기준

> ㄱ. 영·유아: 만 3세 이하
> ㄴ. 어린이: 만 4세 이상부터 만 13세 이하까지

④ 제품별 안전성 자료 작성

> ㄱ. 제품 및 제조방법에 대한 설명 자료
> ㄴ. 화장품의 안전성 평가 자료
> ㄷ. 제품의 효능·효과에 대한 증명 자료

⑤ 제품별 안전성 자료 보관 기간

> ㄱ. 화장품의 1차 포장에 사용기한을 표시하는 경우: 영유아 또는 어린이가 사용할 수 있는 화장품임을 표시·광고한 날부터 마지막으로 제조·수입된 제품의 사용기한 만료일 이후 1년까지의 기간 (제조는 화장품의 제조번호에 따른 제조일자를 기준으로 하며, 수입은 통관일자를 기준으로 함)
> ㄴ. 화장품의 1차 포장에 개봉 후 사용기간을 표시하는 경우: 영유아 또는 어린이가 사용할 수 있는 화장품임을 표시·광고한 날부터 마지막으로 제조·수입된 제품의 제조연월일 이후 3년까지의 기간 (제조는 화장품의 제조번호에 따른 제조일자를 기준으로 하며, 수입은 통관일자를 기준으로 함)

⑥ 제품별 안전성 자료 작성방법

> ㄱ. 제품 및 제조방법에 대한 설명 자료: 제품명, 제조업체 및 책임판매업체 정보, 제조관리기준서, 제품표준서, 제조관리기록서 등
> ㄴ. 화장품의 안전성 평가 자료: 제조 시 사용된 원료의 독성정보, 제품의 방부력 테스트결과, 사용 후 이상사례정보의 수집, 평가 및 조치관련자료
> ㄷ. 제품의 효능·효과에 대한 증명 자료: 제품의 표시, 광고와 관련된 효능, 효과에 대한 실증자료

(6) 화장품 안전기준

① 화장품 원료에 대한 사용기준

> ㄱ. 식품의약품안전처장에 의해 지정된 화장품의 제조 등에 사용할 수 없는 원료 사용 불가
> ㄴ. 보존제, 색소, 자외선차단제 등과 같이 특별히 사용상의 제한이 필요한 원료에 대하여 그 사용기준 지정
> ㄷ. 사용기준이 지정된 원료 외의 보존제, 색소, 자외선차단제 등 사용 금지

② 유통화장품 안전관리 기준

식품의약품안전처장이 고시한 유통화장품안전관리 기준에 적합하게 제품 관리

(7) 원료관리 체계(원료의 네거티브시스템)

식품의약품안전처장에 의해 지정된 화장품의 제조 등에 사용할 수 없는 원료 및 보존제, 색소, 자외선차단제 등과 같이 특별히 사용상의 제한이 필요한 원료를 제외한 원료는 업자의 책임하에 사용

(8) 화장품위해평가

① 위해평가 대상

식품의약품안전처장은 국내외에서 유해물질이 포함되어 있는 것으로 알려지는 등 국민보건상 위해 우려가 제기되는 화장품 원료 등에 대한 위해평가 실시
단, 해당 화장품 원료 등에 대하여 국내외의 연구·검사기관에서 이미 위해평가를 실시하였거나 위해요소에 대한 과학적 시험·분석 자료가 있는 경우 그 자료를 근거로 위해 여부 결정 가능

② 위해평가 절차 및 방법

> ㄱ. 위험성 확인: 위해요소의 인체 내 독성 확인
> ㄴ. 위험성 결정: 위해요소의 인체노출 허용량 산출
> ㄷ. 노출평가과정: 위해요소의 인체 노출량 산출
> ㄹ. 위해도 결정과정: 위험성 확인, 위험성 결정 및 노출평가과정의 결과를 종합하여 인체에 미치는 위해 영향 판단

③ 원료 등의 위해평가 결과

식품의약품안전처장은 위해평가가 완료된 원료의 사용기준 지정 가능

- ㉠ 지정·고시된 원료의 사용기준의 안전성 검토
    - ㉮ 식품의약품안전처장은 지정·고시된 원료의 사용기준의 안전성 정기 검토
    - ㉯ 식품의약품안전처장의 원료 사용기준 검토 주기: 5년
    - ㉰ 안전성 검토 결과에 따라 지정·고시된 원료의 사용기준 변경 가능
- ㉡ 화장품 원료 사용기준 지정 및 변경 신청
    - ㉮ 화장품 원료 사용기준 지정 및 변경 신청 자격: 화장품제조업자, 화장품책임판매업자 또는 대학·연구소 등
    - ㉯ 화장품 원료 사용기준 지정 및 변경 제출처: 식품의약품안전처장
    - ㉰ 화장품 원료 사용기준 지정 및 변경 심사 대상
- ㉢ 지정·고시되지 아니한 보존제, 자외선차단제 등의 사용기준 지정·고시
- ㉣ 지정·고시되지 아니한 색소의 사용기준 지정·고시
- ㉤ 지정·고시된 원료의 사용기준 변경
    - ㉮ 사용기준 지정 및 변경신청 절차
    - ㉯ 담당기관: 식품의약품안전처장
    - ㉰ 제출서류: 원료 사용기준 지정(변경지정) 신청서 및 구비서류
- ㉥ 구비서류: 제출자료 전체의 요약본, 원료의 기원, 개발 경위, 국내·외 사용기준 및 사용현황 등에 관한 자료, 원료의 특성에 관한 자료, 안전성 및 유효성에 관한 자료(유효성에 관한 자료는 해당하는 경우에만 제출), 원료의 기준 및 시험방법에 관한 시험성적서

4.2 화장품의 안정성(stability)

(1) 다양한 물리·화학적 조건에서 화장품 성분이 일정한 상태를 유지하는 성질
① 물리적 변화: 분리, 침전, 응집, 겔화, 휘발, 고화, 연화, 균열 등
② 화학적 변화: 변색, 분리, 변취, 오염, 결정 석출 등

(2) 화장품의 안정성 확인 방법

화장품의 저장방법 및 사용기한을 설정하기 위하여 화장품을 제조된 날부터 적절한 보관조건에서 성상·품질 변화 없이 이를 사용할 수 있는 최소한의 기한과 저장방법을 설정하기 위한 기준을 정하는데 있다.

장기보존시험	화장품의 저장 조건에서 사용기한을 설정하기 위하여 장기간에 걸쳐 물리·화학적, 미생물학적 안정성 및 용기 적합성을 확인하는 시험을 말한다.
가속 시험	장기보존시험의 저장 조건을 벗어난 단기간의 가속 조건이 물리·화학적, 미생물학적 안정성 및 용기 적합성에 미치는 영향을 평가하기 위한 시험을 말한다.
가혹 시험	가혹 조건에서 화장품의 분해 과정 및 분해 산물 등을 확인하기 위한 시험을 말한다. 일반적으로 개별 화장품의 취약성, 예상되는 운반, 보관, 진열 및 사용과정에서 뜻하지 않게 일어나는 가능성 있는 가혹한 조건(온도 편차 및 극한조건, 기계·물리적 조건, 빛에 노출되는 조건)에서 품질 변화를 검토하기 위해 수행한다.
개봉 후 안정성 시험	화장품 사용 시에 일어날 수 있는 오염 등을 고려한 사용기한을 설정하기 위하여 장기간에 걸쳐 물리·화학적, 미생물학적 안정성 및 용기 적합성을 확인하는 시험을 말한다.

(3) 시험항목

> **장기보존시험 및 가속시험**
> ① 일반시험
>   균등성, 향취 및 색상, 사용감, 액상, 유화형, 내온성 시험을 수행
> ② 물리·화학적 시험
>   성상, 향, 사용감, 점도, 질량변화, 분리도, 유화상태, 경도 및 pH 등 제제의 물리·화학적 성질을 평가
>   ㄱ. 물리적 시험: 비중, 융점, 경도, pH, 유화상태, 점도 등
>   ㄴ. 화학적 시험: 시험물가용성성분, 에테르불용 및 에탄올 가용성성분, 에테르 및 에탄올 가용성 불검화물, 에테르 및 에탄올 가용성 검화물, 에테르 가용 및 에탄올 불용성 불검화물, 에테르 가용 및 에탄올 불용성 검화물, 증발잔류물, 에탄올 등

③ 미생물학적 시험
　　정상적으로 제품 사용 시 미생물 증식을 억제하는 능력이 있음을 증명하는 미생물학적 시험 및 필요 시 기타 특이적 시험을 통해 미생물에 대한 안정성을 평가
④ 용기적합성 시험
　　제품과 용기 사이의 상호작용 (용기의 제품 흡수, 부식, 화학적 반응 등)에 대한적합성을 평가
⑤ 가혹시험
　　ㄱ. 온도 편차 및 극한 조건의 동결-행동 시험을 통해 문제점을 신속하게 파악
　　ㄴ. 기계, 물리적 충격시험, 진동시험을 통한 분말제품의 분리도 시험
　　ㄷ. 유통, 보관, 사용조건에서 제품특성상 운반 과정의 손상될 가능성을 조사
⑥ 개봉 후 안정성시험
　　ㄱ. 개봉 전 시험항목과 미생물한도시험, 살균보존제, 유효성분시험을 수행
　　ㄴ. 개봉할 수 없는 용기로 되어 있는 제품 (스프레이등), 일회용제품등은 개봉 후 안정성시험을 수행할 필요없음

(4) 사용기한

화장품이 제조된 날부터 적절한 보관 상태에서 제품이 고유의 특성을 간직한 채 소비자가 안정적으로 사용할 수 있는 최소한의 기한

(5) 안정성 시험자료의 보관

① 화장품의 안정성 시험자료 보관 의무 대상

　　레티놀(비타민A) 및 그 유도체, 아스코빅애시드(비타민C) 및 그 유도체, 토코페롤(비타민E), 과산화화합물, 효소 성분을 0.5% 이상 함유하는 제품

② 안정성 시험자료 보존 기간

　　최종 제조된 제품의 사용기한이 만료되는 날부터 1년간 보존

4.3 유효성(efficacy)

화장품을 사용함으로써 피부에 직간접적 유도되는 물리적, 화학적, 생물학적 그리고 심리적으로 나타나는 효과(예: 피부의 미백에 도움, 피부의 주름개선에 도움, 자외선으로부터 피부를 보호하는 데에 도움, 피부탄력개선, 피부 세정, 유연 등)

(1) 일반화장품

보습효과, 수렴효과 등에 대한 유효성 평가

(2) 기능성화장품

효력시험자료, 인체적용시험 자료, 자외선 차단지수 설정의 근거자료, 염모효력시험자료

(3) 제출자료의 면제

인체적용시험 자료를 제출하는 경우 효력시험자료 제출을 면제할 수 있다. 효력시험 자료의 제출을 면제받은 성분에 대해서는 효능, 효과를 기재, 표시할 수 없다.

5. 화장품의 사후관리 기준

5.1 영업자의 의무

화장품제조업자	화장품의 제조와 관련된 기록, 시설, 기구 등 관리방법, 원료, 자재, 완제품 등에 대한 시험, 검사, 검정 실시방법 및 의무 등에 관하여 총리령으로 정하는 사항을 준수
화장품책임판매업자	① 화장품의 품질관리 기준, 책임판매 후 안전관리 기준, 품질검사 방법 및 실시의무, 안전성, 유효성 관련 정보사항 등의 보고, 안전대책 마련 의무 등을 준수 ② 생산·수입실적, 원료목록 등을 식품의약품 안전처장에게 보고
맞춤형화장품판매업자	① 소비자에게 유통 판매되는 화장품을 임의로 혼합, 소분하여서는 안됨 ② 판매장 시설, 기구의 관리방법, 혼합, 소분안전관리기준의 준수의무, 혼합, 소분되는 내용 및 원료에 대한 설명의무, 안전성관련 사항 보고의무 ③ 원료목록을 매년 1회 식품의약품 안전처장에게 보고

책임판매관리자, 맞춤형화장품 제조관리사는 매년 화장품의 안전성 확보 및 품질관리에 관한 교육 이수의무 (교육시간 4시간 이상, 8시간 이하)
- 위해화장품의 회수 및 공표(회수대상/위해등급/회수절차/공표절차/공표사항)
- 폐업 등의 신고(신고시 제출서류)
- 안전성 정보 보고(유해사례/중대한유해사례/안정성보고종류)

5.2 영업자별 준수사항

화장품 제조업자	① 품질관리기준에 따른 화장품 책임판매업자의 지도·감독 및 요청 준수 ② 제조관리기준서·제품표준서·제조관리기록서 및 품질관리기록서 작성·보관 ③ 보건위생상 위해가 없도록 제조소, 시설 및 기구를 위생적으로 관리 ④ 화장품의 제조에 필요한 시설 및 기구의 정기적 점검 및 관리·유지 ⑤ 작업소에서 국민보건 및 환경에 유해한 물질이 유출되거나 방출되지 않도록 관리 ⑥ 제조관리기준서·제품표준서·제조관리기록서 및 품질관리기록서 중 품질관리를 위하여 필요한 사항을 화장품책임판매업자에게 제출 ┌───┐ │ 제출하지 않을 수 있는 경우 │ ㄱ. 화장품제조업자와 화장품책임판매업자가 동일한 경우 │ ㄴ. 화장품제조업자가 제품을 설계·개발·생산하는 방식으로 제조하는 경우로서 품질·안전관리에 영향이 없는 범위에서 화장품제조업자와 화장품책임판매업자 상호 계약에 따라 영업비밀에 해당하는 경우 └───┘ ⑦ 원료 및 자재의 입고부터 완제품의 출고에 이르기까지 필요한 시험·검사 또는 검정 ⑧ 제조 또는 품질검사 위탁 시 수탁자에 대한 관리·감독 및 제조 및 품질관리 기록의 유지·관리
화장품책임 판매업자	① 품질관리기준 준수 ② 책임판매 후 안전관리기준 ③ 제조업자로부터 받은 제품표준서 및 품질관리기록서 보관 ④ 수입 화장품의 경우 수입관리기록서를 작성·보관 ⑤ 제조번호별로 품질검사 후 유통 ⑥ 제조 또는 품질검사 위탁 시 수탁자에 대한 관리·감독 및 제조 및 품질관리 기록의 유지·관리 ⑦ 수입된 화장품을 유통·판매하는 영업으로 화장품책임판매업을 등록한 자의 경우 대외무역법에 따른 수출·수입요령을 준수 및 전자무역 촉진에 관한 법률에 따른 전자무역문서로 표준통관예정보고 ⑧ 국민보건에 직접 영향을 미칠 수 있는 안전성·유효성에 관한 새로운 자료, 정보사항(화장품 사용에 의한 부작용 발생사례를 포함) 등을 알게 되었을 때에는 안전성 정보 보고 및 필요한 안전대책을 마련 ⑨ 다음의 경우 해당 품목의 안정성시험 자료를 최종 제조된 제품의 사용기한이 만료되는 날부터 1년간 보존 ┌───┐ │ ㄱ. 레티놀(비타민A) 및 그 유도체, │ ㄴ. 아스코빅애시드(비타민C) 및 그 유도체, ㄷ.토코페롤(비타민E) │ ㄹ. 과산화화합물 및 효소 성분을 0.5퍼센트 이상 함유하는 제품 └───┘
맞춤형화장품 판매업자	① 맞춤형화장품 판매장 시설·기구의 정기적 점검 및 보건위생상 위해가 없도록 관리 ② 혼합·소분 안전관리기준 준수 　ㄱ. 혼합·소분 전에 혼합·소분에 사용되는 내용물 또는 원료에 대한 품질성적서 확인 　ㄴ. 혼합·소분 전에 손의 소독 또는 세정. 혼합·소분 시 일회용 장갑을 착용하는 경우 예외

	ㄷ. 혼합·소분 전에 혼합·소분된 제품을 담을 포장용기의 오염 여부를 확인
	ㄹ. 혼합·소분에 사용되는 장비 또는 기구 등은 사용 전에 그 위생 상태를 점검, 사용 후에는 오염이 없도록 세척
	ㅁ. 그 밖에 식품의약품안전처장이 정하여 고시하는 사항의 준수
	③ 맞춤형화장품 판매내역서의 작성·보관 판매내역서 포함 사항: 제조번호, 사용기한 또는 개봉 후 사용기간, 판매일자 및 판매량
	④ 맞춤형화장품 판매 시 혼합·소분에 사용된 내용물·원료의 내용 및 특성, 맞춤형화장품 사용 시의 주의사항에 대해 소비자에게 설명할 것
	⑤ 부작용 발생사례에 대해서는 지체 없이 식품의약품안전처장에 보고

5.3 화장품 포장 기재, 표시사항

(1) 화장품 포장, 표시 관련 정의

① 1차 포장: 화장품 제조 시 내용물과 직접 접촉하는 포장용기
② 2차 포장: 1차 포장을 수용하는 1개 또는 그 이상의 포장과 보호재 및 표시의 목적으로 한 포장(첨부문서 등 포함)

(2) 표시 정의

① 화장품의 용기·포장에 기재하는 문자·숫자·도형 또는 그림 등

(3) 화장품 기재사항

① 화장품의 명칭
② 영업자의 상호 및 주소
③ 해당 화장품 제조에 사용된 모든 성분(인체에 무해한 소량 함유 성분 등 총리령으로 정하는 성분은 제외)
④ 내용물의 용량 또는 중량
⑤ 제조번호
⑥ 사용기한 또는 개봉 후 사용기간(개봉 후 사용기간을 기재할 경우에는 제조연월일을 병행 표기)
⑦ 가격(소비자에게 화장품을 직접 판매하는 자가 표시)
⑧ 기능성화장품의 경우 "기능성화장품"이라는 글자 또는 기능성화장품을 나타내는

도안으로서 식품의약품안전처장이 정하는 도안

⑨ 사용할 때의 주의사항

⑩ 그 밖에 총리령으로 정하는 사항

  ㉠ 식품의약품안전처장이 정하는 바코드
  ㉡ 기능성화장품의 경우 심사받거나 보고한 효능·효과, 용법·용량
  ㉢ 성분명을 제품 명칭의 일부로 사용한 경우 그 성분명과 함량(방향용 제품은 제외)
  ㉣ 인체 세포·조직 배양액이 들어있는 경우 그 함량
  ㉤ 화장품에 천연 또는 유기농으로 표시·광고하려는 경우에는 원료의 함량
  ㉥ 수입화장품인 경우에는 제조국의 명칭(대외무역법에 따른 원산지를 표시한 경우에는 제조국의 명칭을 생략 가능), 제조회사명 및 그 소재지
  ㉦ 다음에 해당하는 기능성화장품의 경우에는 "질병의 예방 및 치료를 위한 의약품이 아님"이라는 문구

  - 탈모 증상의 완화에 도움을 주는 화장품. 다만, 코팅 등 물리적으로 모발을 굵게 보이게 하는 제품은 제외
  - 여드름성 피부를 완화하는 데 도움을 주는 화장품. 다만, 인체세정용 제품류로 한정
  - 피부장벽(피부의 가장 바깥 쪽에 존재하는 각질층의 표피를 말한다)의 기능을 회복하여 가려움 등의 개선에 도움을 주는 화장품
  - 튼살로 인한 붉은 선을 엷게 하는 데 도움을 주는 화장품
  - 다음 어느 하나에 해당하는 경우 사용기준이 지정·고시된 원료 중 보존제의 함량
  - 만 3세 이하의 영·유아용 제품류인 경우
  - 만 4세 이상부터 만 13세 이하까지의 어린이가 사용할 수 있는 제품임을 특정하여 표시·광고하려는 경우

(4) 1차 포장 필수기재사항

(소비자가 화장품의 1차 포장을 제거하고 사용하는 고형비누 경우 예외)

① 화장품의 명칭

② 영업자의 상호

③ 제조번호

④ 사용기한 또는 개봉 후 사용기간(개봉 후 사용기간을 기재할 경우에는 제조연월일을 병행 표기)

⑤ 소용량 화장품 포장 등의 기재: 표시 예외

(5) 기재·표시 예외 포장

① 내용량이 10밀리리터 이하 또는 10그램 이하인 화장품의 포장
② 판매의 목적이 아닌 제품의 선택 등을 위하여 미리 소비자가 시험·사용하도록 제조 또는 수입된 화장품의 포장
③ 기재·표시 사항: 화장품의 명칭, 화장품책임판매업자 및 맞춤형화장품판매업자의 상호, 가격, 제조번호와 사용기한 또는 개봉 후 사용기간(개봉 후 사용기간을 기재할 경우에는 제조연월일을 병행 표기)만을 기재·표시 가능

> 가. 판매의 목적이 아닌 제품의 포장의 경우에는 가격 대신 "견본품" 또는 "비매품" 등의 표시
> 나. 소용량 제품의 전 성분 정보 제공 의무 (다음의 방법 선택)
> - 전 성분 정보를 확인할 수 있는 전화번호, 홈페이지 주소를 포장에 기재
> - 전 성분 정보를 확인할 수 있는 인쇄물을 판매업소에 비치

(5) 기재·표시상의 주의

① 한글로 읽기 쉽도록 기재·표시(한자 또는 외국어 병기 표시 가능, 수출용 제품 등의 경우 수출 대상국 언어로 기재·표시 가능)
② 화장품의 성분을 표시하는 경우에는 표준화된 일반명을 사용

5.4 화장품표시, 광고 준수사항

(1) 광고의 정의

라디오·텔레비전·신문·잡지·음성·음향·영상·인터넷·인쇄물·간판, 그 밖의 방법에 의하여 화장품에 대한 정보를 나타내거나 알리는 행위

(2) 부당한 표시·광고 행위 등의 금지

① 의약품으로 잘못 인식할 우려가 있는 표시 또는 광고
② 기능성화장품이 아닌 화장품을 기능성 화장품으로 잘못 인식할 우려가 있거나 기능성화장품의 안전성·유효성에 관한 심사결과와 다른 내용의 표시 또는 광고
③ 천연화장품 또는 유기농화장품이 아닌 화장품을 천연화장품 또는 유기농화장품으로 잘못 인식할 우려가 있는 표시 또는 광고

④ 그 밖에 사실과 다르게 소비자를 속이거나 소비자가 잘못 인식하도록 할 우려가 있는 표시 또는 광고

(3) 화장품 광고 매체 또는 수단

① 신문·방송 또는 잡지
② 전단·팸플릿·견본 또는 입장권
③ 인터넷 또는 컴퓨터통신
④ 포스터·간판·네온사인·애드벌룬 또는 전광판
⑤ 비디오물·음반·서적·간행물·영화 또는 연극
⑥ 방문광고 또는 실연(實演)에 의한 광고
⑦ 자기 상품 외의 다른 상품의 포장
⑧ 상기의 매체 또는 수단과 유사한 매체 또는 수단

(4) 천연화장품, 유기농화장품의 표시·광고

① 천연화장품 또는 유기농화장품으로 표시·광고하여 제조, 수입 및 판매할 경우 기준에 적합함을 입증하는 자료를 구비
② 기준: 천연화장품 및 유기농화장품의 기준에 관한 규정
③ 자료 보관: 입증 자료는 제조일(수입일 경우 통관일)로부터 3년 또는 사용기한 경과 후 1년 중 긴 기간 동안 보존

(5) 천연화장품 및 유기농화장품 인증의 표시·광고

① 식품의약품안전처장이 지정한 인증 기관에서 인증을 받은 천연화장품 또는 유기농화장품에 한하여 인증을 받았음을 표시·광고
② 천연화장품 및 유기농화장품 인증 절차
③ 천연화장품 또는 유기농화장품으로 인증을 받으려는 화장품제조업자, 화장품책임판매업자 또는 연구기관 등은 서류를 식품의약품안전처장으로부터 지정받은 인정기관에 인증 신청

> **제출 서류**
> ① 인증신청 대상 제품에 사용된 원료에 대한 정보
> ② 인증신청 대상 제품의 제조공정, 용기·포장 및 보관 등에 대한 정보
>
> **인증의 유효기간**
> 인증을 받은 날부터 3년(인증의 유효기간을 연장하려는 경우에는 유효기간 만료 90일 전까지 인증서 원본, 인증받은 제품이 최신의 인증기준에 적합함을 입증하는 서류를 첨부하여 인증을 한 해당 인증기관에 제출)

(6) 표시·광고 실증 대상

화장품의 포장 또는 화장품 광고의 매체 또는 수단에 의한 표시·광고 중 사실과 다르게 소비자를 속이거나 소비자가 잘못 인식하게 할 우려가 있어 식품의약품안전처장이 실증이 필요하다고 인정하는 표시·광고

(7) 표시·광고 실증자료의 범위 및 요건

다음 중 어느 하나에 해당하는 합리적인 근거로 실증
① 시험결과: 인체 적용시험 자료, 인체 외 시험 자료, 같은 수준이상의 조사 자료
② 조사결과: (예시) 표본설정, 질문사항, 질문방법이 그 조사의 목적이나 통계상의 방법과 일치하는 소비자 조사결과, 전문가집단 설문조사 등

5.5 제조 수입판매 등의 금지사항

(1) 영업의 금지

① 심사를 받지 아니하거나 보고서를 제출하지 아니한 기능성화장품
② 전부 또는 일부가 변패(變敗)된 화장품
③ 병원미생물에 오염된 화장품
④ 이물이 혼입되었거나 부착된 것
⑤ 화장품 안전기준 등의 규정에 따른 화장품에 사용할 수 없는 원료를 사용하였거나 유통화장품 안전관리 기준에 적합하지 아니한 화장품
⑥ 코뿔소 뿔 또는 호랑이 뼈와 그 추출물을 사용한 화장품

⑦ 보건위생상 위해가 발생할 우려가 있는 비위생적인 조건에서 제조되었거나 시설기준에 적합하지 아니한 시설에서 제조된 것
⑧ 용기나 포장이 불량하여 해당 화장품이 보건위생상 위해를 발생할 우려가 있는 것
⑨ 사용기한 또는 개봉 후 사용기간(병행 표기된 제조연월일을 포함한다)을 위조·변조한 화장품
⑩ 식품의 형태·냄새·색깔·크기·용기 및 포장 등을 모방하여 섭취 등 식품으로 오용될 우려가 있는 화장품

(2) 판매금지
① 등록을 하지 아니한 자가 제조한 화장품 또는 제조·수입하여 유통·판매한 화장품
② 신고를 하지 아니한 자가 판매한 맞춤형화장품
③ 맞춤형화장품조제관리사를 두지 아니하고 판매한 맞춤형화장품
④ 화장품의 기재사항, 가격표시, 기재·표시상의 주의사항에 위반되는 화장품 또는 의약품으로 잘못 인식할 우려가 있게 기재·표시된 화장품
⑤ 판매의 목적이 아닌 제품의 홍보·판매촉진 등을 위하여 미리 소비자가 시험·사용하도록 제조 또는 수입된 화장품(소비자 판매 화장품에 한함)
⑥ 화장품의 포장 및 기재·표시 사항을 훼손(맞춤형화장품 판매를 위하여 필요한 경우 제외) 또는 위조·변조한 것
⑦ 누구든지 화장품의 용기에 담은 내용물의 소분 판매 금지

(3) 동물실험을 실시한 화장품 등의 유통판매 금지
① 화장품책임판매업자 및 맞춤형화장품판매업자의 동물실험 실시 화장품 유통·판매 금지
② 화장품책임판매업자 및 맞춤형화장품판매업자의 동물실험을 실시한 화장품 원료를 사용하여 제조 또는 수입한 화장품 유통·판매 금지

(4) 예외 적용 사항
① 보존제, 색소, 자외선차단제 등 특별히 사용상의 제한이 필요한 원료의 사용기준 지정
② 국민보건상 위해 우려 제기 화장품 원료 등에 대한 위해평가를 위해 필요한 경우
③ 동물대체시험법이 존재하지 않아 동물실험이 필요한 경우

> **동물대체시험법**
> 동물을 사용하지 아니하는 실험방법 및 부득이하게 동물을 사용하더라도 그 사용되는 동물의 개체 수를 감소하거나 고통을 경감시킬 수 있는 실험방법으로서 식품의약품안전처장이 인정하는 것

④ 화장품 수출을 위하여 수출 상대국의 법령에 따라 동물실험이 필요한 경우
⑤ 수입하려는 상대국의 법령에 따라 제품 개발에 동물실험이 필요한 경우
⑥ 다른 법령에 따라 동물실험을 실시하여 개발된 원료를 화장품의 제조 등에 사용하는 경우
⑦ 그 밖에 동물실험을 대체할 수 있는 실험을 실시하기 곤란한 경우로서 식품의약품안전처장이 정하는 경우

5.6 감독 및 벌칙사항

(1) 교육명령

① 영업자에 대해 화장품 관련 법령 및 제도에 관한 교육을 받도록 명령할 수 있음
② 교육명령대상자: 영업의 금지 위반 영업자, 시정명령을 받은 영업자, 준수사항을 위반한 화장품책임판매업자, 화장품제조업자 및 맞춤형화장품판매업자
③ 교육의 유예: 교육명령대상자가 천재지변, 질병, 임신, 출산, 사고 및 출산 등의 사유로 교육을 받을 수 없는 경우에는 해당 교육 유예 가능
④ 대리 교육: 교육을 받아야 하는 자가 둘 이상의 장소에서 영업을 하는 경우에는 영업자를 대신하여 책임판매관리자 또는 품질관리 업무 담당자가 대리 교육 가능

> **대리 교육 가능한 종업원**
> 책임판매관리자, 맞춤형화장품조제관리사, 품질관리 업무에 종사하는 종업원

(2) 보고와 검사

① 영업자·판매자 또는 기타의 화장품취급자에 대해 보고 명령
② 제조장소, 영업소, 창고, 판매장소 등에 출입하여 시설 또는 관계 장부나 서류, 그 밖의 물건의 검사, 질문

③ 화장품의 품질 또는 안전기준, 포장 등의 기재·표시사항 등의 적합한지 여부 검사를 위한 수거 검사

(3) 시정명령

법 위반자에 대해 필요 시 시정명령

(4) 검사명령

영업자에 대해 화장품 시험검사기관에 화장품 검사명령

(5) 회수·폐기명령

위해화장품에 대해 해당 영업자·판매자 또는 그 밖에 화장품을 업무상 취급하는 자에게 해당 물품의 회수·폐기 등의 명령

(6) 등록의 취소

법령 위반 시 영업자 등록 취소, 영업소 폐쇄, 품목의 제조·수입 및 판매 금지, 업무의 전부 또는 일부 정지

> **등록 취소, 영업소 폐쇄에 해당하는 경우**
> ① 거짓이나 그 밖의 부정한 방법으로 영업의 등록·변경등록 또는 신고·변경신고를 한 경우
> ② 영업자의 결격사유에 해당하는 경우
> ③ 업무정지기간 중에 업무를 한 경우(광고 업무에 한정하여 정지를 명한 경우는 제외)

(7) 기능성화장품의 인정 취소

거짓이나 부정한 방법으로 기능성화장품의 심사, 변경심사 또는 보고서를 제출한 경우

(8) 청문

영업자 등록의 취소, 영업소 폐쇄, 품목의 제조·수입 및 판매 금지, 업무 전부정지, 맞춤형화장품조제관리사 자격의 취소, 천연·유기농화장품의 인증 취소, 천연·유기농화장품 인증기관 지정 취소 등을 적용하고자 할 때에는 처분 확정 전에 처분 상대자로부터 의견을 청취

(9) 과징금처분

영업자에게 업무정지처분을 하여야 할 경우에는 그 업무정지처분을 갈음하여 10억원 이하의 과징금을 부과

> **(1) 과징금의 판단기준**
> ① 업무정지처분으로 인해 이용자에게 심한 불편을 초래하는 경우
> ② 그 밖에 특별한 사유가 인정되는 경우
>
> **(2) 과징금 부과대상의 세부 기준**
> ① 내용량 시험이 부적합한 경우로서 인체에 유해성이 없다고 인정된 경우
> ② 화장품제조업자 또는 화장품책임판매업자가 자진회수계획을 통보하고 그에 따라 회수한 결과 국민보건에 나쁜 영향을 끼치지 아니한 것으로 확인된 경우
> ③ 1차포장 만의 공정을 하는 화장품제조업자가 해당 품목의 제조 또는 품질 검사에 필요한 시설 및 기구 중 일부가 없거나 화장품을 제조하기 위한 작업소의 기준을 위반할 경우
> ④ 화장품제조업자 또는 화장품책임판매업자가 변경등록을(단, 화장품제조업자의 소재지 변경은 제외) 하지 아니한 경우
> ⑤ 식품의약품안전처장이 고시한 사용기준 및 유통화장품 안전관리 기준을 위반한 화장품 중 부적합 정도 등이 경미한 경우
> ⑥ 화장품책임판매업자가 안전성 및 유효성에 관한 심사를 받지 않거나 그에 관한 보고서를 식약처장에게 제출하기 않고 기능성 화장품을 제조 또는 수입하였으나 유통·판매에 이르지 않는 경우
> ⑦ 화장품법에 따른 기재·표시를 위반한 경우
> ⑧ 화장품제조업자 또는 화장품책임판매업자가 이물질이 혼입 또는 부착 된 화장품을 판매하거나 판매의 목적으로 제조·수입·보관 또는 진열하였으나 인체의 유해성이 없다고 인정되는 경우
> ⑨ 기능성 화장품에서 기능성을 나타내게 하는 주원료의 함량이 심사 또는 보고한 기준치에 대해 5%미만으로 부족한 경우

(10) 위반사실의 공표

① 행정처분이 확정된 자에 대해 처분과 관련한 사항을 식품의약품안전처 홈페이지에 공표
② 공표내용: 처분 사유, 처분 내용, 처분 대상자의 명칭·주소 및 대표자 성명, 해당 품목의 명칭 등 처분과 관련한 사항

(11) 지방식품의약품안전청업무

① 화장품제조업 또는 화장품제조책임판매업의 등록 및 변경등록
② 맞춤형화장품판매업의 신고 및 변경신고의 수리
③ 화장품제조업자, 화장품책임판매업자 및 맞춤형화장품판매업자에 대한 교육명령
④ 회수계획 보고의 접수 및 회수에 따른 행정처분의 감경·면제
⑤ 영업자의 폐업, 휴업 등 신고의 수리
⑥ 보고명령·출입·검사·질문 및 수거
⑦ 소비자화장품안전관리감시원의 위촉·해촉 및 교육
⑧ 다음 사항에 따른 시정명령

> ㄱ. 변경등록을 하지 않은 경우
> ㄴ. 변경신고를 하지 않은 경우
> ㄷ. 교육명령을 위반한 경우
> ㄹ. 폐업 또는 휴업신고나 휴업 후 재개신고를 하지 않은 경우

⑨ 검사명령
⑩ 개수명령 및 시설의 전부 또는 일부의 사용금지명령
⑪ 회수·폐기 등의 명령, 회수계획 보고의 접수와 폐기 또는 그 밖에 필요한 처분
⑫ 공표명령
⑬ 등록의 취소, 영업소의 폐쇄명령, 품목의 제조·수입 및 판매의 금지명령, 업무의 전부 또는 일부에 대한 정지명령
⑭ 청문
⑮ 과징금의 부과·징수
⑯ 위반사실의 공표
⑰ 등록필증·신고필증의 재교부
⑱ 과태료의 부과·징수

(12) 벌칙

① 3년 이하의 징역 또는 3천만원 이하의 벌금

- 화장품제조업 또는 화장품책임판매업을 등록 없이 영업 혹은 등록 사항을 변경하는 자
- 맞춤형화장품판매업을 신고 없이 영업 혹은 신고 사항을 변경하는 자
- 맞춤형화장품조제관리사를 두지 않고 맞춤형화장품을 판매하는 자
- 기능성화장품 심사를 받지 않거나 보고서 제출 없이 기능성화장품을 판매하려는 자
- 천연화장품 및 유기농화장품을 식품의약품 안전처장이 정하는 기준에 대한 인증을 거짓이나 부정한 방법으로 인증 받은 자
- 천연화장품 및 유기농화장품의 인증을 받지 아니한 화장품에 인증표시나 유사한 표시를 한 자

- 다음 각 호의 어느 하나에 해당되는 화장품을 판매하거나 판매할 목적으로 제조·수입·보관 또는 진열하여서는 아니 되는 경우를 위반하는 자

  > ㉠ 심사를 받지 아니하거나 보고서를 제출하지 아니한 기능성화장품
  > ㉡ 전부 또는 일부가 변패(變敗)된 화장품
  > ㉢ 병원미생물에 오염된 화장품
  > ㉣ 이물이 혼입되었거나 부착된 것
  > ㉤ 코뿔소 뿔 또는 호랑이 뼈와 그 추출물등 화장품에 사용할 수 없는 원료를 사용하였거나 유통화장품 안전관리 기준에 적합하지 아니한 화장품
  > ㉥ 보건위생상 위해가 발생할 우려가 있는 비위생적인 조건에서 제조되었거나 시설기준에 적합하지 아니한 시설에서 제조된 것
  > ㉦ 사용기한 또는 개봉 후 사용기간을 위조·변조하거나 용기나 포장이 불량하여 해당 화장품이 보건위생상 위해를 발생할 우려가 있는 것

- 화장품을 판매하거나 판매할 목적으로 보관 또는 진열하여서는 아니 되는 경우를 위반하는 자

  > ㉠ 등록 없이 제조한 화장품 또는 제조·수입하여 유통·판매한 화장품
  > ㉡ 화장품의 포장 및 기재·표시 사항을 훼손 또는 위조·변조한 것
  >   (맞춤형화장품 판매를 위하여 필요한 경우는 제외)

② 1년 이하의 징역 또는 1천만원 이하의 벌금

- 영유아 또는 어린이용 화장품임을 표시·광고하는 제품 및 제조방법에 대한 안전과 품질 입증자료를 작성 및 보관하지 못한 화장품책임판매업자
- 안전용기·포장을 사용치 않아 어린이가 화장품을 잘못 사용하여 인체에 위해를 끼친 화장품책임판매업자 및 맞춤형화장품 판매업자
- 의약품, 기능성화장품, 천연화장품, 유기농화장품으로 잘못 인식할 우려 있는 표시·광고로 인해 소비자를 속이거나 잘못 인식하도록 할 우려가 있는 표시·광고를 한 자
- 화장품을 판매하거나 판매할 목적으로 보관 또는 진열하여서는 아니 되는 경우를 위반하는 자

  > ㉠ 신고 없이 맞춤형화장품을 판매한 자
  > ㉡ 맞춤형화장품조제관리사를 두지 아니하고 판매한 맞춤형화장품 판매업자

- 판매 목적이 아닌 제품의 홍보·판매촉진을 위하여 소비자가 미리 시험·사용하도록 제조 또는 수입된 화장품을 판매하거나 판매할 목적으로 보관 또는 진열한 자
- 실증자료의 제출을 요청받고 제출기간 내에 제출하지 아니한 채 계속하여 표시·광고를 하며 표시·광고 행위의 중지하지 아니한 자

③ 200만원 이하의 벌금

- 화장품제조업자가 기록·시설·기구 등 관리방법, 원료·자재·완제품 등에 대한 시험·검사·검정 실시 방법 및 의무 등을 준수하지 않은 경우
- 화장품책임판매업자가 화장품의 품질관리기준, 책임판매 후 안전관리기준, 품질검사 방법 및 실시의무, 안전성·유효성 관련 정보사항 등의 보고 및 안전대책 마련의무 등을 준수하지 않은 경우
- 맞춤화장품판매업자가 맞춤형화장품 판매장 시설·기구의 관리 방법, 혼합·소분 안전관리기준의 준수의무, 혼합·소분되는 내용물 및 원료에 대한 설명 의무 등을 준수하지 않은 경우
- 위해화장품이 유통 중인 사실을 알게 된 경우 회수조치 하지 않은 자
- 위해화장품 회수계획을 식품의약품안전처장에게 미리 보고하지 않은 자
- 화장품의 1차 포장 또는 2차 포장의 기재사항(가격제외)을 기재·표시하지 않은 자
- 인증의 유효기간(3년)이 경과한 자가 인증을 받지 아니한 화장품에 인증표시 혹은 유사한 표시를 한 자
- 식품의약품안전처장의 보고와 검사, 시정명령, 검사명령, 개수명령, 회수·폐기명령을 위반하거나 관계 공무원의 검사·수거 또는 처분을 거부·방해하거나 기피한 자

(13) 과태료 부과 기준

① 하나의 위반행위가 둘 이상의 과태료 부과기준에 해당하는 경우에는 그 중 금액이 큰 과태료 부과기준을 적용
② 식품의약품 안전처장은 해당 위반행위의 정도, 위반횟수, 위반행위의 동기와 그 결과 등을 고려하여 과태료 금액의 2분의 1의범위에서 그 금액을 늘리거나 줄일 수 있음(다만, 늘리는 경우에도 과태료 금액의 상한을 초과할 수 없음)

위반행위	근거 법조문	과태료 (단위:만원)
1. 기능성 화장품의 심사 등 변경심사를 받지 않은 경우	법 제40조제1항 제2호	100
2. 생산실적 또는 수입실적, 원료목록보고를 위반하여 화장품의 생산실적 또는 수입실적 또는 화장품 원료의 목록 등을 보고하지 않은 경우	법 제40조제1항 제3호	50
3. 책임판매관리자, 맞춤형화장품 조제관리사의 교육이수의무에 따른 명령을 위반한 경우	법 제40조제1항 제4호	50
4. 폐업 등의 신고를 하지 않는 경우	법 제40조제1항 제5호	50
5. 화장품의 판매가격을 표시하지 아니 한 자	법제40조제1항 제5호의2	50

위반행위	근거 법조문	과태료 (단위:만원)
6. 동물실험을 실시한 화장품 또는 동물실험을 실시한 화장품 원료를 사용하여 제조(위탁제조를 포함)또는 수입한 화장품을 유통·판매한 경우	법 제 40조제1항 제7호	100
7. 보고와 검사 등에 따른 명령을 위반하여 보고를 하지 않은 경우	법 제40조제1항 제6호	100

⑭ 등록의 취소

① 화장품제조업 또는 화장품책임판매업의 변경 사항 등록을 하지 아니한 경우
② 거짓이나 그 밖의 부정한 방법으로 등록·변경등록 또는 신고·변경신고를 한 경우
③ 시설을 갖추지 아니한 경우
④ 맞춤형화장품판매업자가 시설기준을 갖추지 아니하게 된 경우
⑤ 맞춤형화장품판매업의 변경신고를 하지 아니한 경우
⑥ 국민보건에 위해를 끼쳤거나 끼칠 우려가 있는 화장품을 제조·수입한 경우
⑦ 심사를 받지 아니하거나 보고서를 제출하지 아니한 기능성화장품을 판매한 경우
⑧ 제품별 안전성 자료를 작성 또는 보관하지 아니한 경우
⑨ 영업자의 준수사항을 이행하지 아니한 경우
⑩ 회수 대상 화장품을 회수하지 아니하거나 회수하는 데에 필요한 조치를 하지 아니한 경우
⑪ 회수계획을 보고하지 아니하거나 거짓으로 보고한 경우
⑫ 화장품의 안전용기·포장에 관한 기준을 위반한 경우
⑬ 화장품의 용기 또는 포장 및 첨부문서에 기재·표시한 경우
⑭ 화장품을 표시·광고하거나 중지명령을 위반하여 화장품을 표시·광고 행위를 한 경우
⑮ 판매하거나 판매의 목적으로 제조·수입·보관 또는 진열한 경우
⑯ 검사·질문·수거 등을 거부하거나 방해한 경우
⑰ 시정명령·검사명령·개수명령·회수명령·폐기명령 또는 공표명령 등을 이행하지 아니한 경우
⑱ 회수계획을 보고하지 아니하거나 거짓으로 보고한 경우
⑲ 업무정지기간 중에 업무를 한 경우

(15) 행정처분의 일반기준
① 위반행위가 둘 이상인 경우로서 그에 해당하는 각각의 처분기준이 다른 경우에는 그 중 무거운 처분기준에 따른다. 다만, 둘 이상의 처분기준이 업무정지인 경우에는 무거운 처분의 업무정지 기간에 가벼운 처분의 업무정지인 경우에는 무거운 처분의 업무정지 기간에 가벼운 처분의 업무정기 기간의 2분의1까지 더하여 처분 할 수 있으며, 이 경우 그 최대기간은 12개월로 한다.
② 위반행위가 둘 이상인 경우로서 처분기준이 업무정지와 품목업무정지에 해당하는 경우에는 그 업무정지 기간이 품목정지 기간보다 길거나 같을 때에는 업무 정지처분을 하고, 업무정지 기간이 품목정지 기간보다 짧을 때에는 업무정지처분과 품목업무정지처분을 병과(倂科, 동시에 둘 이상의 형벌을 처함)한다.
③ 위반행위의 횟수에 따른 행정처분의 기준은 최근1년간(이 표 제2호의 개별기준 파목에 해당하는 경우에는 2년간) 같은 위반행위로 행정처분을 받은 경우에 적용한다. 이 경우 기준의 적용일은 최근에 실제 행정처분의 효력이 발생한 날(업무정지처분을 갈음하여 과징금을 부과하는 경우에는 최근에 과징금처분을 통보한 날)과 다시 같은 위반행위를 적발한 날을 기준으로 한다. 다만, 품목업무정지의 경우 품목이 다를 때에는 이 기준을 적용하지 않는다.
④ 행정처분을 하기 위한 절차가 진행되는 기간 중에 반복하여 같은 위반행위를 한 경우에는 행정처분을 하기 위하여 진행 중인 사항의 행정처분기준의 2분의1씩을 더하여 처분한다. 이 경우 그 최대기간은 12개월로 한다.
⑤ 같은 위반행위의 횟수가 3차 이상인 경우에는 과징금 부과대상에서 제외한다.
⑥ 화장품 제조업자가 등록한 소재지에 그 시설이 전혀 없는 경우에는 등록을 취소한다.
⑦ 책임판매업을 등록한 자에 대하여 제2호의 개별기준을 적용하는 경우 "판매금지"는 "수입대행금지"로, "판매업무정지"는 "수입대행업무정지"로 본다.
⑧ 다음 각 목의 어느 하나에 해당하는 경우에는 그 처분을 2분의 1까지 감경하거나 면제할 수 있다.
　㉠ 처분을 2분의 1까지 감경하거나 면제할 수 있는 경우
　　㉮ 국민보건, 수요·공급, 그 밖의 공익상 필요하다고 인정된 경우
　　㉯ 해당위반사항에 관하여 검사로부터 기소유예의 처분을 받거나 법원으로부터 선고유예의 판결을 받은 경우

㉰ 광고주의 의사와 관계없이 광고회사 또는 광고매체에서 무단 광고한 경우
ⓛ 처분을 2분의1까지 감경할 수 있는 경우
  ㉮ 기능성 화장품으로서 그 효능·효과를 나타내는 원료의 함량 미달의 원인이 유통 중 보관상태 불량 등으로 인한 성분의 변화 때문이라고 인정된 경우
  ㉯ 비병원성 일반세균에 오염된 경우로서 인체에 직접적인 위해가 없으며, 유통 중 보관상태 불량에 의한 오염으로 인정된 경우

II. 개인정보보호법

개인정보의 처리 및 보호에 관한 사항을 정함으로써 개인의 자유와 권리를 보호하고, 나아가 개인의 존엄과 가치를 구현함을 목적으로 하는 법

1. 용어의 정의

개인정보	살아있는 개인에 관한 정보
개인정보의 범위	① 성명, 주민등록번호 및 영상 등을 통하여 개인을 알아볼 수 있는 정보 ② 해당 정보만으로는 특정 개인을 알아볼 수 없더라도 다른 정보와 쉽게 결합하여 알아볼 수 있는 정보. 이 경우 쉽게 결합할 수 있는지 여부는 다른 정보의 입수 가능성 등 개인을 알아보는 데 소요되는 시간, 비용, 기술 등을 합리적으로 고려해야 함 ③ 가명처리하여 원래의 상태로 복원하기 위한 추가 정보의 사용·결합 없이는 특정 개인을 알아볼 수 없는 정보(가명정보)
개인정보 처리	개인정보의 수집, 생성, 연계, 연동, 기록, 저장, 보유, 가공, 편집, 검색, 출력, 정정(訂正), 복구, 이용, 제공, 공개, 파기(破棄), 그 밖에 이와 유사한 행위
개인정보 처리자	업무를 목적으로 개인정보파일을 운용하기 위하여 스스로 또는 다른 사람을 통하여 개인정보를 처리하는 공공기관, 법인, 단체 및 개인 등
개인정보보호의 원칙	① 개인정보의 처리 목적을 명확하게 하여야 하고 그 목적에 필요한 범위에서 최소한의 개인정보만을 적법·정당하게 수집하여야 함 ② 개인정보의 처리 목적에 필요한 범위에서 적합하게 개인정보를 처리하여야 하며, 그 목적 외의 용도로 활용하여서는 안 됨 ③ 개인정보의 처리 목적에 필요한 범위에서 개인정보의 정확성, 완전성 및 최신성이 보장되도록 하여야 함

개인정보	살아있는 개인에 관한 정보
	④ 개인정보의 처리 방법 및 종류 등에 따라 정보주체의 권리가 침해받을 가능성과 그 위험 정도를 고려하여 개인정보를 안전하게 관리하여야 함 ⑤ 개인정보 처리방침 등 개인정보의 처리에 관한 사항을 공개하여야 하며, 열람청구권 등 정보주체의 권리를 보장하여야 함 ⑥ 정보주체의 사생활 침해를 최소화하는 방법으로 개인정보를 처리하여야 함 ⑦ 개인정보를 익명 또는 가명으로 처리하여도 개인정보 수집목적을 달성할 수 있는 경우 익명처리가 가능한 경우에는 익명에 의하여, 익명처리로 목적을 달성할 수 없는 경우에는 가명에 의하여 처리될 수 있도록 하여야 함 ⑧ 이 법 및 관계 법령에서 규정하고 있는 책임과 의무를 준수하고 실천함으로써 정보주체의 신뢰를 얻기 위하여 노력하여야 함
정보주체의 권리	① 개인정보의 처리에 관한 정보를 제공받을 권리 ② 개인정보의 처리에 관한 동의 여부, 동의 범위 등을 선택하고 결정할 권리 ③ 개인정보의 처리 여부를 확인하고 개인정보에 대하여 열람(사본의 발급을 포함)을 요구할 권리 ④ 개인정보의 처리 정지, 정정·삭제 및 파기를 요구할 권리 ⑤ 개인정보의 처리로 인하여 발생한 피해를 신속하고 공정한 절차에 따라 구제받을 권리
정보통신서비스 제공자	① 전기통신사업자와 영리를 목적으로 전기통신사업자의 전기통신역무를 이용하여 정보를 제공하거나 정보의 제공을 매개하는 자를 말함. ② 영리를 목적으로 홈페이지 운영 등 온라인 서비스를 제공하는 경우 정보통신서비스 제공자에 대한 규정이 적용됨

2. 개인정보보호법에 근거한 고객정보 입력

2.1 개인정보 수집·이용의 요건

(1) 개인정보처리자 및 정보통신서비스 제공자가 개인정보 수집·이용 요건

① 정보주체의 동의를 받은 경우

> **동의요건**
> ㄱ. 개인정보의 수집, 이용목적
> ㄴ. 수집하고자 하는 개인정보의 항목
> ㄷ. 개인정보의 보유 및 이용기간
> ㄹ. 동의를 거부할 권리가 있다는 사실 및 동의 거부에 따를 불이익이 있는 경우 그 불이익의 내용

② 법률에 특별한 규정이 있거나 법령상 의무를 준수하기 위하여 불가피한 경우
③ 공공기관이 법령 등에서 정하는 소관 업무의 수행을 위하여 불가피한 경우
④ 정보주체와의 계약의 체결 및 이행을 위하여 불가피하게 필요한 경우
⑤ 정보주체 또는 그 법정대리인이 의사표시를 할 수 없는 상태에 있거나 주소불명 등으로 사전 동의를 받을 수 없는 경우로서 명백히 정보주체 또는 제3자의 급박한 생명, 신체, 재산의 이익을 위하여 필요하다고 인정되는 경우
⑥ 개인정보처리자의 정당한 이익을 달성하기 위하여 필요한 경우로서 명백하게 정보주체의 권리보다 우선하는 경우.
⑦ 친목단체의 운영을 위한 경우

(2) 이용자의 동의없이 개인정보 수집·이용의 요건

① 정보통신서비스 제공에 관한 계약을 이행하기 위해 필요한 개인정보 중 통상적인 동의를 받는 것이 곤란한 경우
② 정보통신서비스 제공에 따른 요금정산을 위해 필요한 경우
③ 다른 법률에 특별한 규정이 있는 경우

(3) 정보통신서비스 제공자가 개인정보를 수집·이용할 경우에는 아래 사항을 알리고, 동의를 받아야 함

① 개인정보의 수집·이용목적
② 수집하고자 하는 개인정보의 항목
③ 개인정보의 보유 및 이용기간

(4) 개인정보 수집 제한

① 개인정보처리자는 개인정보 수집 목적에 필요한 최소한의 범위에서 개인정보 수집해야 함
② 정보주체에게 필요한 최소한의 정보 외의 개인정보 수집을 거부할 수 있다는 사실을 고지해야 함
③ 개인정보처리자, 정보통신서비스 제공자는 정보주체의 필요한 최소한의 정보 외의 개인정보 수집 거절을 이유로 재화 또는 서비스의 제공을 거부하여서는 안 됨

(5) 제3자에게 개인정보를 제공하는 경우
① 정보주체의 동의를 받은 경우
② 법률에 특별한 규정이 있거나 법령상 의무를 준수하기 위하여 불가피한 경우
③ 공공기관이 법령 등에서 정하는 소관 업무의 수행을 위하여 불가피한 경우
④ 정보주체 또는 그 법정대리인이 의사표시를 할 수 없는 상태에 있거나 주소불명 등으로 사전 동의를 받을 수 없는 경우로서 명백히 정보주체 또는 제3자의 급박한 생명, 신체, 재산의 이익을 위하여 필요하다고 인정되는 경우
⑤ 정보통신서비스의 제공에 따른 요금정산을 위하여 필요한 경우
⑥ 다른 법령에 특별한 경우가 있는 경우

(6) 개인정보 제3자 제공에 대한 동의를 받을 때 알려야하는 사항
① 개인정보를 제공받는 자
② 개인정보를 제공받는 자의 개인정보 이용 목적
③ 제공하는 개인정보의 항목
④ 개인정보를 제공받는 자의 개인정보 보유 및 이용 기간
⑤ 동의를 거부할 권리가 있다는 사실 및 동의 거부에 따른 불이익이 있는 경우에는 그 불이익의 내용

(7) 개인정보처리자가 목적 외에 개인정보를 이용·제공할 수 있는 경우

항목	개인정보 처리자	정보통신 서비스제공자	공공기관
정보주체로부터 별도의 동의를 받은 경우	○	○	○
다른 법률에 특별한 규정이 있는 경우	○	○	○
정보주체 또는 그 법정대리인이 의사표시를 할 수 없는 상태에 있거나 주소불명 등으로 사전 동의를 받을 수 없는 경우로서 명백히 정보주체 또는 제3자의 급박한 생명, 신체, 재산의 이익을 위하여 필요하다고 인정되는 경우	○	×	○
개인정보를 목적 외의 용도로 이용하거나 이를 제3자에게 제공하지 아니하면 다른 법률에서 정하는 소관 업무를 수행할 수 없는 경우로서 보호위원회의 심의·의결을 거친 경우	×	×	○

항목	개인정보 처리자	정보통신 서비스제공자	공공기관
조약, 그 밖의 국제협정의 이행을 위하여 외국정부 또는 국제기구에 제공하기 위하여 필요한 경우	×	×	○
범죄의 수사와 공소의 제기 및 유지를 위하여 필요한 경우	×	×	○
법원의 재판업무 수행을 위하여 필요한 경우	×	×	○
형(刑) 및 감호, 보호처분의 집행을 위하여 필요한 경우	×	×	○

(8) 민감정보

① 사상·신념, 노동조합·정당의 가입·탈퇴, 정치적 견해, 건강, 성생활 등에 관한 정보
② 그 밖에 정보주체의 사생활을 현저히 침해할 우려가 있는 개인정보로서 대통령령으로 정하는 정보(유전정보, 범죄경력자료, 인종이나 민족, 개인의 신체적, 생리적, 행동적 특징에 관한 정보)

(9) 고유식별정보

① 개인을 구별하기 위한 식별정보
② 주민등록번호, 여권번호, 운전면허번호, 외국인등록번호

(10) 개인정보 수집, 제공 동의서

① 정보주체로부터 개인정보 수집·이용 동의를 받을 때는 각각의 동의사항을 구분하여 정보주체가 이를 명확하게 인지할 수 있도록 알리고 각각 동의를 받아야 함
② 개인정보의 처리에 대하여 정보주체의 동의를 받을 때에는 정보주체와의 계약 체결 등을 위하여 정보주체의 동의 없이 처리할 수 있는 개인정보와 정보주체의 동의가 필요한 개인정보를 구분하여야 함
③ 정보주체에게 재화나 서비스를 홍보하거나 판매를 권유하기 위하여 개인정보의 처리에 대한 동의를 받으려는 때에는 정보주체가 이를 명확하게 인지할 수 있도록 알리고 동의를 받아야 함
④ 정보주체가 제3항에 따라 선택적으로 동의할 수 있는 사항을 동의하지 아니하거나, 마케팅 정보 제공 및 제3자 정보제공에 대한 동의를 하지 아니한다는 이유로 정보주체에게 재화 또는 서비스의 제공을 거부하여서는 안 됨

⑤ 만 14세 미만 아동에 대한 개인정보 수집·이용 동의를 받을 때는 그 법정대리인의 동의를 받아야 함

3. 고객정보관리 및 상담

3.1 개인정보의 파기

① 개인정보처리자는 보유기간의 경과, 개인정보의 처리 목적 달성 등 그 개인정보가 불필요하게 되었을 때에는 지체 없이 그 개인정보를 파기하여야 함
② 파기할 때에는 개인정보가 복구 또는 재생되지 않도록 조치해야 함
③ 다른 법령에 따라 보존하여야 하는 경우에는 그에 따라 보존해야 함.
④ 보존하는 개인정보 또는 개인정보파일은 다른 개인정보와 분리하여 저장·관리해야 함
⑤ 정보통신서비스 제공자는 정보통신서비스를 1년의 기간 동안 이용하지 아니하는 이용자의 개인정보를 보호하기 위하여 개인정보의 파기 등 필요한 조치를 취하여야 함.
⑥ 그 기간에 대하여 다른 법령 또는 이용자의 요청에 따라 달리 정한 경우에는 그에 따라야 함

3.2 업무 위탁에 따른 개인정보의 처리 제한

① 개인정보처리 업무 위탁: 개인정보처리자의 업무처리 범위 내에서 개인정보 처리가 이루어지고, 그의 관리·감독이 이루어짐
② 개인정보 제3자 제공: 제3자가 그의 책임아래, 그의 이익을 위해 개인정보 처리가 이루어짐
③ 개인정보처리자가 제3자에게 개인정보의 처리업무를 위탁할 때에는 문서에 의해야 함
④ 개인정보의 처리 업무를 위탁한 경우, 위탁하는 업무의 내용과 개인정보 처리 업무를 위탁받아 처리하는 자(이하 "수탁자"라 한다)를 정보주체가 언제든지 쉽게 확인할 수 있도록 공개하여야 함
⑤ 개인정보처리자가 홍보·마케팅업무를 위탁하는 경우, 그 내용과 수탁자를 정보주체에게 알려야 함

3.3 영업양도 등에 따른 개인정보 이전 제한

① 개인정보처리자가 영업양도·합병 등으로 고객 개인정보를 영업양수자에게 이전할 경우, 미리 정보주체에게 그 사실을 알려야 함
② 개인정보를 이전받은 영업양수자는 영업양도자가 그 사실을 알리지 않았을 경우, 정보주체에게 개인정보 이전사실을 알려야 함
③ 영업양수자는 이전 받은 개인정보를 본래 목적으로만 이용하거나 제3자에게 제공할 수 있음

3.4 금지행위

개인정보처리자 또는 개인정보를 처리하였던 자는 다음 행위를 하여서는 안 됨
① 거짓이나 그 밖의 부정한 수단이나 방법으로 개인정보를 취득하거나 처리에 관한 동의를 받는 행위
② 업무상 알게 된 개인정보를 누설하거나 권한 없이 다른 사람이 이용하도록 제공하는 행위
③ 정당한 권한 없이 또는 허용된 권한을 초과하여 다른 사람의 개인정보를 훼손, 멸실, 변경, 위조 또는 유출하는 행위

3.5 개인정보의 유출 통지 및 신고

(1) 안전조치의 의무

개인정보처리자는 개인정보가 분실·도난·유출·위조·변조 또는 훼손되지 아니하도록 내부 관리계획 수립, 접속기록 보관 등 안전성 확보에 필요한 기술적·관리적 및 물리적 조치를 하여야 함

(2) 개인정보 처리방침 수립 및 공개

① 개인정보처리자는 개인정보 처리방침을 정해야 함
② 개인정보처리자는 개인정보 처리방침을 그의 인터넷 홈페이지에 지속적으로 게재해야 함

(3) 개인정보 보호책임자의 지정
① 개인정보처리자는 개인정보 처리 업무를 총괄할 개인정보 보호책임자를 지정해야 함
② 개인정보처리자가 소상공인에 해당하는 경우에는 별도의 지정 없이 그 사업주 또는 대표자를 개인정보 보호책임자로 지정한 것으로 봄

(4) 개인정보 유출 통지
개인정보처리자는 개인정보가 유출된 경우, 지체없이 정보주체에게 아래 사실을 알려야 함
① 유출된 개인정보의 항목
② 유출된 시점과 그 경위
③ 유출로 인해 발생할 수 있는 피해를 최소화하기 위하여 정보주체가 할 수 있는 방법 등에 관한 정보
④ 개인정보처리자의 대응조치 및 피해 구제절차
⑤ 정보주체에게 피해가 발생한 경우 신고 등을 접수할 수 있는 담당부서 및 연락처
⑥ 개인정보처리자는 개인정보가 유출된 경우 그 피해를 최소화하기 위한 대책을 마련하고 필요한 조치를 하여야 함
⑦ 천명 이상의 정보주체에 관한 개인정보가 유출된 경우, 그 사실의 통지 및 조치결과를 즉시 개인정보보호위원회 또는 한국인터넷진흥원에 신고해야 함

3.6 영상정보처리기기 설치 및 운영방법

(1) 영상정보처리기기 설치의 예외적 허용
① 법령에서 구체적으로 허용하고 있는 경우
② 범죄의 예방 및 수사를 위하여 필요한 경우
③ 시설안전 및 화재 예방을 위하여 필요한 경우
④ 교통단속을 위하여 필요한 경우
⑤ 교통정보의 수집·분석 및 제공을 위하여 필요한 경우

(2) 설치, 운영안내

영상정보처리기기를 설치·운영하는 자는 정보주체가 쉽게 인식할 수 있도록 다음 사항이 포함된 안내판을 설치하는 등 필요한 조치를 하여야 함
① 설치 목적 및 장소
② 촬영 범위 및 시간
③ 관리책임자 성명 및 연락처

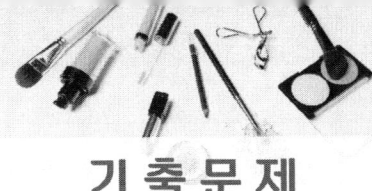

기출문제

제1과목 화장품법의 이해

1. 「화장품법 시행규칙」[별표 3]에 따라 화장품의 포장에 표시하여야 하는 사용 시의 주의사항으로 옳은 것은?

화장품 종류	사용 시의 주의 사항
① 팩	알갱이가 눈에 들어갔을 때에는 물로 씻어내고, 이상이 있는 경우에는 전문의와 상담할 것
② 두발염색용 제품	눈, 코, 입 등에 닿지 않도록 주의하여 사용할 것
③ 외음부 세정제	정해진 용법과 용량을 잘 지켜 사용할 것
④ 퍼머넌트웨이브 제품	밀폐된 실내에서 사용할 때에는 반드시 환기할 것
⑤ 체취방지용 제품	만 3세 이하의 영·유아에게는 사용하지 말 것

2. 기능성화장품의 효과로 적절하지 않은 것은?

① 일시적으로 모발의 색상을 변화시키는 기능을 한다.
② 탈모증상 완화에 도움을 준다.
③ 피부장벽의 기능을 회복하여 가려움 등의 개선에 도움을 준다.
④ 강한 햇볕을 방지하여 피부를 곱게 태워주는 기능을 한다.
⑤ 피부에 멜라닌색소가 침착하는 것을 방지하여 미백에 도움을 준다.

3. 화장품 제조업자의 준수사항으로 옳지 않은 것은?

① 품질관리를 위해 필요한 사항이 책임판매업자에게 제출되었는지 확인한다.
② 품질관리 기준에 따른 화장품 책임판매업자의 지도, 감독에 따른다.
③ 유통 전 품질번호별로 품질검사를 실시했는지 확인한다.
④ 제조관리기록서가 작성되고 보관되었는지 확인한다.
⑤ 원료 및 자재의 입고부터 완제품의 출고까지 필요한 시험검사를 실시했는지 확인한다.

4. 화장품법에 따른 화장품 영업의 세부종류와 그 범위를 정하는 령으로 옳은 것은?

① 총리령 ② 대통령령
③ 보건복지부령 ④ 식품의약품안전청령
⑤ 지방식품의약품안전처장

5. 기초화장품의 목적으로 옳은 것은?

　① 체온을 조절한다.

　② 외부의 충격 자극을 완화시킨다.

　③ 신체와 외부 환경사이의 경계막이다.

　④ 외부환경의 다양한 변화에 대응해 보호한다.

　⑤ 유해한 자외선으로 피부를 보호한다.

6. 다음중 화장품 제조업을 등록할 수 없는 자는?

　① 마약류의 중독자, 정신질환자

　② 화장품법을 위반하여 금고이상의 형을 선고받고 그 집행이 끝나지 아니하거나 그 집행을 받지 아니하기로 확정되지 아니한 자

　③ 정신질환자이나 전문의가 화장품 제조업자로서 적합하다고 인정한 자

　④ 피성년후견인 또는 파산선고를 받고 복권되지 아니한 자

　⑤ 안전용기, 포장에 관한 기준을 위반하여 등록이 취소된 날로부터 1년이 지나지 아니한자

7. 개인정보보호법에 대한 내용이다. (　)안에 들어가는 말은 쓰시오

> (　①　)란 업무를 목적으로 개인정보 파일을 운용하기 위하여 스스로 또는 다른 사람을 통해 개인정보를 처리하는 공공기관, 법인, 단체 및 개인 등을 말한다.

8. 영, 유아 또는 어린이가 사용할 수 있는 화장품임을 표시, 광고하려는 경우, 안전과 품질을 입증할 숭 있는 안전성자료를 작성하고 보관하여야 하는 영업자는?

9. 화장품 제조업자의 준수사항에 대한 내용이다. (　)안에 들어가 명칭을 쓰시오.

> 화장품 제조업자는 제조관리기준서, (　①　), 제조관리 기록서, 품질관리 기록서를 작성하여 보관하고 품질관리를 위하여 필요한 사항을 화장품 책임판매업자에게 제출하여야 한다.

기출문제

제 1 과목 화장품법의 이해

10. 「개인정보보호법」 제17조제2항에 따라 고객의 개인정보를 제3자에게 제공 시 고객에게 알리고 동의를 구하여야 한다. 〈보기〉에서 개인정보보호법에 따라 고객에게 반드시 알려야 하는 사항을 모두 고르시오.

[보기]
ㄱ. 개인정보를 제공받는 자
ㄴ. 개인정보 제공 동의 일자
ㄷ. 제공하는 개인정보의 항목
ㄹ. 제공 받은 개인정보 보관 방법
ㅁ. 개인정보의 이용 목적

정답
1. ③   2. ①   3. ④   4. ②   5. ⑤   6. ①   7. 개인정보처리자   8. 화장품책임판매업자
9. 제품표준서   10. ㄱ, ㄷ, ㅁ

제2과목

화장품 제조 및 품질관리

1. 화장품 원료의 종류와 특성

1.1 화장품 원료의 종류

분류	종류			
수성원료	정제수	증류수,탈이온수,꽃수		
	에탄올	변성에탄올,주정에탄올		
	폴리올류	글리세린,부틸렌글라이콜,프로필렌글라이콜,폴리에틸렌글라이콜 등		
유성원료	자연계액상	동물성오일	난황유,밍크오일,마유,스쿠알렌 등	
		식물성오일	동백유,올리브유,포도씨유	
		광물성오일	유동파라핀,페트롤라튬	
	합성계액상	실리콘오일	디메틸폴리실록산,사이클로메치콘,메틸페닐폴리실록산,에칠트라이실록세인	
		에스터류	이소프로필미리스테이트	
		탄화수소	스쿠알란,미네랄오일,스쿠알렌,페트롤라튬	
	자연계고형	왁스류		
	합성계고형	고급지방산	라우릭산,스테아린산,미르시틱산,팔미틱산	
		고급알코올	세틸알코올,스테아릴알코올,이소스테아릴알코올	
계면활성제	음이온	소듐라우릴설페이트,소듐라우레스설페이트		
	양이온	세테아디모늄클로라이드		
	양쪽성	코카미도프로필베타인코코-베타인		
	비이온	폴리소르베이트류,소르비탄류,피지계열,피오이계열		
고분자화합물	점도제	소듐카복시메틸셀룰로오스,폴리비닐알코올,카보머,잔탄검		
알칼리제		알지닌,TEA등		
색소	염료	염색색소	황색5호,적색505호	
	레이크		적색201호,알루미늄레이크	
	안료	유기안료	타르색소,천연색소	
		무기안료	체질안료,착색안료,백색안료	

분류		종류
	진주광택안료	옥시염화비스머스,티타네이티드마이카
	고분자안료	폴리에틸렌파우더,나일론파우더
천연색소		라이코펜,베타카로틴,카르시민,커큐민
향료	동물성	무스크,시베트,카스토리움
	식물성	자스민,라벤더,로즈마리
	합성	멘톨,벤질아세테이트
활성성분		알부틴,유용성감초추출물,레티놀,아데노신,자외선차단제
산화방지제		비타민E,BHA,BHT등
보존제		파라벤,페녹시에탄올,소듐벤조에이트 등

1.2 화장품원료의 특징

(1) 수성원료

- 수성 원료는 물에 녹는 특성을 가진 원료
- 대표적으로 정제수,에탄올,글리세린과 같은 폴리올 종류 등이 있다.
- 수성 원료는 용제,수렴제,보존제,가용화제,보습제,동결방지제 등으로 사용된다.

정제수 (Water)	토너,로션 크림등 화장품 제조에서 가장 많이 사용되는 중요한 원료 중 하나가 정제수 이며, 화장품 시험에 사용되는 물 또한 정제수 이다.
꽃수 (Floral Water)	꽃수는 식물의 꽃, 잎, 줄기 등 여러부위를 수증기 증류하여 천연 아로마오일을 얻을 때 생성되는 향기로운 물이다.
에탄올 (Ethanol.Ethyl Alcohol)	에틸알코올(Ethyl Alcohol,C2H5OH)이라고도 하며, 화장품에서 향수의 발향, 알로에겔의 진정을 돕는 청량감, 가용화제, 살균, 수렴, 네일 제품에서 가용화, 점도감소제, 유화보조제 및 안정제, 기포방지제, 추출물의 용매제 등과 같은 기능으로 이용되고 있다.
폴리올 (polyol)	화장품이 영하의 온도에서 동결되는 것을 방지하기 위해 첨가되거나 보존제의 보조 역할 제형조절제, 용제 및 보습제로 사용된다. 글리세린(Glcerin), 부틸렌글라이콜(ButyleneGlycol), 프로필렌글라이콜(propylene Glycol), 폴리에틸렌글라이콜(polyethyleneGlycol), 솔비톨(Sorbitol)등이 있다.

(2) 유성원료

유성원료는 물에 녹지 않는 비극성인 기름에 녹는 원료, 유지, 왁스, 고급지방산, 고급알코올의 종류가 있으며, 피부유연화제(컨디셔닝제), 피막형성제(밀폐제), 소포제, 광택제, 경도조절제, 유화제, 계면활성제 등으로 활용된다.

극성(polar)	화학결합에서 전자 분포가 어느 한쪽 원자에게 기울어 있는 것
비극성(nonpolar)	극성이 없는 상태(예: 탄화수소화합물)
피막형성제(필름형성제, 밀폐제)	피부에 오일막을 형성하여 수분증발을 억제
피부컨디셔닝제(유연화제)	퍼짐성을 높여 피부의 매끄러움을 유발
소포제	기포를 제거하는 성질

- 유성원료의 공통적인 사용목적
- 비극성의 특성으로 인해 피부표면에 소수성 피막을 형성하여 수분증발을 억제한다 (피막형성제)
- 피부, 모발의 연화제 효과가 우수하다.
- 제품의 사용감을 향상시킨다.
- 광택제로 사용된다.

① 유지(Oil and Fat) : 유지는 고급지방산(Fatty acid)과 트리글리세라이드(triglyceride)가 주성분으로 구성되어있으며 상온에서 유동성인 오일(Oil)과 고체인 지방(Fat)으로 분류된다. 오일은 불포화지방산 함량이 높고, 지방은 포화지방산의 함량이 높다. 오일은 피부에 유분막을 형성하여 수분손실을 막아주는 피부컨디셔닝제와 피부를 유연하게 하는 에몰리언트(emollient)제로 사용되며 액체상태의 비극성 화합물이다.

천연 오일	유동성이 있는 형태로 피부에대한 활성은 우수하지만 쉽게 산패되고 변질되어 항산화 기능을 가진 성분을 배합하여 사용하고 특유의 색깔과 향취로 인해 화장품 사용하기에 적합하지 않아 탈색, 탈취의 정제과정을 거친 정제유를 사용하고 있다. 이런 원료를 천연유래원료하고 한다.
합성 오일	피부에 매끄러움을 부여하고 사용감이 좋으며 산패가 잘되지않아 안정성 또한 뛰어나 많이 권장하고 있다.

㉠ 식물성오일 : 식물성오일은 피부 친화성이 우수하여 영유아용 제품 및 민감성 피부 제품에 많이 사용되며 천연화장품과 유기농화장품에서 주로 사용되는 유

성오일이지만 주로 탈색, 탈취 등 정제과정을 거친 천연유래 원료로 사용되어 진다. 단점은 사용감이 무겁고 산폐되기가 쉽다. 식물성 오일에는 해바라기씨 오일(Sun Flower Oil), 올리브 오일(Olive Oil), 동백 오일(Camellia Oil), 피마자씨 오일(Castor Oil), 아보카도 오일(Avocado Oil), 로즈힙열매 오일(Rose fruit oil) 등이 있다.

ⓛ 동물성오일 : 동물성오일은 피부에 대한 친화성이 우수하고 흡수력이 좋아 건조한 겨울철에 많이 사용되는 보습화장품에 주로 이용된다. 동물성 오일에는 밍크오일, 터틀오일, 난황오일, 에뮤오일 등이 있으며, 이러한 동물성 오일은 식물성 오일에 비해 피부활성은 우수하지만 색상이나 냄새가 좋지 않고, 쉽게 산패되고 변질되어 대부분 고도의 정제과정을 거쳐 사용된다. 하지만 정제로 인한 원료가격의 상승은 비효율적이며 또한 동물성 원료 기피로 인한 원료의 사용이 줄어드는 추세다.

ⓒ 광물성오일: 광물성 오일은 석유 원유를 분별 증류하여 고형파라핀을 제거한 것으로 탄화수소의 화합물이다. 불활성으로 변질이 되지않고 무색무취로 유화가 잘되어 유성 원료로 많이 사용된다. 하지만 유성감이 강하여 피부의 호흡을 막고 폐색막을 형성하므로 주로 식물성 오일이나 다른 오일과 혼합하여 사용된다. 유동파라핀(미네랄오일), 페트롤라툼(Petrolatum,Vaseline)등이 있다.

ⓔ 합성오일

㉮ 에스테르오일 : 지방산과 고급알코올의 에스테르 반응으로 얻어진 액상 오일로 피부에 침투성이 좋아 사용감이 가벼운 에몰리언트제로 많이 사용된다. 아이소프로필미리스테이트(Isopropyl myristate) 아이소프로필팔미테이트(Isopropyl palmitate),세틸팔미테이트(cetyl palmitate), 스테아릴카프릴레이트(stearyl caprylate)등이 있다.

㉯ 트리글리세라이드 : 글리세린과 카프릴릭애씨드 및 카프릭애씨드의 혼합 지방산으로부터 합성된 트리글리세라이드로 대표적인 것은 카프릴릭/카프릭트리글리세라이드가 있다.

㉰ 실리콘오일 : 실리콘이란 규소와 산소의 결합(-si-o-si-)인 실록산 결합(Siloxane bond)을 가지는 유기 규소 화합물의 총칭인 합성오일이다. 무색투명하고,냄새가 거의 없으며, 표면장력이 낮아 퍼짐성이 우수하여 사용감이 가

법이다. 피부 유연성과 피부에 실키한 매끄러움 및 광택을 부여하고 사용감을 향상시키며, 기포를 제거하는 소포기능이 우수하여 기초화장품의 유성원료로 많이 사용되며, 색조 화장품 및 모발제품이 사용성을 높여주는 필수원료로 사용되고 있다. 디메치콘(Dimethicone), 사이클로메치콘(Cyclomethicone), 페닐트리메치콘(Phenyltrimethicone), 디메틸폴리실록산(Dimethylpolysiloxane), 메틸페닐폴리실록산(Methylphenylpolysiloxane)등이 있다.

㉣ 지방(Fat) : 지방은 반고체 혹은 고체 상태이며 코코넛오일은 상온에서 액상이고 저온에서 고상이지만 지방이 아닌 오일로 분류된다. 지방은 피부에 대한 친화성이 높아 겨울용 보습크림제로 많이 사용되지만 산패되기 쉽고 특이취가 있으며 사용감이 무거운 단점이 있다. 시어버터, 망고버터, 코코아버터, 우지, 돈지 등이 있다.

② 왁스(Wax) : 왁스는 고급지방산에 고급알코올이 결합된 에스테르화합물로 고급알코올의 종류에 따라 고체와 반고체상이 있다. 크림의 사용감을 높여주거나 경도를 높이기 위해 사용된다. 또한 친유성 제품이 보조유화제, 광택제, 수분증발억제제로 사용된다. 카나우바 왁스 (Carnauba Wax), 칸데릴라 왁스(Candelilla Wax),비즈왁스(Bees Wax), 라놀린(Lanolin), 호호바오일(Jojoba oil)등이 있다.

분류	유래	왁스종류
탄화수소	석유화학유래	파라핀왁스, 마이크로크리스탈린왁스
	미네랄유래	오조케라이트, 세레신, 몬탄왁스
천연유래	동물유래	밀납, 라놀린, 경납
	식물유래	카나우바왁스, 칸데리라왁스, 제펜왁스, 호호바오일

③ 고급지방산(fatty acid) : 지방산은 대부분 동물성 유지의 주성분이며, 탄소수가 많은 유기산으로 카르복시기(-COOH)를 가지며 알칼리성 물질과 중화 반응을 일으킬 수 있어 R-COOH등으로 표시되는 화합물로, 천연의 유지와 밀납 등에 에스테르로 함유되어 있다.

고급 지방산은 탄화수소 사실이 긴 지방산 물질을 통칭하며 유화 안정화제 용도 및 화장비누, 크림타입의 클렌징폼 등에 주로 사용된다.

라우릭애씨드,미리스틱애씨드,팔미틱애씨드,스테아릭애씨드 등이 있다.

④ 고급알코올(higher(fatty) alcohol) : 알킬기의 탄소수가 3개 이하인 경우 대부분 수용성이며 저급알코올(에틸알코올,이소프로필알코올,부틸알코올)이라고 하고 용제(solvent), 가용화제로 사용된다. 고급알코올은 탄소수가 6개 이상인 알코올을 통칭하며, 하이드록시기(-OH)의 숫자에 따라 1가알코올, 2가알코올, 다가알코올(3가이상, polyol류)로 분류된다. 라우릴 알코올, 미리스틸알코올, 세틸알코올, 스테아릴알코올, 이소스테아릴알코올, 세토스테아릴알코올이 있으며 에멀젼 제품의 점도 및 경도 조절, 유화안정제, 피부연화제, 용제, 유성원료로 대체 사용하여 수분증발을 막고 피부를 부드럽고 윤기있게 개선해 주기도 한다. 팜유, 야자유, 우지, 파라핀 등에서 얻어진다. 안정제로 가장 많이 사용된다. 혼합되어진 세티아릴알코올(Cetearyl Alcol)로 사용된다. 유화안정제 및 점도 증가제로 사용한다.

⑤ 탄화수소(hydrocarbon) : 유기물질중 탄소, 수소로만 이루어진 화합물로 크게 지방족과 방향족으로 나뉜다. 지방족 탄화수소는 알칸(alkane, 알케인), 시클로알칸(cycloalkane, 시클로알케인), 알켄(alkene), 알카인(alkyne, 알킨)으로 나누어진다. 방향족 탄화수소는 유기물질 중 벤젠을 모체로 한다. 벤젠은 탄소 원자 사이에 단일결합과 이중결합이 하나씩 있는 육각형 고리모양이다. 이러한 벤젠고리는 몇 개씩이 서로 접합하여 많은 화합물을 만들지만 고리수가 많은 화합물에는 발암물질이 있어 인체에 해가 될 수 있다. 화장품에서는 염모제에 배합되는 파라-페닐렌 디아민(PPDA), 벤젠, 톨루엔, 자일렌이 있다. 미네랄 오일, 아이소파라핀,아이소파라핀,페트롤라툼,아이소헥사데칸,스쿠알렌,스쿠알란

(3) 계면활성제(surfactants)

물질이 서로 인접하고 있는 상이 고체, 액체, 기체 상태의 다양한 계면(interface)이 존재한다. 이러한 계면중 기체 – 액체, 액체 – 액체상의 액체계면(liquid interface)과 기체 – 고체, 고체 – 액체상의 고체계면(solid interface)으로 나눌 수 있다. 이러한 여러 가지 상이 동시에 존재 할 때 서로 성질이 다른 두 개의 상 사이의 경계를 계면이라고 한다. 이러한 계면은 서로 같은 물질끼리 서로 잡아당기는 응집력(cohesive force)으로 인해 표면이 수축하여 표면장력(surface tension)이 생성된다.

계면활성제란 분자 내에 친수기(Hydrophilic group,극성기)와 소수기(Lipophilic group, 비극성기)를 동시에 갖는 물질로 이러한 계면에 흡착하여 계면장력(섞일 수 없는 서로

성질이 다른 두 액체상 사이에 존재 하는 인력)을 낮추어 두 액체를 섞이도록 한다.

계면 활성제는 용도에 따라 유화제, 가용화제, 분산제, 세정제, 대전방지제 등이 있으며 제조 방법에 따라 합성계면활성제와 천연계면활성제로 나뉘지만, 일반적으로 물에 용해되었을 때 해리되는 이온에 따라 양이온, 음이온, 양쪽성비이온 계면활성제로 분류한다.

용도에 따른 분류	특징
유화제	물과 오일을 혼합하기 위한 목적으로 에멀젼 제품에 사용
가용화제	용제인 물에 불용성 물질인 약간의 향 등을 용해시키기 위한 목적으로 토너에 향을 넣기 위해 일반적으로 사용
분산제	용제에 분산을 목적으로 사용
대전방지제	전하를 감소시켜 정전기 발생을 막아 먼지의 흡착을 방지

- 20℃에서 물에 대한 표면 장력

물질	표면장력(dynes/cm)
물	72.8
글리세린	63.4
피마자오일	39
올레익애씨드	32.5
에탄올	22.3

- 표면장력 : 단위 면적당 작용하는 에너지, 같은 물질끼리 서로 잡아 당기는 힘으로 계면활성제를 투입하여 입자를 줄이고 표면장력을 줄인 후 흡수도를 높여준다.
- 계면장력: 섞일 수 없는 두 액체상 사이에 존재하는 단위 길이당 작용하는 힘

① 계면활성제의 특징에 따른 분류

분류	특징	종류
양이온 계면활성제	양이온은 음이온 성격인 세균에 흡착하는 성질로 인해 살균제로도 사용된다. 알킬기의 분자량이 큰 경우에 흡착성이 커서 헤어 린스등의 유연제 및 대전 방지제로 사용된다.	• 세테아디모늄클로라이드(C16) • 다이스테아릴다이모늄클로라이드(C18) • 베헨트라이모늄클로라이드(C22)

음이온계면활성제	세정력과 거품 형성이 우수하여 화장품에서 인체세정용 제품으로 활용된다. 바디클렌저, 샴푸, 폼클렌저등에 사용된다.	• 소듐라우릴설페이트 • 소듐라우레스설페트(SLES) • 암모늄라우릴설페이트(ALS)
양쪽성계면활성제	한분자내에 양이온과 음이온을 동시에 가지며 ph에 따라 특성이 변한다. 세정력, 살균력이 있지만 다른 이온 계면활성제에 비해 피부 자극이 적어 저자극 세정제, 영유아 및 어린이용 세정제품등에 주로 이용된다.	• 코카미도프로필베타인 • 라우라미도프로필베타인 • 코코베타인 • 소듐코코암포아세테이트
비이온계면활성제	피부 자극이 적고 피부 안전성이 높아, 유화제, 가용화제, 분산제, 습윤제 등 대부분의 화장품에서 사용된다.	• 폴리소르베이트 계열 • 소르비탄 계열 • 폴리에틸렌글리콜(PEG)계열 • 폴리옥시에틸알킬에테르염(POE)계열 • 폴리글리세린 계열 • 글리세릴모노스테아레이트 • 코카마이드MEA/DEA • 라우라마이드MEA/DEA • 올레마이드DEA
천연계면활성제 (비이온계면활성제)	천연물질에서 유래되거나 추출한 계면활성제로 계란 또는 콩에서 얻은 레시틴, 식물에서 얻은 사포닌 등이 있다.	• 레시틴 • 사포닌

- 폴리에틸렌글리콜(PEG)계열의 경우 에틸화 과정에서 디옥산 부산물이 형성되어 반드시 디옥산 검사를 하도록 되어있다.
- 폴리옥시에틸렌알킬에테르(PEO)계열 : 옥틸페놀폴리에틸렌옥사이드, 노닐페놀폴리에틸렌 옥사이드, 폴리옥시에틸렌라우릴에테르, 폴리옥시에틸렌세틸에테르
    - ㉠ 피부의 자극도에 따른 순서: 양이온계면활성제 > 음이온계면활성제 > 양쪽성계면활성제 > 비이온계면활성제
    - ㉡ 세정력에 따른 순서 : 음이온계면활성제 > 양이온계면활성제 > 양쪽성계면활성제 > 비이온계면활성제

② 계면활성제의 친수 친유성 밸런스 척도 HLB

유화제의 친수성과 친유성의 균형을 HLB(hydor philic - lipophilic balance)로 나타낸 것이다. HLB값은 높을수록 친수성, 낮을수록 친유성의 성질을 가진다.

HLB값	용도
1~3	소포제
4~6	W/O유화제
7~9	습윤제
8~18	O/W유화제
13~15	세정제
15~18	가용화제

㉠ 미셀(Micelle, 마이셀): 수용액 내에 계면활성제의 농도가 증가하면 분자 간 구형 집합체인 미셀을 형성한다. 미셀이 형성되는 계면활성제의 농도를 임계미셀농도(CMC:Critical Micelle Concentration)라고 한다. CMC 이상의 농도에서는 계면활성제를 더 투입하더라도 표면장력은 변화하지 않는다.

③ 유화

서로 혼합되지 않는 두 액체가 유화제로 인해 연속상과 분산상의 계면장력을 감소하여 균질하게 분산시키는 것을 의미한다. 에멀젼 제품류의 물과 오일을 혼합하기 위한 목적으로 유화제가 사용된다.

㉠ 가용화((solubilization): 용제에 약간의 난용성물질인 향 등을 용해 시키기 위한 목적으로 사용되며 일정 농도 이상(CMC)에서 생성되는 미셀(Micelle)을 이용하여 용해도 이상으로 용해시켜 투명한 형상을 갖게한다. 향, 약간의 오일 등을 토너, 미스트, 향수에 녹이기 위한 목적으로 가장 많이 사용된다.

㉡ 에멀젼(Emulsion, 유화액): 서로 혼합되지 않는 성격의 전혀 다른 두 액체중 한 액체(분산상, 내상)가 다른 액체(연속상, 외상)에 섞여 있는 것처럼 골고루 균일하게 분산된 상태로 두 개의 상을 갖는다. 용질인 오일이 용매인 물에 골고루 분산되어있는 상태이다. 이를 이용한 화장품은 유백색의 형상을 가지는 크림류, 로션류 등이 있다.

에멀젼은 열역학적인 불안정성으로 인행 물질들이 안정한 본래의 상태로 돌아가려는 성질을 가지고 있어 응집, 합일, 크리밍, 침강 등이 발생하여 분리가 잘된다. 응집은 같은 것끼리 서로 끌어당기는 힘이 존재할 때 발생하며, 침강은 아래로 가라앉아 분리가 일어나는 것이며, 크리밍은 분리된 물질이 위로 떠오르는 것을 의미한다. 합일 또는 합체는 같은 물질끼리 합하여 그 크기가 시간이 지나면서 점차 커져 다른 물질과의 분리 현상이 발생한다.
- 분산(dispersion): 용매에 분산상이 퍼져 있는 혼합계(mixed system)를 말하며, 화장품에서는 고체의 미립자가 액체 중에 골고루 퍼져있는 것을 의미한다. 파운데이션, 썬크림, 마스카라 등 색조를 이용한 제품들이 주로 해당된다.

㉮ 유화액의 불안정한 상태

응집 (flocclation)	같은 물질끼리 서로 끌어당기는 힘에 의해 모이는 것을 의미한다. 콜로이드 입자와 같은 미립자가 큰 현탁입자를 형성하여 뭉쳐지는 현상
크리밍 (creaming)	콜로이드 분상상이 균일하지 못하여 물질이 분리되어 상부에 부유하는 현상
침강 (sedimentation, settle)	콜로이드 분상상이 균일하지 못하여 물질이 분리되어 하부에 가라앉아 분리 되는 현상으로 중력, 원심력에 의한 물리적 침강(sedimentation)과 가용성 물질이 결합하여 불용성의 침강물이 되는 화학적 침강(precipitation)이 있다.
합일 (coalescence,합체)	응집된 분산 입자의 계면막이 파괴되어 같은 물질끼리 서로 융합되어 합해지는 현상
오스왈트 숙성 (Ostwald ripening)	수상과 유상이 완전히 분해 분리되어 계면이 형성되는 것이다.

㉯ 유화액의 안정성을 높이는 방법
- 점증제를 사용하여 연속상의 점도를 높인다.
- 유화제와 내상의 농도(유화제, 오일왁스 등)를 높여 내상의 점도를 높인다.
- 입자의 크기를 작게 하여 분산상과 연속상의 밀도 차이를 줄여준다.

㉰ 제형의 안정성을 감소시키는 요인
- 원료를 투입 혼합하는 순서가 바뀌면 외상과 내상의 상태가 달라 질수 있으며 또한 불안정한 미셀이 형성될 수 있어 분리현상이 잘 일어난다. 기타 첨가물 및 휘발성 있는 원료나 향료는 냉각 후(45℃전후)에 투입해야 한다.
- 교반기의 RPM속도가 느린 경우 유화입자가 커서 성상 및 점도가 달라지고 안정성에 문제가 발생하고 점증제 및 분산제의 분산이 어려워 덩어리가 생길 수 있다.
- 가용화 또는 유화 공정 시 투입되는 온도가 지나치게 높을 경우 유화제의 HLB가 바뀌면서 상이 바뀌어 불안정한 상이 형성되어 안정성에 문제가 생

길 수 있으며 산패의 원인이 될 수 있다.
- 유화제품의 경우 기포가 다량 발생하므로 진공상태에서 기포를 제거하지 않으면 제품의 점도 비중에 영향을 미치며 산패의 원인이 되기도 하여 안정성에 문제가 발생할 수도 있다.

혼합시 제형의 안정성을 감소시키는 요인

구분	세부학습내용
원료투입 순서	화장품 원료 및 내용물 혼합 시 투입에 대한 다음의 사항을 이해해야함 • 원료 투입 순서가 달라지면 용해 상태 불량, 침전, 부유물 등이 발생할 수 있으며, 제품의 물성 및 안정성에 심각한 영향을 미치는 경우도 있음 • 휘발성 원료의 경우 유화공정시 혼합직전에 투입하고, 고온에서 안정성이 떨어지는 원료의 경우 냉각 공정중에 별도 투입하여야 함(알코올, 향료, 첨가제 등) • W/O(water in oil) 형태의 유화 제품 제조 시 수상의 투입 속도를 빠르게 할 경우 제품의 제조가 어렵거나 안정성이 극히 나빠질 가능성이 있음
가용화 공정	• 제조 온도가 설정된 온도보다 지나치게 높을 경우 가용화제의 친수성과 친유성의 정도를 나타내는 HLB(Hydrophilic-lipophilic balance)가 바뀌면서 운점(cloud point)이상의 온도에서는 가용화가 깨져 제품의 안정성에 문제가 생길 수 있음
유화 공정	• 제조 온도가 설정된 온도보다 지나치게 높을 경우 유화제의 HLB가 바뀌면서 전상 온도(PIT, Phase Inversion Temperature)이상의 온도에서는 상이 서로 바뀌어 유화 안정성에 문제가 생길 수 있음 • 유화 입자의 크기가 달라지면서 외관 성상 또는 점도가 달라지거나 원료의 산패로 인해 제품의 냄새, 색상 등이 달라질 수 있음
회전속도	• 믹서의 회전속도가 느린 경우 원료 용해 시 용해 시간이 길어지고, 폴리머 분산 시 수화가 어려워져서 덩어리가 생겨 메인 믹서로 이송시 필터를 막아 이송을 어렵게 할 수 있음 • 유화 입자가 커지면서 외관 성상 또는 점도가 달라지거나 안정성에 영향을 미칠 수 있음
진공세기	• 유화 제품의 제조시에는 미세한 기포가 다량 발생하게 되는데, 이를 제거하지 않으면 제품의 점도, 비중, 안정성 등에 영향을 미칠 수 있음

출처: 식품의약품안전처(맞춤형화장품조제관리사 교수. 학습가이드)

④ 유화액 형태의 판별

외관 판별	O/W형은 크리미(creamy)하고, W/O형은 오일감(greasy)이 있어 끈적임이 있다.
색소법에 의한 선별	분산매에 염료를 넣어 염색 후 판별(O/W형 : 수용성 염료를 넣으면 외상이 물이므로 색이 잘 퍼진다)
희석법에 의한 방법	분산매와 혼합되는 액체의 혼합 정도를 통해 판별(O/W형: 물에 혼합이 잘되고 오일에 넣으면 분리됨)
전기전도도법에 의한 방법	물은 극성 물질로 전기전도도를 가지므로 O/W형 유화액은 W/O형 유화액보다 전기 전도도가 더 크다.

⑤ 에멀젼(Emulsion)의 유형

O/W (Oil in Water 수중유형)	외상인 물에 내상의 오일 입자를 분산시켜서 제조한다. O/W제형은 수분량이 많아 묽고 흐름이 있으며 물에 쉽게 제거되는 특징이 있다. 수상에 용해도가 높은 계면활성제를 사용한다.
W/O (Water in Oil 유중수형)	외상인 오일에 내상인 물입자를 분산시켜서 제조한다. W/O 제형은 오일 느낌이 있는 끈적임으로 인해 건성피부용제품에 사용된다. 유상의 용해도가 높은 계면활성제를 사용한다.
O/W/O W/O/W(multiple emulsion, 다상에멀젼)	유화조건에 따라 O/W형의 에멀젼이 오일 속에 분산된 형태(O/W/O)또는 W/O형 에멀젼이 물속에 분산된 형태(W/O/W)이다.

- 유화제의 종류: 글리세릴스테아레이트, 솔비탄스테아레이트, 스테아릭애씨드 등

(4) 보습제(Mosturizer)

우리몸은 체중의 약 60~70%정도 물을 포함하고 있으며 결합수(bound water)와 자유수(free water)로 존재한다. 생체 내부의 물(결합수, bound water)은 단백질, 탄수화물등과 수소 결합을 통해 존재하는데 쉽게 얼거나 증발되지 않으며 나이가 들수록 점점 줄어든다.
피부 수분 함량은 피부의 노화, 탄력과 매우 밀접한 관계가 있어 화장품 제조시 사용되는 보습제는 화장품 품질을 결정하는 매우 중요한 성분이다. 현재 화장품에 많이 사용되고 있는 보습제로는 폴리올류, 천연보습인자, 고분자류로 크게 3가지가 있다. 보습제는 피부에 수분을 주어 피부 표면이 촉촉하고 부드러워지도록 하여 건조에 의한 일시적인 잔주름을 완화하는데 도움을 준다. 하지만 피부 보습은 수분보습만 있는 것이 아니라 유분보습 또한 중요하다. 보습제는 목적에 따라 수분차단제, 피부컨디셔닝제(기타), 피부유연화제, 습윤제, 장벽대체제 등이 있다.

보습제 배합목적	종류 및 특징
피부컨디셔닝제 (Skin conditioning agents)	피부컨디셔닝제는 피부에 변화를 주는 보습제 성분으로 그 기능에 따라 유연화제, 습윤제, 수분차단제, 기타로 나눌 수 있다. • 유연화제, 에몰리언트 Skin conditioning agents - emollient : 퍼짐성을 높여 각질층의 각질세포 사이를 메워 피부를 부드럽고, 유연하게 유지하는데 도움을 주는 성분, 미네랄 오일, 에스터 오일(아이소프로필팔미테이트,글라이콜스테아레이트등), 실리콘오일(사이클로펜타실록세인등) 등 • 습윤제, 휴멕턴트 Skin conditioning agents - humectant : 피부 외층의 수분 보유를 증대시키기 위한 성분으로 피부 도포 시 주변의 수분을 흡수하여 보습을 유지하는 물질인 글리세린, 히아루론산 등이 있으며, 액체의 표면장력을 감소시키는 물질로 물에 잘 젖지 않는 고체를 잘 젖게 하는 물질로 계면활성제는 젖기 어려운 고체면에 흡착하여 친수기를 바깥쪽으로 배열시키므로 습윤제가 된다. 임계 미셀농도가 높은 계면 활성제일수록 좋은 습윤제이다. • 수분차단제, 어쿠루시브 Skin conditioning agents - acclusive : 피부표면으로부터 수분의 증발을 지연시키는 성분으로 사용, 폐색막형성, 오일지방산, 페트롤라툼 등 수분 차단제는 대부분 피부 유연화제 역할을 동시에 한다. • 피부컨디셔닝제(기타, 미셀레니어스)Skin conditioning agents - miscellaneous : 피부에 특별한 효과를 주기 위한 성분으로 건조하거나 손상된 피부를 개선, 피부탈락 감소, 유연성 회복을 위하여 사용한다. 시어버터,실크아미노산,아이비고도열매추출물,이삭물수세미추출물,세라마이드등 • 피부장벽대체재 : 각질층의 세포간지질의 성분으로 손상된 피부 장벽을 개선시키는 성분으로 컨디셔닝제(기타)로 분류된다(세라마이드, 콜레스테롤, 지방산등)

① 글리세린(Glycerin), 프로필렌글라이콜(Propylene Glycol), 부틸렌글라이콜(Butylene Glycol), 히알루론산(SodiumHyaluronate, 소듐하이알루로네이트), 세라마이드(Ceramide), 베타인(Betaine)

(5) 비타민 및 유도체

구분	종류
수용성	비타민C, 비타민B1(티아민), 비타민 B2(리보플라민), 비타민 B3(나이아신아마이드), 비타민B5(판테놀), 비타민 B6(피리독신), 비타민B7(비오틴), 비타민B8(이노시톨), 비타민B9(엽산), 비타민B12(코발라민)
지용성	비타민A(레티놀), 비타민D(칼시페롤), 비타민E(토코페롤), 비타민K(필로퀴논, 메나퀴논, 메나디온)

① 나이아신아마이드(Niacinamide), 레티놀(Retinol), 토코페롤(Tocopherol), 아스코빅애씨드(Ascobic acid), 아스코빌스테아레이트(Ascorbyl stearate), 판테놀(Panthenol), 비오틴(Biotin), 피리독신(Pyridoxine)

(6) 고분자 화합물(Polymers)

소듐하이알루로네이트와 같은 고분자 화합물은 보습의 기능을 부여하기 위해 사용되기도 하지만 제품의 점성을 높이거나, 사용감 개선, 피막 형성을 위해 사용된다. 유화 제품의 유화 안정성을 높이고, 화장수는 사용감을 좋게 한다. 네일 에나멜, 마스카라 등의 제품에서 필름 형성제의 적절한 선택은 제품의 품질을 형성한다.

① 점증제(Thickening agents): 화장품의 점도 조절제로 사용되는 원료는 대부분 수용성 고분자 물질이다. 이러한 점증제는 액제의 점도를 높이거나 유화제품의 점증을 높여 주어 안정성을 좋게 한다.

천연물질	식물에서 추출한 구아검, 아라비아검, 로커스트검, 카라기난과 미생물에서 추출한 잔탄검(Xanthan gum), 덱스트란, 동물에서 추출한 젤라틴, 콜라겐 등이 있다. 피부를 부드럽게 하는 사용감이 있어 액제의 점증제로 많이 사용된다. 하지만 미생물에 오염되기 쉽고, 물성이 쉽게 변하고 안전성이 떨어지는 경우가 많아 액체, 샴푸에 사용시 주의를 해야 한다.
반합성천연 고분자물질	메틸셀룰로오스(MethylCellulose), 에틸셀룰로오스(Ethyl Cellulose), 카복시메틸셀룰로오스(Carboxy Methyl Cellulose)등이 있다. 이러한 셀룰로오스 유도체들은 비교적 안정성이 우수하고 사용성이 용이하여 화장품에 대부분 사용되고 있다.
합성 점증제	소듐아크릴레이트폴리머(SodiumAcrylatePolymer), 카보머(Cabomer), 폴리쿼터늄(Polyquaternium), 폴리아크릴레이트(Polyacrylate), 카복시비닐폴리머(Carboxy Vinyl Polymer)등이 있다.

② 필름 형성제(피막형성제,Flim formers): 입자가 큰 고분자의 필름 막을 화장품에 적용하기 위하여 사용되는 것으로, 제품의 종류에 따라 여러 가지 다른 형태의 필름 형성제가 사용된다. 제품에 따라 필름형성제와 점증제를 적절히 혼합하여 사용하기도 하며, 폴리비닐알코올(Poly Vinyl Alcohol)는 폴리비닐아세테이트를 검화하여 제조한 후 필오프(Peel-off)타입의 팩을 만들 수 있다.

(7) 보존제

화장품 유통과정 또는 화장품이 사용되는 동안 미생물의 성장을 억제, 감소시켜 제품의 오염을 막아주는 특성을 가진 성분이다. 일반적으로 보존제는 pH가 낮은 제형에서 효과가 있지만, 그 외 다양한 pH범주에서 효과를 발휘하는 보존제도 존재한다.

보존제는 2가지 이상 혼합 사용함으로 인해 다양한 균에 대한 항균 및 상승효과(synergism)가 발생하여, 미생물 및 균의 생성을 억제하거나 사멸시키는 효과가 발생된다.

■ 보존제 혼합 사용의 장점

- 미생물의 생성억제, 사멸
- 생화학적 항균상승효과(synergism)발생
- 다양한 저항성균에 대한 항균 및 생성억제
- 보존재 총사용량의 감소

메틸파라벤 (Methylparaben 메칠파라벤)	화장품 방부제로 가장많이 사용되며 메틸파라벤,에틸파라벤,부틸파라벤,프로필파라벤과 혼합하여 사용된다. 메틸알코올 및 p-하이드록시벤조익애씨드의 에스터 성분이다. 단일성분의 경우 0.4%(산으로서), 혼합사용의 경우 0.8%(산으로서)의 사용한도가 있다.
메칠이소치아졸리논 (Methylisothiazolinone, MIT)	사용 후 씻어내는 제품에 사용되는 살균보존제로 배합한도는 0.0015%이다. 메칠클로로이소치아졸리논과 메칠이소치아졸리논의 혼합물과 병행하여 사용할 수 없다. 흡입시 독성을 유발한다.
벤질알코올 (Benzyl Alcohol)	천연화장품과 유기농화장품에 사용 가능한 합성 살균보존제로 배합한도는 1%이며, 염모제의 용제로 사용할 경우에는 10%이다. 알러지유발물질로 씻어내는 화장품의 경우 0.01%, 씻어내지 않는 화장품의 경우 0.001% 초과 함유시 반드시 전성분 표시사항에 표기 하셔야 한다.
벤조익애씨드, 그 염류 및 에스텔류 (Benzoic Acid and its salts and ester)	식물의 껍질에서 얻어지는 천연유래물질로 천연화장품과 유기농화장품에 사용 가능한 합성살균보존제이다. 배합한도는 Acid로서 0.5%이며 사용후 씻어내는 제품은 2.5%이다. 벤조익애씨드의 염류로는 소듐벤조에이트(Sodium Benzoate)가 가장 많이 사용된다.
소르빅애씨드 및 그 염류 (Sorbic Acid and its salts)	세균, 진균 등의 미생물의 생육을 억제하지만 살균효과는 없는 보존제이다. pH 6.5 이하의 산성에서 효과를 나타내며 천연화장품과 유기농화장품에 사용이 가능한 보존제이다. 배합한도는 0.6%이며 염류인 포타슘소르베이트(Potassium Sorbate)가 대부분 살균보존제로 사용된다. 유기농화장품과 천연화장품에 사용이 가능하다.
벤잘코늄클로라이드 (Benzalkonium Chloride)	대전방지제, 소취제, 살균제의 보존제로 주로 사용되며 향취와 독성이 있다. 사용 후 씻어내는 제품에 0.1% 기타제품에 0.05% 이하의 배합한도가 있다. 최근 손소독제의 필요성으로 인해 손소독용 세제에 많이 사용되는 물질이다.

살리실릭애씨드 및 그 염류 (Salicylic Acid and its salts)	천연화장품과 유기농화장품에 사용가능한 합성성분으로 보존제로 사용시 살리실릭애씨드로서 0.5%의 배합한도가 있으며 샴푸를 제외한 만 3세 이하 영유아 및 만 13세 이하 어린이 제품에는 사용할 수 없다. 보존제외 기타성분으로 사용할 경우에는 기능성 유효성분으로만 사용이 가능하며 사용후 씻어내는 제품류(폼클렌징, 바디클렌징 등)에 살리실릭애씨드로서 2%, 사용후 씻어내는 두발류 제품에는 3%의 배합한도가 있다. 여드름에 도움이 되는 기능성제품의(자료제출이 생략되는 고시된 함량은) 씻어내는 제품은 배합 한도가 살리실릭애씨드로서 0.5%이다. 탈모에 도움을 주는 기능성 유효 성분으로 사용시 3%의 배합한도에 주의하여야 한다.
징크피리치온 (Zinc Pyrithione)	항균 및 살균 작용이 있으며 비듬균을 억제하여 비듬 및 가려움을 덜어주며 탈모증상의 완화에 도움을 준다. 사용후 씻어내는 제품(샴푸, 린스)에 보존제로서 0.5% 배합한도가 있으며 화장품에 총 징크피리치온으로서 1.0%의 배합한도가 있다. 그 외 기타제품에는 사용할 수 없다.
페녹시에탄올 (phenoxyethanol)	페놀과 에틸렌글라이콜이 에테르 결합한 페놀 에터이다. 어린이화장품, 물휴지 등 다양한 제품류의 살균보존제로 사용된다. 배합한도는 1%이다.
클림바졸 (Climbazole)	비듬방지용 샴푸에 사용되며 두발용 제품에만 사용이 가능하며 0.5% 배합한도가 있다.

(8) 산화방지제

비에이치에이 (BHA, Butylated hydroxyanisole)	유성성분에 대한 산화방지 효과가 있는 합성산화방지제로 민감한 피부의 경우 알러지를 유발할 수 있다.
비에이치티 (BHT, Butylated hydroxytoluene)	유성성분에 대한 산화방지 효과가 있어 향수와 같은 알콜 함유 제품의 향, 색깔 등의 변색을 막기 위해 사용된다. 민감한 피부의 경우 알러지를 유발 할 수 있다.
토코페롤 (Tocopherol, V-E)	오일류의 변질을 막기 위한 항산화제로 사용된다. 화장품에서는 토코페릴아세테이트(Tocopheryl Acetate) 유도체가 주로 사용된다.
자몽씨추출물(GES)	식품과 화장품에서 널리 사용되는 산화방지제이다.

(9) 금속이온봉쇄제(Sequestering Agent)

이디티에이(EDTA)	수용액에 함유된 금속이온(칼슘이온, 마그네슘이온 등)의 작용을 억제하여 세정제의 기포를 안정화하고 물때의 형성을 막으며 에멀젼 제품의 안정성을 높여준다.
파이틱애씨드 (Phytic Acid)	식물의 씨앗에 함유된 천연금속이온봉쇄제이다. 하지만 금속이온과 결합한 침전물이 생겨 안정성의 문제로 인해 화장품에는 대부분 사용되지 않는다.

(10) 알칼리제

티이에이 (Triethanolamine, TEA)	비누의 pH조절제로 사용되거나 카보머와 같은 점증제의 중화제로 사용된다. 끈적이는 점성의 투명한 액상물질로 피부에 자극적이며 공기 중에 노출시 쉽게 산화되어 갈색으로 변한다.
트라이아이소프로판올아민 (Triisopropanolamine)	산성고분자(카보머)를 중화하기 위해 주로 사용된다.
포타슘하이드록사이드 (Potassium Hydroxide)	수산화칼륨(KOH) 이라 하며 흔히 물비누를 만들 때 사용되는 알칼리제이다. 화장품의 pH조절제 및 산성고분자의 중화제로 사용되기도 한다.
소듐하이드록사이드 (Sodium Hydroxide)	수산화나트륨(NaOH) 라고 하며 흔히 비누를 만들 때 사용되는 알칼리제이다. 화장품의 pH조절제 및 산성고분자의 중화제로 사용되기도 한다.
소듐바이카보네이트 (Sodium Bicarbonate)	흔히 베이킹소다, 중조, 중탄산나트륨이라고 하며 스크럽제, pH 완충제, 탈취제, pH 조절제, 피부보호제로 사용된다. 산성물질인 시트릭애씨드(Citric Acid), 비타민C 등과 혼합하여 발포성 제품류를 만들 때 주로 사용된다. 치약에서 연마제로 사용되기도 한다.
알지닌 (Arginine)	착향제, 헤어컨디셔닝제, 피부컨디셔닝제로 사용되는 아미노산으로 아르기닌이라고 불린다. 알칼리 성질로 인해 카보머 중화제로 사용된다.

(11) 향료(Perfume)

향료는 화장품원료의 특이취를 억제하기 위해 사용되거나 향수의 원료로 사용되며 합성향료, 천연향료, 조합향료가 있다.

동물성 향료	천연향료로서 동물의 피지선에서 채취한 향료로 사향, 영묘향, 용연향, 해리향 등이 있다.
식물성 향료	식물의 다양한 부위인 꽃, 잎, 열매, 종자, 껍질 등에서 추출한다. 추출법은 부위 및 특징에 따라 냉각압착법, 수증기 증류법, 용매추출법(앱솔루트공법), 냉침법, 온침법, 초임계추출법 등이 있다. 아로마에센셜오일은 90%이상이 수증기 증류법으로 추출되지만 화학변화가 되지 않고 안전한 오일을 얻기 위해 화장품 및 식품, 의약품 업계에서는 초임계추출법이 권장되고 있다. 물질은 온도와 압력에 따라 기체, 액체, 고체 상태로 변화한다. 물질은 물질고유의 임계온도 및 임계압력을 초월한 조건에서 기체 밀도가 급격히 상승하여 기체도 액체도 아닌 초임계유체상태(supercritical fluid)가 된다. 초임계유체의 밀도는 온도와 압력에 따라 다양하게 변화할 수 있어 물질의 용해력을 변화시켜 추출량을 제어함으로서 추출물의 분리를 기능하게 한다. 초임계추출을 위해 안정성이 높은 이산화탄소(CO_2)를 용매제로 이용하여 추출하는 경향이 높아지고 있어 이산화탄소추출법이라고 칭하기도 한다.

> **TIP** 모노테르펜(monoterpenes, C10)
>
> 두 개의 이소프렌 단위로 구성되어 있으며, 주로 꽃과 허브에서 생성되는 휘발성 물질로서 시트랄(citral), 멘톨(menthol), 장뇌(camphor), 리모넨(limonene), 미르센(myrcene), 피넨(pinene), 피레트린(pyrethrin), 게라니올(geraniol) 등의 방향 및 방충 효과와 리날로올(linalool)과 시네올(cineol)의 수분매개자유도(pollinator attractants) 및 초식동물 기피 작용(antiherbivory agents) 기능 등이 알려져 있다. ※ 시험출제

(12) 색소(Coloring Material)

화장품에 사용되는 색소는 색조화장품의 피복력을 갖게 하여 색채를 부여하거나 자외선을 방어할 때 사용한다. 염료(Dyes)는 물, 오일, 알코올 등의 용제에 용해되며, 안료(Pigment)는 물이나 오일 등의 용제에 녹지 않는 불용성 색소로, 무기안료(Inorganic Pigment)와 유기 안료(Organic Pigment)가 있다. 염료는 용제에 녹는 성격으로 인해 염색이 되는 성질을 가지고 있어서 메이크업 화장품에 거의 사용하지 않고 화장수, 로션, 샴푸 등에 소량 사용된다.

색소는 화학적인 특성에 따라 수용성, 유용성, 비용해성, 피부부착성, 피지흡수력 등 다양한 성격을 가지고 있다.

① 용어의 정리

색소	화장품이나 피부에 색을 띄게 하는 것을 주요 목적으로 하는 성분을 말한다.
타르색소	화장품에 사용할 수 있는 색소 중 콜타르, 그 중간생성물에서 유래되었거나 유기합성하여 얻은 색소 및 그 레이크, 염, 희석제와의 혼합물을 말한다.
순색소	중간체, 희석제, 기질 등을 포함하지 아니한 순수한 색소를 말한다.
레이크	타르색소의 나트륨, 칼륨, 알루미늄, 바륨, 칼슘, 스트론튬 또는 지르코늄염을 기질에 흡착, 공침 또는 단순한 혼합이 아닌 화학적 결합에 의하여 확산시킨 색소를 말한다.
기질	레이크 제조 시 순색소를 확산시키는 목적으로 사용되는 물질을 말하며 알루미나, 브랭크휙스, 크레이, 이산화티탄, 산화아연, 탤크, 로진, 벤조산알루미늄, 탄산칼슘 등의 단일 또는 혼합물을 사용한다.
희석제	색소를 용이하게 사용하기 위하여 혼합되는 성분을 말하며, 「화장품 안전기준 등에 관한 규정」(식품의약품안전처 고시) 원료(화장품에 사용할 수 없는 원료)는 사용할 수 없다.

눈 주위	눈썹, 눈썹 아래쪽 피부, 눈꺼풀, 속눈썹 및 눈(안구, 결막낭, 윤문상 조직을 포함한다)을 둘러싼 뼈의 능선 주위를 말한다.
알루미늄레이크	알루미늄이 결합하여 흡착시킨 색소를 말한다.

② 화장품에 사용되는 색소의 종류
  ㉠ 유기 합성 색소(타르색소) : 화장품에 사용되는 유기 합성 색소는 염료, 레이크, 안료가 있다. 염료는 수용성 염료와 유용성 염료로 나누어지며, 수용성 염료는 화장수, 로션, 샴푸 등의 착색에 사용되고, 유용성 염료는 유성 화장품의 착색에 사용된다.

유기합성색소 (타르색소)	염료	청색1호, 청색2호, 황색4호, 황색5호, 황색204호, 적색205호
	레이크	알루미늄레이크, 적색201호
	유기안료	타르색소

  ㉡ 무기 안료 : 무기 안료는 광물을 안료로 사용했으나 불순물을 함유하거나 색상이 안정되지 않아 합성한 무기 화합물을 주로 이용한다. 무기 안료는 유기 안료에 비해 색상의 선명함이 떨어지지만 빛과 열에 강하고 유기 용매에 녹지 않아 화장품용 색소로 널리 사용된다. 립스틱의 선명한 색소는 유기 안료가 사용되며, 무기 안료는 마스카라, 아이라이너의 색소로 주로 사용되고 있다. 무기 안료는 체질 안료, 착색 안료, 백색 안료 등으로 구분되며, 메이컵 화장품에서 유기 안료나 무기 착색 안료는 제품의 색소를 조정하고, 백색 안료는 피복력에 도움되기 위해 사용된다. 체질 안료는 색의 희석제로 사용되거나 제품의 제형을 유지하는 베이스(Base)로 사용된다.

무기안료	체질안료	탤크, 카올린, 마이카, 탄산칼슘, 탄산마그네슘, 무수규산
	착색안료	황색산화철, 흑색산화철, 적색산화철
	백색안료	이산화티탄늄, 산화아연

  • 체질 안료(Extender pigment) : 체질 안료는 착색의 목적보다 제품의 제형을 유지하는 베이스(Base)로 주로 사용된다. 색의 농도를 묽게 하는 희석제나, 제품의 광택성, 사용성, 퍼짐성, 부착성, 흡수성 등에 사용된다. 마이카, 세리

사이트, 탤크, 카올린, 무수규산, 탄산칼슘(칼슘카보네이트) 등이 있다.

체질안료	특성
마이카 (운모)	피부에 대한 부착성이 우수하여 뭉침 현상(Caking)을 일으키지 않고, 피부에 광택을 주어 파우더 제품에 주로 사용된다(예. 백운모).
탈크 (활석)	매끄러운 사용감과 흡수력이 좋아 베이비파우더, 투웨이케익 등 메이크업 제품에 많이 사용된다.
카올린 (고령토)	땀이나 피지의 흡수력이 좋아 피부 부착성은 좋지만 매끄러운 사용감은 탈크에 비해 떨어진다. 주로 머드팩에 많이 사용된다.
착색 안료 (Coloring Pigment)	주로 산화철이 사용되며 색이 잘 변하지 않아 메이크업 화장품에 많이 사용된다. 산화철은 적색, 황색, 흑색의 3가지 기본 색이 있으며, 색을 혼합하여 다양한 색상을 표현한다.
백색 안료 (White pigment)	백색 안료는 티타늄디옥사이드와 징크옥사이드가 대표적이며 주로 색조의 착색력, 피복성을 좋게 하기 위해 사용한다. 티타늄디옥사이드는 굴절률이 높고, 입자가 작아 백색의 제품을 만들 때 사용되거나 자외선으로부터 피부를 보호하기 위해 사용된다.
진주 광택 안료 (Pearlescent pigment)	진주와 비슷한 광택을 주기 위해 운모에 티타늄디옥사이드를 코팅한 티타네이티드마이카 등이 있다.

ⓒ 천연색소 : 치자, 코치닐, 비트, 청대 등 다양한 천연에서 추출한 색소가 응용되어 사용되지만 착색의 안정성이 좋지 않아 화장품에 상용화되어 사용되지는 않고 있으며 염색제의 원료로 일부 사용되고 있다.

2. 천연화장품과 유기농화장품

2.1 용어의 정의

(1) 유기농 원료

① 친환경농어업 육성 및 유기식품 등의 관리·지원에 관한 법률」에 따른 유기농수산물 또는 이를 이 고시에서 허용하는 물리적 공정에 따라 가공한 것
② 외국 정부(미국, 유럽연합, 일본 등)에서 정한 기준에 따른 인증기관으로부터 유기농수산물로 인정받거나 이를 이 고시에서 허용하는 물리적 공정에 따라 가공한 것

③ 국제유기농업운동연맹(IFOAM)에 등록된 인증기관으로부터 유기농 원료로 인증받거나 이를 이 고시에서 허용하는 물리적 공정에 따라 가공한 것

(2) 식물 원료

식물(해조류와 같은 해양식물, 버섯과 같은 균사체를 포함한다) 그 자체로서 가공하지 않거나, 이 식물을 가지고 이 고시에서 허용하는 물리적 공정에 따라 가공한 화장품 원료를 말한다.

(3) 동물성 원료(동물에서 생산된 원료)

동물 그 자체(세포, 조직, 장기)는 제외하고, 동물로부터 자연적으로 생산되는 것으로서 가공하지 않거나, 이 동물로부터 자연적으로 생산되는 것을 가지고 이 고시에서 허용하는 물리적 공정에 따라 가공한 계란, 우유, 우유단백질 등의 화장품 원료를 말한다.

(4) 미네랄 원료

지질학적 작용에 의해 자연적으로 생성된 물질을 가지고 이 고시에서 허용하는 물리적 공정에 따라 가공한 화장품 원료를 말한다. 다만, 화석연료로부터 기원한 물질은 제외한다.

(5) 유기농유래 원료

유기농 원료를 이 고시에서 허용하는 화학적 또는 생물학적 공정에 따라 가공한 원료를 말한다.

(6) 식물유래, 동물성유래 원료

식물원료 또는 동물성 원료를 가지고 이 고시에서 허용하는 화학적 공정 또는 생물학적 공정에 따라 가공한 원료를 말한다.

(7) 미네랄유래 원료

미네랄원료를 가지고 이 고시에서 허용하는 화학적 공정 또는 생물학적 공정에 따라 가공한 원료를 말한다.

(8) 천연 원료

유기농원료, 식물원료, 동물성원료, 미네랄원료를 말한다.

(9) 천연유래 원료

유기농유래원료, 식물유래원료, 동물성유래원료, 미네랄유래원료를 말한다.

2.2 천연화장품 및 유기농화장품의 기준

> **TIP 사용할 수 있는 원료**
>
> ⊙ 천연 원료, 천연유래 원료, 물
> ⓒ 허용기타원료및 허용합성원료에서 정하는 원료
> ⓒ 합성원료는 천연화장품 및 유기농화장품의 제조에 사용할 수 없다.
> ⓔ 품질 또는 안전을 위해 필요하나 자연에서 대체하기 곤란한 원료는 5% 이내 사용 가능
> ⓜ 석유화학 부분(petrochemical moiety의 합)은 2%를 초과할 수 없다.

(1) 미네랄 유래원료

① 허용하는 화학적 공정 또는 생물학적 공정에 따라 미네랄 원료를 가공한 원료
② 아래 미네랄 유래 원료의 Mono-,Di-,Tri-,Poly-, 염도 사용 가능하다.
- 구리가루(Cooper Powder CI 77400)
- 규조토(Diatomaceous Earth)
- 디소듐포스페이트(Disodium Phosphate)
- 디칼슘포스페이트(Dicalcium Phosphate)
- 디칼슘포스페이트디하이드레이트(Dicalcium phosphate dihydrate)
- 마그네슘설페이트(Magnesium Sulfate)
- 마그네슘실리케이트(Magnesium Silicate)
- 마그네슘알루미늄실리케이트(Magnesium Aluminium Silicate)
- 마그네슘옥사이드(Magnesium Oxide CI 77711)
- 마그네슘카보네이트(Magnesium Carbonate CI 77713(Magnesite))
- 마그네슘클로라이드(Magnesium Chloride)

- 마그네슘카보네이트하이드록사이드(Magnesium Carbonate Hydroxide)
- 마그네슘하이드록사이드(Magnesium Hydroxide)
- 마이카(Mica)
- 말라카이트(Malachite)
- 망가니즈비스오르토포스페이트(Manganese bis orthophosphate CI 77745)
- 망가니즈설페이트(Manganese Sulfate)
- 바륨설페이트(Barium Sulphate)
- 벤토나이트(Bentonite)
- 비스머스옥시클로라이드(Bismuth Oxychloride CI 77163)
- 소듐글리세로포스페이트(Sodium Glycerophosphate)
- 소듐마그네슘실리케이트(Sodium Magnesium Silicate)
- 소듐메타실리케이트(Sodium Metasilicate)
- 소듐모노플루오로포스페이트(Sodium Monofluorophosphate)
- 소듐바이카보네이트(Sodium Bicarbonate)
- 소듐보레이트(Sodium borate)
- 소듐설페이트(Sodium Sulfate)
- 소듐실리케이트(Sodium Silicate)
- 소듐카보네이트(Sodium Carbonate)
- 소듐치오설페이트(Sodium Thiosulphate)
- 소듐클로라이드(Sodium Chloride)
- 소듐포스페이트(Sodium Phosphate)
- 소듐플루오라이드(Sodium Fluoride)
- 소듐하이드록사이드(Sodium Hydroxide)
- 실리카(Silica)
- 실버(Silver CI 77820)
- 실버설페이트(Silver Sulfate)
- 실버씨트레이트(Silver Citrate)
- 실버옥사이드(Silver Oxide)
- 실버클로라이드(Silver Chloride)

- 씨솔트(Sea Salt, Maris Sal)
- 아이런설페이트(Iron Sulfate)
- 아이런옥사이드(Iron Oxides CI 77480, 77489, 77491, 77492, 77499)
- 아이런하이드록사이드(Iron Hydroxide)
- 알루미늄아이런실리케이트(Aluminium Iron Silicates)
- 알루미늄(Aluminum)
- 알루미늄가루(Aluminum Powder CI 77000)
- 알루미늄설퍼이트(Aluminum Sulphate)
- 알루미늄암모니움설퍼이트(Aluminum Ammonium Sulphate)
- 알루미늄옥사이드(Aluminum Oxide)
- 알루미늄하이드록사이드(Aluminum Hydroxide)
- 암모늄망가니즈디포스페이트(Ammonium Manganese Diphosphate CI 77742)
- 암모늄설페이트(Ammonium Sulphate)
- 울트라마린(Ultramarines, Lazurite CI 77007)

(2) 오염물질

① 자연적으로 존재하는 것보다 많은 양이 제품에서 존재해서는 아니 된다.
② 아래의 오염물질에 오염된 원료는 사용할 수 없다.
- 중금속(Heavy metals)
- 방향족 탄화수소(Aromatic hydrocarbons)
- 농약(Pesticides)
- 다이옥신 및 폴리염화비페닐(Dioxins & PCBs)
- 방사능(Radioactivity)
- 유전자변형 생물체(GMO)
- 곰팡이 독소(Mycotoxins)
- 의약 잔류물(Medicinal residues)
- 질산염(Nitrates)
- 니트로사민(Nitrosamines)

(3) 허용기타원료

다음의 원료는 천연 원료에서 석유화학 용제를 이용하여 추출할 수 있다. 석유화학 용제의 사용 시 반드시 최종적으로 모두 회수되거나 제거되어야 하며, 방향족, 알콕실레이트화, 할로겐화, 니트로젠 또는 황(DMSO 예외) 유래 용제는 사용이 불가하다.

원료	제한
베타인(Betaine)	
카라기난(Carrageenan)	
레시틴 및 그 유도체(Lecithin and Lecithin derivatives)	
토코페롤, 토코트리에놀(Tocopherol/Tocotrienol)	
오리자놀(Oryzanol)	
안나토(Annatto)	
카로티노이드/잔토필(Carotenoids/Xanthophylls)	
앱솔루트, 콘크리트, 레지노이드(Absolutes, Concretes, Resinoids)	천연화장품에만 허용
라놀린(Lanolin)	
피토스테롤(Phytosterol)	
글라이코스핑고리피드 및 글라이코리피드(Glycosphingolipids and Glycolipids)	
잔탄검	
알킬베타인	

(4) 허용합성원료

자연에서 대체하기 곤란한 허용기타원료, 허용합성 원료는 5% 이내에서 사용할 수 있으며, 석유화학 부분(petrochemical moiety의 합)은 2%를 초과할 수 없다.

① 합성 보존제 및 변성제

원료	제한
벤조익애씨드 및 그 염류 (Benzoic Acid and its salts)	0.5%(씻어내는제품2.5%)
벤질알코올	1%(염모제10%)

원료	제한
(Benzyl Alcohol)	
살리실릭애씨드 및 그 염류 (Salicylic Acid and its salts)	0.5%
소르빅애씨드 및 그 염류 (Sorbic Acid and its salts)	0.6%
데하이드로아세틱애씨드 및 그 염류 (Dehydroacetic Acid and its salts)	데하이드로아세틱애씨드로서 0.6% 에어로졸스프레이 제품에는 사용금지 천연화장품 유기농화장품 보존제로 사용가능
데나토늄벤조에이트, 3급부틸알코올, 기타 변성제 (프탈레이트류 제외)	(관련 법령에 따라) 에탄올에 변성제로 사용된 경우에 한함
이소프로필알코올 (Isopropylalcohol)	
테트라소듐글루타메이트디아세테이트 (Tetrasodium Glutamate Diacetate)	금속이온봉쇄제

📑 TIP

- 벤조익애씨드의 염류 : 소듐벤조에이트(벤조산나트륨, 안식향산나트륨)
- 소르빅애씨드의 염류 : 포타슘소르베이트

② 천연 유래와 석유화학 부분을 모두 포함하고 있는 염료

 ㉠ 석유화학 부분(petrochemical moiety의 합)은 전체 제품에서 2%를 초과할 수 없다.

 ㉡ 석유화학 부분(%)=석유화학 유래 부분 몰중량/전체 분자량×100

 ㉢ 이 원료들은 유기농화장품에 사용은 가능하나 유기농함량에 포함될 수 없다.

분류	사용 제한
디알킬카보네이트 (Dialkyl Carbonate)	
알킬아미도프로필베타인 (Alkylamidopropylbetaine)	

분류	사용 제한
알킬메칠글루카미드 (Alkyl Methyl Glucamide)	
알킬암포아세테이트/디아세테이트 (Alkylamphoacetate/Diacetate)	
알킬글루코사이드카르복실레이트 (Alkylglucosidecarboxylate)	
카르복시메칠-식물 폴리머 (Carboxy Methyl-Vegetal polymer)	
식물성 폴리머-하이드록시프로필트리모늄클로라이드 (Vegetal polymer-Hydroxypropyl Trimonium Chloride)	두발/수염에 사용하는 제품에 한함
디알킬디모늄클로라이드 (Dialkyl Dimonium Chloride)	두발/수염에 사용하는 제품에 한함
알킬디모늄하이드록시프로필하이드로라이즈드식물성단백질 (Alkyldimonium Hydroxypropyl Hydrolyzed Vegetal protein)	두발/수염에 사용하는 제품에 한함

2.3 제조공정

원료의 제조공정은 간단하고 오염을 일으키지 않으며, 원료 고유의 품질이 유지될 수 있어야 한다.

(1) 허용되는 공정

① 물리적 공정 : 물리적 공정 시 물이나 자연에서 유래한 천연 용매로 추출해야 한다.

구분	공정명	비고
물리적 공정	흡수(Absorption)/흡착(Adsorption)	불활성 지지체(활성탄)
	탈색(Bleaching)/탈취(Deodorization)	불활성 지지체(활성탄)
	분쇄(Grinding)	
	원심분리(Centrifuging)	
	상층액분리(Decanting)	
	건조(Desiccation and Drying)	

구분	공정명	비고
	탈(脫)고무(Degumming)/탈(脫)유(De-oiling)	
	탈(脫)테르펜(Deterpenation)	증기 또는 자연적으로 얻어지는 용매 사용
	증류(Distillation)	자연적으로 얻어지는 용매 사용(물, CO_2 등)
	추출(Extractions)	자연적으로 얻어지는 용매 사용(물, 글리세린 등)
	여과(Filtration)	불활성 지지체
	동결건조(Lyophilization)	
	혼합(Blending)	
	삼출(Percolation)	
	압력(Pressure)	
	멸균(Sterilization)	열처리
	멸균(Sterilization)	가스 처리(O_2, N_2, Ar, He, $O3$, CO_2 등)
	멸균(Sterilization)	UV, IR, Microwave
	체로 거르기(Sifting)	
	달임(Decoction)	뿌리, 열매 등 단단한 부위를 우려냄
	냉동(Freezing)	
	우려냄(Infusion)	꽃, 잎 등 연약한 부위를 우려냄
	매서레이션(Maceration)	정제수나 오일에 담가 부드럽게 함
	마이크로웨이브(Microwave)	
	결정화(Settling)	
	압착(Squeezing)/분쇄(Crushing)	
	초음파(Ultrasound)	
	UV 처치(UV Treatments)	
	진공(Vacuum)	
	로스팅(Roasting)	
	탈색(Decoloration, 벤토나이트, 숯가루, 표백토, 과산화수소, 오존 사용)	

② 화학적·생물학적 공정 : 석유화학 용제의 사용 시 반드시 최종적으로 모두 회수되거나 제거되어야 한다. 방향족, 알콕실레이트화, 할로겐화, 니트로젠 또는 황(DMSO 예외) 유래 용제는 사용이 불가하다.

구분	공정명	비고
화학적 생물학적 공정	알칼화(Alkylation)	
	아마이드 형성(Formation of amide)	
	회화(Calcination)	
	탄화(Carbonization)	
	응축/부가(Condensation/Addition)	
	복합화(Complexation)	
	에스텔화(Esterification)/ 에스테르결합전이반응(Transesterification)/ 에스테르교환(Interesterification)	
	에텔화(Etherification)	
	생명공학기술(Biotechnology)/ 자연발효(Natural fermentation)	
	수화(Hydration)	
	수소화(Hydrogenation)	
	가수분해(Hydrolysis)	
	중화(Neutralization)	
	산화/환원(Oxydization/Reduction)	
	양쪽성물질의 제조공정 (Processes for the Manufacture of Amphoterics)	아마이드, 4기화반응 (Formation of amide and Quaternization)
	비누화(Saponification)	
	황화(Sulphatation)	
	이온교환(Ionic Exchange)	
	오존분해(Ozonolysis)	

(2) 천연화장품 및 유기농화장품의 제조에 금지되는 공정

① 금지되는 공정

구분	공정명	비고
금지되는 제조공정	탈색, 탈취(Bleaching-Deodorisation)	동물 유래
	방사선 조사(Irradiation)	알파선, 감마선
	설폰화(Sulphonation)	
	에칠렌 옥사이드, 프로필렌 옥사이드 또는 다른 알켄 옥사이드 사용 (Use of ethylene oxide, propyleneoxide or other alkylene oxides)	
	수은화합물을 사용한 처리 (Treatments using mercury)	
	포름알데하이드 사용 (Use of formaldehyde)	

② 유전자 변형 원료 배합 : GMO 제품류로 만들어진 오일류, 추출물
③ 니트로스아민류 배합 및 생성
④ 일면 또는 다면의 외형 또는 내부구조를 가지도록 의도적으로 만들어진 불용성이거나 생체지속성인 1~100나노미터 크기의 물질 배합
⑤ 공기, 산소, 질소, 이산화탄소, 아르곤 가스 외의 분사제 사용

(3) 작업장 및 제조설비 세척

천연화장품 또는 유기농화장품을 제조하는 작업장 및 제조설비는 교차오염이 발생하지 않도록 충분히 청소 및 세척되어야 한다.

■ 세척제에 사용가능한 원료
- 과산화수소(Hydrogen peroxide/their stabilizing agents)
- 과초산(Peracetic acid)
- 락틱애씨드(Lactic acid)
- 알코올(이소프로판올 및 에탄올)
- 계면활성제(Surfactant)

① 재생가능
② EC50 or IC50 or LC50 > 10mg/l
③ 혐기성 및 호기성 조건하에서 쉽고 빠르게 생분해 될 것(OECD 301>70%in 28 days)
④ 에톡실화 계면활성제는 상기 조건에 추가하여 다음 조건을 만족하여야 함.
　　㉠ 전체 계면활성제의 50% 이하일 것
　　㉡ 에톡실화가 8번 이하일 것
　　㉢ 유기농 화장품에 혼합되지 않을 것

- 석회장석유(Lime feldspar-milk)
- 소듐카보네이트(Sodium carbonate)
- 소듐하이드록사이드(Sodium hydroxide)
- 시트릭애씨드(Citric acid)
- 식물성 비누(Vegetable soap)
- 아세틱애씨드(Acetic acid)
- 열수와 증가(Hot water and Steam)
- 정유(Plant essential oil)
- 포타슘하이드록사이드(Potassium hydroxide)
- 무기산과 알칼리(Mineral acids and alkalis)

2.4 포장 및 보관

① 천연화장품 및 유기농 화장품의 용기와 포장에 폴리염화비닐(Polyvinyl chlorice (PVC)), 폴리스티렌폼(Polystyrene foam)을 사용할 수 없다.
② 유기농화장품을 제조하기 위한 유기농 원료는 다른 원료와 명확히 표시 및 구분하여 보관하여야 한다.
③ 표시 및 포장 전 상태의 유기농화장품은 다른 화장품과 구분하여 보관하여야 한다.
④ 원료의 조성
　　㉠ 천연화장품은 중량 기준으로 천연 함량이 전체 제품에서 95% 이상으로 구성되어야 한다.

〈천연 화장품 비율 기준〉
석유화학부분 2% 초과불가
허용합성원료 5%이내
천연함량 95%

ⓛ 유기농화장품은 중량 기준으로 유기농 함량이 전체 제품에서 10% 이상이어야 하며, 유기농 함량을 포함한 천연 함량이 전체 제품에서 95% 이상으로 구성되어야 한다.

ⓒ 자료의 보존 : 화장품의 책임판매업자는 천연화장품에 적합함을 입증하는 자료를 구비하고, 제조일(수입일 경우 통관일)로부터 3년 또는 사용기한 경과 후 1년 중 긴 기간 동안 보존하여야 한다.

2.5 천연 및 유기농 함량의 계산 방법

(1) 천연 함량 계산 방법

> 천연 함량 비율(%)=물 비율+천연 원료 비율+천연유래 원료 비율

(2) 유기농 함량 계산 방법

유기농 함량 비율은 유기농 원료 및 유기농유래 원료에서 유기농 부분에 해당되는 함량 비율로 계산한다.

① 유기농 인증 원료의 경우 해당 원료의 유기농 함량으로 계산한다.
② 유기농 함량 확인이 불가능한 경우 유기농 함량 비율 계산 방법은 다음과 같다.
  ⓛ 물, 미네랄 또는 미네랄유래 원료는 유기농 함량 비율 계산에 포함하지 않는다. 물은 제품에 직접 함유되거나 혼합 원료의 구성요소일 수 있다.
  ⓒ 유기농 원물만 사용하거나, 유기농 용매를 사용하여 유기농 원물을 추출한 경우 해당 원료의 유기농 함량 비율은 100%로 계산한다.
  ⓒ 수용성 및 비수용성 추출물 원료의 유기농 함량 비율 계산 방법은 다음과 같다. 단, 용매는 최종 추출물에 존재하는 양으로 계산하며 물은 용매로 계산하지 않고, 동일한 식물의 유기농과 비유기농이 혼합되어 있는 경우 이 혼합물을 유기농으로 간주하지 않는다.

수용성 추출물 원료의 경우

1단계 :

$$\text{비율(ratio)} = \frac{\text{신선한 유기농 원물}}{(\text{추출물} - \text{용매})}$$

※ 비율(ratio)이 1 이상인 경우 1로 계산

2단계 :

$$\text{유기농함량비율(\%)} = \left\{ \left(\text{비율(ratio)} \times \frac{(\text{추출물} - \text{용매})}{\text{추출물}} \right) + \frac{\text{유기농용매}}{\text{추출물}} \right\} \times 100$$

물로만 추출한 원료의 경우

$$\text{유기농함량비율(\%)} = \left(\frac{\text{신선한유기농원물}}{\text{추출물}} \right) \times 100$$

비수용성 원료인 경우

$$\text{유기농함량비율(\%)} = \frac{(\text{신선또는건조유기농원물} + \text{사용하는유기농용매})}{(\text{신선또는건조원물} + \text{사용하는총용매})} \times 100$$

건조비율

신선한 원물로 복원하기 위해서는 실제 건조 비율을 사용하거나(이 경우 증빙자료 필요) 중량에 아래 일정 비율을 곱해야 한다.

- 나무, 껍질, 씨앗, 견과류, 뿌리   1 : 2.5
- 잎, 꽃, 지상부   1 : 4.5
- 과일(예. 살구, 포도)   1 : 5
- 물이 많은 과일(예. 오렌지, 파인애플)   1 : 8

2.6 천연화장품과 유기농화장품의 인증

① 인증의 유효기간은 인증을 받은 날부터 3년으로 한다.
② 인증의 유효기간을 연장 받으려는 경우에는 유효기간 만료 90일 전까지 그 인증을 한 인증기관에 식품의약품안전처장이 정하여 고시하는 서류를 갖추어 제출해야 한다. 다만, 그 인증을 한 인증기관이 폐업, 업무정지 또는 그 밖의 부득이한 사유로 연장신청이 불가능한 경우에는 다른 인증기관에 신청할 수 있다.

③ 인증마크

㉠ 표시기준(로고모형)

㉡ 표시방법
- 도안의 크기는 용도 및 포장재의 크기에 따라 동일 배율로 조정할 것
- 도안은 알아보기 쉽도록 인쇄 또는 각인 등의 방법으로 표시할 것

> **행정처분**
> 1. 3년 이하의 징역 또는 3천만원 이하의 벌금형
>   - 천연화장품 및 유기농화장품 인증을 부정한 방법으로 인정받은 자
>   - 천연화장품 및 유기농화장품 인증과 유사한 인증표시 또는 불법표시를 한 자
> 2. 200만원 이하의 벌금형
>   - 인증의 유효기간이 경과한 화장품에 대하여 인증표시를 한 자
>
> **화학적으로 가공한 원료의 경우**
> (예. 유기농 글리세린이나 유기농 알코올의 유기농 함량 비율 계산)
>
> $$유기농함량비율(\%) = \left\{ \frac{(투입되는유기농원물 - 회수또는제거되는유기농원물)}{(투입되는총원료 - 회수또는제거되는원료)} \right\} \times 100$$
>
> ※ 최종 물질이 1개 이상인 경우 분자량으로 계산한다.

3. 기능성화장품

3.1 기능성 화장품의 심사

① 법에 따라 기능성화장품(보고서를 제출기능성화장품 제외)으로 인정받아 판매 등을 하려는 화장품제조업자, 화장품책임판매업자, 대학·연구기관·연구소는 품목별로 식품의약품안전평가원장의 심사를 받아야 한다. 다만, 식품의약품안전처장이 제품의 효능·효과를 나타내는 성분·함량을 고시한 품목의 경우에는 자료 제출을, 기준 및 시험방법을 고시한 품목의 경우에는 자료 제출을 각각 생략할 수 있다.

② 심사를 받은 기능성화장품에 대한 권리를 양도·양수하여 심사를 받으려는 경우에는 첨부서류를 갈음하여 양도·양수계약서를 제출할 수 있다.

③ 심사를 받은 사항을 변경하려는 자는 기능성화장품 변경검사 의뢰서(전자문서로 된 의뢰서를 포함한다)에 다음 서류를 첨부하여 식품의약품 안전평가원장에게 제출하여야 한다.

1. 먼저 발급받은 기능성화장품심사결과통지서
2. 변경사유를 증명할 수 있는 서류

기능성화장품 심사에 관한 규정 (제출자료의 범위)
1. 안전성, 유효성 또는 기능을 입증하는 자료
   ㄱ) 원 및 개발경위에 관한 자료
   ㄴ) 안전성에 관한 자료(다만, 과학적인 타당성이 인정되는 경우에는 구체적인 근거자료를 첨부하여 일부 자료를 생략할 수 있다.)
   ㄷ) 유효성 또는 기능에 관한 자료(다만, 탈염 탈색의 기능을 가진 화장품은 [염모효력시험자료]의 자료만 제출한다)
   ㄹ) 자외선차단지수(SPF), 내수성자외선차단지수(SPF, 내수성 또는 지속내수성) 및 자외선A차단등급(PA) 설정의 근거자료(화장품법 시행규칙 제2조제4호 및 제5호의 화장품에 한함)
2. 기준 및 시험방법에 관한 자료(검체 포함)

기능성화장품 심사의뢰서(전자문서 포함)와 다음의 서류를 첨부하여 식품의약품안전평가원장의 심사를 받아야 한다.

(1) 기원(起源) 및 개발 경위에 관한 자료

기능성화장품에 대한 판단에 도움을 줄 수 있도록 명료하게 기재된 자료(언제, 어디서, 누가, 무엇으로부터 추출, 분리 또는 합성하였고 발견의 근원이 된 것은 무엇이며, 기초시험·인체적용시험 등에 들어간 것은 언제, 어디서였나, 국내외 인정허가 현황 및 사용현황은 어떠한가 등)

(2) 안전성에 관한 자료

① 단회투여독성시험자료
② 1차피부자극시험자료

③ 안점막자극 또는 기타점막자극시험자료
④ 피부감작성시험자료(感作性 : 외부 자극에 의한 면역계 반응성을 말한다.)
⑤ 광독성(빛에 의한 독성 반응성을 말한다.) 및 광감작성(빛에 의한 면역계 반응성을 말한다.) 시험자료-자외선에서 흡수가 없음을 입증하는 흡광도 시험자료를 제출하는 경우에는 면제함.
⑥ 인체첩포시험자료(點布試驗 : 접촉 피부염의 원인을 파악하기 위해 원인 추정 물질을 몸에 붙여 반응을 조사하는 시험을 말한다.)
⑦ 인체누적첩포시험자료-인체적용시험자료에서 피부이상반응 발생 등 안전성 문제가 우려된다고 판단되는 경우에 한함.
　㉠ 일반사항
　　식품의약품안전처에서 고시한 「비임상시험관리기준」에 따라 시험한 자료. 다만, 인체첩포시험 및 인체누적첩포시험은 국내·외 대학 또는 전문 연구기관에서 실시하여야 하며, 관련분야 전문의사, 연구소 또는 병원 기타 관련기관에서 5년 이상 해당 시험 경력을 가진 자의 지도 및 감독 하에 수행·평가되어야 함
　㉡ 시험방법
　　㉮ 식약처장이 고시한 독성시험법에 따르는 것을 원칙으로 하며 기타 독성시험법에 대해서는 「의약품등의 독성시험기준」을 따를 것
　　㉯ 다만 시험방법 및 평가기준 등이 과학적·합리적으로 타당성이 인정되거나 경제협력개발기구(Organization for Economic Cooperation and Develop-

---

📑 TIP

- 접촉성피부염 : 외부 물질과의 접촉에 의하여 생기는 모든 피부염을 말한다. 접촉물질의 자극에 의하여 생기는 일회성 접촉피부염과 접촉물질에 대한 알레르기 반응이 있는 사람에게만 생기는 알레르기성 접촉피부염으로 구분된다.
- 피부감작성 : 접촉성 피부염(피부에 닿는 자극)으로 인해 발생한 국소피부 면역반응이 전신 피부 면역반응으로 나타나는 것으로 면역저하 과민반응에 해당된다. 즉, 벌레에 물린 것이 전신적 반응으로 이어지거나 무좀증상이 전신적인 습진증상으로 퍼지는 경우이다.
- 광독성 피부염 : 햇빛을 쬐인 피부에 색소 침착이 일어나고 홍반이 나타나는 증상으로 향수, 화장품, 약품 등에 광감작성(光感作性) 물질이 있어, 이 물질에 흡수되는 파장의 광선이 투사되었을 때 발생한다. 따라서 태양광선이 연속적으로 피부에 쬐인 것이 원인이 된다.

ment) 또는 식품의약품안전처가 인정하는 동물대체시험법인 경우에는 규정된 시험법을 적용하지 아니할 수 있다.

(3) 유효성 또는 기능에 관한 자료
① 효력시험 자료(비임상시험자료)

심사대상 효능을 뒷받침하는 성분의 효력에 대한 비임상시험자료로서 효과발현의 작용기전이 포함되어야하며, 다음 중 어느 하나에 해당할 것

- ㉠ 국내·외 대학 또는 전문 연구기관에서 시험한 것으로서 당해 기관의 장이 발급한 자료(시험시설 개요, 주요설비, 연구인력의 구성, 시험자의 연구경력에 관한 사항이 포함될 것)
- ㉡ 당해 기능성화장품이 개발국 정부에 제출되어 평가된 모든 효력시험자료로서 개발국 정부(허가 또는 등록기관)가 제출 받았거나 승인하였음을 확인한 것 또는 이를 증명한 자료
- ㉢ 과학논문인용색인(Science Citation Index 또는 Science Citation Expanded)에 등재된 전문학회지에 게재된 자료

② 인체 적용시험 자료
- ㉠ 사람에게 적용 시 효능·효과 등 기능을 입증할 수 있는 자료로서 아래 사항 중 어느 하나에 해당할 것
  - 국내·외 대학 또는 전문 연구기관에서 시험한 것으로서 당해 기관의 장이 발급한 자료(시험시설 개요, 주요설비, 연구인력의 구성, 시험자의 연구경력에 관한 사항이 포함될 것)
  - 당해 기능성화장품이 개발국 정부에 제출되어 평가된 모든 효력시험자료로서 개발국 정부(허가 또는 등록기관)가 제출 받았거나 승인하였음을 확인한 것 또는 이를 증명한 자료
- ㉡ 인체적용시험의 실시기준 및 자료의 작성방법 등에 관하여는 「화장품 표시·광고 실증에 관한 규정」을 준용할 것
  - ㉮ 인체 첩포 시험 : 피부과 전문의 또는 연구소 및 병원, 기타 관련기관에서 5년 이상 해당 시험 경력을 가진 자의 지도 하에 수행되어야 한다.
    - 대상 : 30명 이상

- 투여 농도 및 용량 : 원료에 따라서 사용시 농도를 고려해서 여러 단계의 농도와 용량을 설정하여 실시하는데, 완제품의 경우는 제품 자체를 사용하여도 된다.
- 첩부 부위 : 사람의 상등부(정중선의 부분은 제외)또는 전완부 등 인체사용시험을 평가하기에 적정한 부위를 폐쇄첩포한다.
- 관찰 : 원칙적으로 첩포 24시간 후에 patch를 제거하고 제거에 의한 일과성의 홍반의 소실을 기다려 관찰·판정한다.
- 시험결과 및 평가 : 홍반, 부종 등의 정도를 피부과 전문의 또는 이와 동등한 자가 판정하고 평가한다.
- ⑭ 인체 누적첩포시험 : 대표적인 방법으로 다음과 같은 방법이 있다.
  - Shelanski and Shelanski 법
  - Draize 법(Jordan modification)
  - Kilgman의 Maximization 법
③ 염모효력시험자료

인체모발을 대상으로 효능·효과에서 표시한 색상을 입증하는 자료로 화장품의 유효성 또는 기능에 관한 자료 중 염모효력시험자료만 제출한다.

(4) 자외선차단지수(SPF), 내수성자외선차단지수(SPF, 내수성 또는 지속내수성) 및 자외선A차단등급(PA) 설정의 근거자료는 [인체적용시험 자료]로서 아래의 어느 하나에 해당할 것
① 자외선차단지수(SPF) 설정 근거자료
② 내수성자외선차단지수(SPF) 설정 근거자료
③ 자외선A차단등급(PA) 설정 근거자료

(5) 기준 및 시험방법에 관한 자료(검체포함)

품질관리를 위한 시험항목과 시험방법의 밸리데이션, 기준치 설정의 근거가 되는 자료이다. 시험방법은 공정서, 국제표준화기구(ISO) 등의 공인된 방법에 의해 검증되어야 한다.

번호	기재항목	원료	제제
1	명칭	○	×
2	구조식 또는 시성식	△	×
3	분자식 및 분자량	○	×
4	기원	△	△
5	함량기준	○	○
6	성상	○	○
7	확인시험	○	○
8	시성치	△	△
9	순도시험	○	△
10	건조감량, 강열감량 또는 수분	○	△
11	강열잔분, 회분 또는 산불용성회분	△	×
12	기능성시험	△	△
13	기타 시험	△	△
14	정량법(제제는 함량시험)	○	○
15	표준품 및 시약·시액	△	△

※주) ○ 원칙적으로 기재, △ 필요에 따라 기재, × 원칙적으로는 기재할 필요가 없음

① **함량 기준** : 원료성분 및 제제의 함량 또는 역가의 기준은 표시량 또는 표시역가에 대하여 다음 각 사항에 해당하는 함량을 함유한다. 다만, 제조국 또는 원개발국에서 허가된 기준이 있거나 타당한 근거가 있는 경우에는 따로 설정할 수 있다.
  ㉠ 원료성분 : 95.0% 이상
  ㉡ 제제 : 90.0% 이상. 다만, 치오글리콜산은 90.0~110.0%로 한다.
  ㉢ 기타 주성분의 함량시험이 불가능하거나 필요하지 않아 함량기준을 설정할 수 없는 경우에는 기능성시험으로 대체할 수 있다.
② **기타시험기준** : 품질관리에 필요한 기준은 다음과 같다. 다만, 근거가 있는 경우에는 따로 설정할 수 있다. 근거자료가 없어 자가시험성적으로 기준을 설정할 경우 3롯트당 3회 이상 시험한 시험성적의 평균값(이하 "실측치"라 한다.)에 대하여 기준을 정할 수 있다.

㉠ pH : 원칙적으로 실측치에 대하여 ±1.0으로 한다.
㉡ 염모력시험 : 효능·효과에 기재된 색상으로 한다.

> **TIP**
>
> 기능성화장품 심사시 제출하는 자료 5가지에 대한 종류와 특징을 구분하여 숙지해야 하며 심사가 아닌 보고서로 대처되는 경우 생략되는 자료에 대해 숙지해야 한다.

3.2 자외선 차단효과 측정방법 및 기준

(1) 자외선의 분류

분류	파장
UVA	320~400nm의 장파장, 진피까지 도달하여 색소침착 및 콜라겐손상. 유리, 구름 등으로 차단이 안됨
UVB	290~320nm의 중파장, 표피 및 진피의 상부까지 침투 색소침착, 일광화상 및 홍반발생, 피부암 유발 가능성
UVC	200~290nm의 단파장, 대기에서 대부분 차단되며 피부암을 유발시킴

(2) 자외선 차단제의 종류

① **자외선 흡수제**(synthetic filter, 화학적 작용)
  ㉠ 자외선이 피부 속에 침투하기 전 자외선을 흡수하여 자외선 에너지를 열에너지로 바꾸어 소멸시키는 방법으로 피부를 보호하는 물질이다.
  ㉡ 자외선 흡수제 성분들은 자외선 파장 영역에 따라 자외선 차단 효과가 달라 두 가지 이상의 원료성분을 혼합해서 사용하면 넓은 범위의 자외선을 차단할 수 있다. 하지만 함량이 증가할수록 피부의 자극이 심하여 사용제한 함량을 규정하고 있다. 자외선 흡수제는 사용감이 우수하고 백탁현상이 없고 가벼워서 선호도가 높지만 피부자극이 있어 주의해야 한다(예. 벤조페논-3, 벤조페논-4, 벤조페논-8, 에칠헥실메톡시신나메이트 등).

② 자외선 산란제(mineral filter, 물리적 작용)

자외선을 반사, 산란시켜 피부를 보호하는 광물성 물질이다. 피부 도포시 백탁현상이 발생하지만 피부 안전성이 높아 민감성 피부 또는 어린이용 자외선차단제품에 많이 사용된다. 최근에는 이러한 성분들을 초미립자 마이크로나이즈 공법 처리로 인해 자외선 차단력을 높이면서 백탁현상은 생기지 않고 사용감을 가볍게 하여 적용되기도 한다(예. 산화아연, 티타늄디옥사이드(이산화티탄) 등).

(3) 용어의 정의

① 자외선차단지수(Sun Protection Factor, SPF) : UVB를 차단하는 제품의 차단효과를 나타내는 지수로서 자외선차단제품을 도포하여 얻은 최소홍반량을 자외선차단제품을 도포하지 않고 얻은 최소홍반량으로 나눈 값이다. (제품 도포면적 및 조사부위의 구획) 제품 도포면적을 24㎠ 이상으로 하여 0.5㎠ 이상의 면적을 갖는 5개 이상의 조사부위를 구획한 후 제품 도포량은 2.0mg/㎠으로 한다.

 TIP

- SPF15 : 자외선B 약 93% 차단
- SPF30 : 자외선B 약 97% 차단
- SPF50 : 자외선B 98% 차단

② 최소홍반량(Minimum Erythema Dose, MED) : UVB를 사람의 피부에 조사한 후 16~24시간의 범위 내에 조사영역의 전 영역에 홍반을 나타낼 수 있는 최소한의 자외선 조사량을 말한다.

TIP ~

어두운 피부보다 밝은 피부가 최소홍반량 값이 낮다.

③ 최소지속형즉시흑화량(Minimal Persistent Pigment darkening Dose, MPPD) : UVA를 사람의 피부에 조사한 후 2~24시간의 범위내에, 조사영역의 전 영역에 희미한 흑화가 인식되는 최소 자외선 조사량을 말한다.

④ 자외선A차단지수(Protection Factor of UVA, PFA) : UVA를 차단하는 제품의 차단효과를 나타내는 지수로 자외선A차단제품을 도포하여 얻은 최소지속형즉시흑화량을 자외선A차단제품을 도포하지 않고 얻은 최소지속형즉시흑화량으로 나눈 값이다(PFA). 값의 소수점 이하는 버리고 정수로 표시한다. 자외선A범위에서 연속적인 스펙트럼을 가진 자외선으로 태양광의 비율과 유사한 것을 선정하여 측정한다.

⑤ 자외선A차단등급(Protection grade of UVA) : UVA 차단효과의 정도를 나타내며 약칭은 피·에이(PA)라 한다.

자외선A차단등급 분류

자외선A차단지수(PFA)	자외선A차단등급(PA)	자외선A차단효과
2 이상 4 미만	PA+	낮음
4 이상 8 미만	PA++	보통
8 이상 16 미만	PA+++	높음
16 이상	PA++++	매우 높음

TIP

- 자외선의 종류와 자외선차단지수 표기법을 구분한다.
- 자외선 차단지수 측정법, 내수성 자외선 차단지수 측정법, 자외선A차단지수 측정법을 참고한다.

3.3 기능성화장품 보고서 제출 대상

① 효능·효과가 나타나게 하는 성분의 종류·함량, 효능·효과, 용법·용량, 기준 및 시험방법이 식품의약품안전처장이 고시한 품목과 같은 기능성화장품

② 이미 **심사를 받은 기능성화장품** : 이미 심사를 받은 제조사, 책임판매업자, 연구기관 등이 같은 기능성화장품으로 다음 각 목의 사항이 모두 같은 품목의 화장품(다만, 미

백, 주름, 탈모, 여드름, 피부장벽, 튼살에 도움을 주는 기능성화장품은 이미 심사를 받은 품목이 효능·효과가 나타나게 하는 성분을 제외한 대조군(對照群)과의 비교실험을 통하여 효능이 입증된 경우만 해당한다.)

- ㉠ 효능·효과가 나타나게 하는 원료의 종류·규격 및 함량(액체상태인 경우에는 농도를 말한다.)
- ㉡ 효능·효과(자외선차단 기능성화장품의 경우 자외선 차단지수의 측정값이 마이너스 20% 이하의 범위에 있는 경우에는 같은 효능·효과로 본다.)
- ㉢ 기준 및 시험방법[산성도(pH)에 관한 기준은 제외]
- ㉣ 용법·용량
- ㉤ 제형(劑形) : [햇볕을 방지하여 피부를 곱게 태워주는 화장품과 자외선을 차단하는 화장품을 제외한 기능성화장품의 경우에는 액제(Solution), 로션제(Lotion) 및 크림제(Cream)를 같은 제형으로 본다.]

③ 이미 심사를 받은 기능성화장품 및 식품의약품안전처장이 고시한 기능성화장품과 비교하여 다음 각 목의 사항이 모두 같은 품목의 화장품(이미 심사를 받은 햇볕을 방지하여 피부를 곱게 태워주는 화장품과 자외선을 차단하는 화장품의 기능성화장품으로서 그 효능·효과를 나타나게 하는 성분·함량과 고시된 미백, 주름개선 기능성화장품으로서 그 효능·효과를 나타나게 하는 성분·함량이 서로 혼합된 품목만 해당한다.)

- ㉠ 효능·효과를 나타나게 하는 원료의 종류·규격 및 함량
- ㉡ 효능·효과(자외선차단지수의 측정값이 마이너스 20% 이하의 범위일 때 같은 효능·효과로 본다.)
- ㉢ 기준 및 시험방법[산성도(pH)에 관한 기준은 제외한다]
- ㉣ 용법·용량
- ㉤ 제형

- 심사받은 자외선차단제-나이아신아마이드 2% 혼합제품
- 심사받은 자외선차단제-아데노신 0.04% 혼합제품

3.4 자료제출이 생략되는 기능성화장품의 종류

(1) 기능성화장품 기준 및 시험방법」, 국제화장품원료집(ICID) 및 「식품의 기준 및 규격」에서 정하는 원료로 제조되거나 제조되어 수입된 기능성화장품의 경우 안전성에 관한 자료 제출을 면제한다. 다만, 유효성 또는 기능 입증자료 중 인체적용시험자료에서 피부이상반응 발생 등 안전성 문제가 우려된다고 식품의약품안전처장이 인정하는 경우에는 안전성에 관한 자료를 제출해야 한다.

(2) [유효성 또는 기능에 관한 자료] 중 인체적용시험자료를 제출하는 경우 효력시험자료 제출을 면제할 수 있다. 다만, 이 경우에는 효력시험자료의 제출을 면제받은 성분에 대해서는 효능·효과를 기재·표시할 수 없다.

(3) 자료 제출이 생략되는 기능성화장품의 종류에서 성분·함량을 고시한 품목의 경우에는 자료 제출을 면제한다(가. 기원및개발경위에 관한자료, 나.안전성에관한자료, 다. 유효성 또는 기능에관한자료).

(4) 이미 심사를 받은 기능성화장품(책임판매업자가 같거나 제조업자가 같은 기능성화장품만 해당한다)과 그 효능·효과를 나타나게 하는 원료의 종류, 규격 및 분량(액상인 경우 농도), 용법·용량이 동일하고, 각 호 어느 하나에 해당하는 경우(기원 및 개발 경위에 관한 자료, 안전성에 관한 자료, 유효성 또는 기능에 관한 자료)의 자료 제출을 면제한다.
　① 효능·효과를 나타나게 하는 성분을 제외한 대조군과의 비교실험으로서 효능을 입증한 경우
　② 착색제, 착향제, 현탁화제, 유화제, 용해보조제, 안정제, 등장제, pH 조절제, 점도조절제, 용제만 다른 품목의 경우. 다만, 피부장벽 및 튼살에 해당하는 기능성화장품은 착향제, 보존제만 다른 경우에 한한다.

(5) 자외선차단지수(SPF) 10 이하 제품의 경우에는 자외선차단지수(SPF), 내수성자외선차단지수(SPF, 내수성 또는 지속내수성) 및 자외선A차단등급(PA) 설정의 근거자료)의 자료 제출을 면제한다.

(6) 자외선을 차단 또는 산란시켜 자외선으로부터 피부를 보호하는 기능을 가진 제품의 경우 이미 심사를 받은 기능성화장품[책임판매업자가 같거나 제조업자가 같은 기능성화장품만 해당한다]과 그 효능·효과를 나타내게 하는 원료의 종류, 규격 및 분량(액상의 경우 농도), 용법·용량 및 제형이 동일한 경우에는 자료 제출을 면제한다. 다

만, 내수성 제품은 이미 심사를 받은 기능성화장품[책임판매업자가 같거나 제조업자(제조업자가 제품을 설계·개발·생산하는 방식으로 제조한 경우만 해당한다)가 같은 기능성화장품만 해당한다]과 착향제, 보존제를 제외한 모든 원료의 종류, 규격 및 분량, 용법·용량 및 제형이 동일한 경우에 자료 제출을 면제한다. *기준 및 시험방법에 관한자료 제출

(7) (자료제출이 생략되는 기능성화장품의 종류) 2제형 산화염모제에 해당하나 제1제를 두 가지로 분리하여 제1제 두 가지를 각각 2제와 섞어 순차적으로 사용 또는 제1제를 먼저 혼합한 후 제2제를 섞는 것으로 용법·용량을 신청하는 품목(단, 용법·용량 이외의 사항은 적합하여야 한다)은 자료 제출을 면제한다. *기준 및 시험방법에 관한자료 제출

① 자료제출이 생략되는 기능성화장품의 종류
㉠ 기능성화장품 심사에 관한 규정
㉮ 피부를 곱게 태워주거나 자외선으로부터 피부를 보호하는데 도움을 주는 제품의 성분 및 함량. 화장품의 유형 중 영·유아용 제품류 중 로션, 크림 및 오일, 기초화장용 제품류, 색조화장용 제품류에 한함

번호	성분명	최대함량
1	드로메트리졸	1%
2	디갈로일트리올리에이트	5%
3	4-메칠벤질리덴캠퍼	4%
4	멘틸안트라닐레이트	5%
5	벤조페논-3	5%
6	벤조페논-4	5%
7	벤조페논-8	3%
8	부틸메톡시디벤조일메탄	5%
9	시녹세이트	5%
10	에칠헥실트리아존	5%
11	옥토크릴렌	10%
12	에칠헥실디메칠파바	8%

번호	성분명	최대함량
13	에칠헥실메톡시신나메이트	7.5%
14	에칠헥실살리실레이트	5%
15	페닐벤즈이미다졸설포닉애씨드	4%
16	호모살레이트	10%
17	징크옥사이드	25%(자외선차단성분으로서)
18	티타늄디옥사이드	25%(자외선차단성분으로서)
19	이소아밀p-메톡시신나메이트	10%
20	비스-에칠헥실옥시페놀메톡시 페닐트리아진	10%
21	디소듐페닐디벤즈이미다졸테트라 설포네이트	산으로 10%
22	드로메트리졸트리실록산	15%
23	디에칠헥실부타미도트리아존	10%
24	폴리실리콘-15(디메치코디에칠벤잘말로네이트)	10%
25	메칠렌비스-벤조트리아졸릴테트라 메칠부틸페놀	10%
26	테레프탈릴리덴디캠퍼설포닉애씨드 및 그 염류	산으로 10%
27	디에칠아미노하이드록시벤조일헥실 벤조에이트	10%

TIP

티타늄디옥사이드(TiO_2), 징크옥사이드(산화아연)은 백색 분말로 백색제로 사용되기도 하며 자외선차단성분으로 사용시 백탁현상이 일어나고 자외선을 산란시키는 물리적 작용을 하는 무기성분에 해당된다. 그 외 원료는 유기성분으로서 자외선을 흡수하는 화학적 작용을 한다.

② 피부의 미백에 도움을 주는 제품의 성분 및 함량

㉠ 제형 : 로션제, 액제, 크림제 및 침적 마스크

㉡ 효능·효과 : 피부의 미백에 도움을 준다.

㉢ 용법·용량 : 본품 적당량을 취해 피부에 골고루 펴 바른다. 또는 본품을 피부에 붙이고 10~20분 후 지지체를 제거한 다음 남은 제품을 골고루 펴 바른다(침적 마스크에 한함).

번호	성분명	함량
1	닥나무추출물	2%
2	알부틴	2~5%
3	에칠아스코빌에텔	1~2%
4	유용성감초추출물	0.05%
5	아스코빌글루코사이드	2%
6	마그네슘아스코빌포스페이트	3%
7	나이아신아마이드	2~5%
8	알파-비사보롤	0.5%
9	아스코빌테트라이소팔미테이트	2%

TIP

- 유용성감초추출물(황갈색~적갈색의 지용성 분말), 알파-비사보롤(무색의 지용성 액상), 아스코빌테트라이소팔미테이트(무색~엷은 황색의 지용성 액상)를 제외한 나머지 성분은 수용성 성질을 가지고 있는 미백색 분말이다.
- 알부틴은 월귤나무에서 추출한 백색~미황색분말의 수용성 원료로 히드로퀴논에 글리커실기를 반응시켜 얻은 물질이다. 티로시나아제를 억제하여 멜라닌 형성을 억제하는 미백 기능성 성분이지만 다시 히드로퀴논으로 변형되는 안정성의 논란이 많은 성분이다. 기준 및 시험방법 고시에서 히드로퀴논 1ppm 이하 검출을 허용하고 있다. 히드로퀴논은 의약품성분으로 화장품에는 사용할 수 없는 원료이다.

③ 피부의 주름개선에 도움을 주는 제품의 성분 및 함량

㉠ 제형 : 로션제, 액제, 크림제 및 침적 마스크

㉡ 효능·효과 : 피부의 주름개선에 도움을 준다.

㉢ 용법·용량 : 본품 적당량을 취해 피부에 골고루 펴 바른다. 또는 본품을 피부에 붙이고 10~20분 후 지지체를 제거한 다음 남은 제품을 골고루 펴 바른다(침적 마스크에 한함).

번호	성분명	함량
1	레티놀	2,500IU/g
2	레티닐팔미테이트	10,000IU/g
3	아데노신	0.04%
4	폴리에톡실레이티드레틴아마이드	0.05~0.2%

> **TIP**
>
> 아데노신은 무색 결정 또는 결정성(백색) 가루로 냄새가 없는 수용성 원료이며, 그 외 원료들은 지용성의 성질을 가지고 있다.

④ 모발의 색상을 변화(탈염·탈색 포함)시키는 기능을 가진 제품의 성분 및 함량

　㉠ 제형 : 분말제, 액제, 크림제, 로션제, 에어로졸제, 겔제

　㉡ 효능·효과 : 다음 중 어느 하나로 제한함

　　㉮ 염모제 : 모발의 염모(색상) 예. 모발의 염모(노랑색)

　　㉯ 탈색·탈염제 : 모발의 탈색

　　㉰ 염모제의 산화제

　　㉱ 염모제의 산화제 또는 탈색제·탈염제의 산화제

　　㉲ 염모제의 산화보조제

　　㉳ 염모제의 산화보조제 또는 탈색제·탈염제의 산화보조제

　㉢ 용법·용량은 품목에 따라 다음과 같이 제한함

　　㉮ 3제형 산화염모제 : 제1제 O g(mL)에 대하여 제2제 O g(mL)와 제3제 O g(mL)의 비율로(필요한 경우 혼합순서를 기재한다.) 사용 직전에 잘 섞은 후 모발에 균등히 바른다. O분 후에 미지근한 물로 잘 헹군 후 비누나 샴푸로 깨끗이 씻고 마지막에 따뜻한 물로 충분히 헹군다. 용량은 모발의 양에 따라 적절히 증감한다.

　　㉯ 2제형 산화염모제 : 제1제 O g(mL)에 대하여 제2제 O g(mL)의 비율로 사용 직전에 잘 섞은 후 모발에 균등히 바른다(단, 일체형 에어로졸제'

의 경우에는 "(사용 직전에 충분히 흔들어) 제1제 ○g(mL)에 대하여 제2제 ○g(mL)의 비율의 섞어 나오는 내용물을 적당량 취해 모발에 균등히 바른다."로 한다). ○분 후에 미지근한 물로 잘 헹군 후 비누나 샴푸로 깨끗이 씻고 마지막에 따뜻한 물로 충분히 헹군다. 용량은 모발의 양에 따라 적절히 증감한다.

㉰ 2제형 비산화염모제 : 먼저 제1제를 필요한 양만큼 취하여(탈지면에 묻혀) 모발에 충분히 반복하여 바른 다음 가볍게 비벼준다. 자연 상태에서 ○분 후 염색이 조금 되어갈 때 제2제를(필요 시, 잘 흔들어 섞어) 충분한 양을 취해 반복해서 균등히 바르고 때때로 빗질을 해준다. 제2제를 바른 후 ○분 후에 미지근한 물로 잘 헹군 후 비누나 샴푸로 깨끗이 씻고 마지막에 따뜻한 물로 충분히 헹군다. 용량은 모발의 양에 따라 적절히 증감한다.

구분	성분명	사용할 때 농도 상한(%)
Ⅰ	p-니트로-o-페닐렌디아민	1.5
	니트로-p-페닐렌디아민	3.0
	2-메칠-5-히드록시에칠아미노페놀	0.5
	2-아미노-4-니트로페놀	2.5
	2-아미노-5-니트로페놀	1.5
	2-아미노-3-히드록시피리딘	1.0
	5-아미노-o-크레솔	1.0
	m-아미노페놀	2.0
	o-아미노페놀	3.0
	p-아미노페놀	0.9
	염산 2,4-디아미노페녹시에탄올	0.5
	염산 톨루엔-2,5-디아민	3.2
	염산 m-페닐렌디아민	0.5
	염산 p-페닐렌디아민	3.3
	염산 히드록시프로필비스 (N-히드록시에칠-p-페닐렌디아민)	0.4

구분	성분명	사용할 때 농도 상한(%)
	톨루엔-2,5-디아민	2.0
	m-페닐렌디아민	1.0
	p-페닐렌디아민	2.0
	N-페닐-p-페닐렌디아민	2.0
	피크라민산	0.6
	황산 p 니트로-o-페닐렌디아민	2.0
	황산 p-메칠아미노페놀	0.68
	황산 5-아미노-o-크레솔	황산 5-아미노-o-크레솔
	황산 m-아미노페놀	황산 m-아미노페놀
	황산 o-아미노페놀	황산 o-아미노페놀
	황산 p-아미노페놀	황산 p-아미노페놀
	황산 톨루엔-2,5-디아민	황산 톨루엔-2,5-디아민
	황산 m-페닐렌디아민	황산 m-페닐렌디아민
	황산 p-페닐렌디아민	황산 p-페닐렌디아민
	황산 N,N-비스(2-히드록시에칠)-p-페닐렌디아민	황산 N,N-비스(2-히드록시에칠)-p-페닐렌디아민
	2,6-디아미노피리딘	2,6-디아미노피리딘
	염산 2,4-디아미노페놀	염산 2,4-디아미노페놀
	1,5-디히드록시나프탈렌	1,5-디히드록시나프탈렌
	피크라민산 나트륨	피크라민산 나트륨
	황산 2-아미노-5-니트로페놀	황산 2-아미노-5-니트로페놀
	황산 o-클로로-p-페닐렌디아민	황산 o-클로로-p-페닐렌디아민
	황산 1-히드록시에칠-4,5-디아미노피라졸	황산 1-히드록시에칠-4,5-디아미노피라졸
	히드록시벤조모르포린	히드록시벤조모르포린
	6-히드록시인돌	6-히드록시인돌
II	α-나프톨	α-나프톨
	레조시놀	레조시놀
	2-메칠레조시놀	2-메칠레조시놀

구분		성분명	사용할 때 농도 상한(%)
		몰식자산	4.0
		카테콜	1.5
		피로갈롤	2.0
III	A	과붕산나트륨, 과붕산나트륨일수화물, 과산화수소수, 과탄산나트륨	과산화수소로서 제품 중 농도가 12.0% 이하
	B	강암모니아수, 모노에탄올아민, 수산화나트륨	
IV		과황산암모늄, 과황산칼륨, 과황산나트륨	
V	A	황산철	
	B	피로갈롤	

※ I란에 있는 유효성분 중 염이 다른 동일 성분은 1종만을 배합한다.
※ 유효성분 중 사용 시 농도상한이 같은 표에 설정되어 있는 것은 제품 중의 최대배합량이 사용 시 농도로 환산하여 같은 농도상한을 초과하지 않아야 한다.
※ I란에 기재된 유효성분을 2종 이상 배합하는 경우에는 각 성분의 사용 시 농도(%)의 합계치가 5.0%를 넘지 않아야 한다.
※ IIIA란에 기재된 것 중 과산화수소수는 과산화수소수로서 제품 중 농도가 12.0% 이하이어야 한다.

⑤ 체모를 제거하는 기능을 가진 제품의 성분 및 함량

㉠ 제형 : 액제, 크림제, 로션제, 에어로졸제

㉡ 효능·효과 : "제모(체모의 제거)"

㉢ 용법·용량 : "사용 전 제모 할 부위를 씻고 건조시킨 후 이 제품을 제모 할 부위의 털이 완전히 덮이도록 충분히 바른다. 문지르지 말고 5~10분간 그대로 두었다가 일부분을 손가락으로 문질러 보아 털이 쉽게 제거되면 젖은 수건[(제품에 따라서는) 또는 동봉된 부직포 등]으로 닦아 내거나 물로 씻어낸다. 면도한 부위의 짧고 거친 털을 완전히 제거하기 위해서는 한 번 이상(수일 간격) 사용하는 것이 좋다."

※pH 범위는 7.0 이상 12.7 미만이어야 한다.

번호	성분명	함량
1	치오글리콜산 80%	치오글리콜산으로서 3.0~4.5%

⑥ 여드름성 피부를 완화하는데 도움을 주는 제품의 성분 및 함량
  ㉠ 유형 : 인체세정용제품류(비누조성의 제제)
  ㉡ 제형 : 액제, 로션제, 크림제에 한함(부직포 등에 침적된 상태는 제외함)
  ㉢ 효능·효과 : "여드름성 피부를 완화하는 데 도움을 준다."
  ㉣ 용법·용량 : "본품 적당량을 취해 피부에 사용한 후 물로 바로 깨끗이 씻어낸다."

번호	성분명	함량
1	살리실릭애씨드	0.5%

⑦ 탈모 증상을 완화하는데 도움을 주는 제품의 성분 및 함량
  ※ 성분 함량 및 제제의 기준 및 시험방법은 고시가 안됨
  - 고시된 탈모에 도움을 주는 기능성 성분 : 덱스판테놀, 엘멘톨, 비오틴, 징크피리치온, 징크피리치온액50%
  - 그 외 탈모에 도움을 주는 기능성 성분 : 살리실릭애씨드, 나이아신아마이드

3.5 함량기준 및 시험방법이 고시된 기능성화장품

- 이 고시의 영문 명칭 : Korean Functional Cosmetics Codex(KFCC)
- [기준 및 시험방법에 관한 자료] 제출 면제
- 제제를 만들 경우 : 부형제, 안정제, 보존제, 완충제 등 첨가제를 넣을 수 있다(다만, 해당 제제의 안전성에 영향을 주지 않아야 하며, 또한 기능을 변하게 하거나 시험에 영향을 주어서는 안된다).

(1) 고시 사항에 따른 자료 제출 면제 범위

고시 사항	생략되는 서류
효능·효과를 나타내는 성분·함량 고시 (자료제출이 생략되는 기능성화장품의 종류)	기원 및 개발 경위에 관한 자료 안전성에 관한 자료 유효성 또는 기능에 관한 자료
기준 및 시험 방법을 고시(제형고시)	5. 기준 및 시험 방법에 관한 자료

> **TIP**
>
> 식약처장이 함량을 고시한 기능성 성분 중 효능효과를 나타내는 성분 및 함량이 고시되고 제형에 따른 기준 및 시험방법이 고시되면 모든 자료제출이 면제된다.

(2) 기준 및 시험방법에 관한 자료 면제 범위

기능성종류	함량 기준이 고시된 성분	시험이 고시된 제형	제제의 함량 기준
피부의 미백에 도움을 주는 기능성화장품 각조	닥나무추출물(2w/v% 부틸렌글라이콜용액)	–	–
	나이아신아마이드(98% 이상 함유)	로션제/ 액제/ 크림제/ 침적 마스크	90% 이상에 해당하는 성분 함유
	아스코빌글루코사이드(98% 이상 함유)		
	아스코빌테트라이소팔미테이트 (95% 이상 함유)		
	알부틴(98% 이상 함유)		
	알파-비사보롤(97% 이상 함유)		
	에칠아스코빌에텔(95% 이상 함유)		
	유용성감초추출물(글라브리딘 35% 이상 함유)		
피부의 주름개선에 도움을 주는 기능성화장품 각조	레티놀(90% 이상 함유)	로션제/ 크림제/ 침적 마스크	90% 이상
	레티닐팔미테이트(90% 이상 함유)	로션제/ 크림제/ 침적 마스크	90% 이상
	아데노신(99% 이상 함유)	아데노신액 (2%)	1.9~2.1%
		로션제/ 액제/ 크림제/ 침적 마스크	90% 이상
	폴리에톡실레이티드레틴아마이드(95% 이상 함유)	–	–
자외선으로부터	드로메트리졸(95~104%)	–	–

기능성종류	함량 기준이 고시된 성분	시험이 고시된 제형	제제의 함량 기준
피부를 보호하는 기능성화장품의 각조	드로메트리졸트리실록산(98%) 디갈로일트리올리에이트(98%) 디메치코디에칠벤잘말로네이트(94~104%) 디에칠아미노하이드록시벤조일헥실벤조에이트(99%) 디에칠헥실부타미도트리아존(97%) 디소듐페닐디벤드이미다졸테트라설포네이트(96%) 메칠렌비스-벤조트리아졸릴테트라메칠부틸페놀(98.5%) 메칠렌비스-벤조트리아졸릴테트라메칠부틸페놀액50%(48~52%) 4-메칠벤질리덴캠퍼(99.5%) 멘틸안트라닐레이트(98%) 벤조페논-3(90%) 벤조페논-4(95%) 벤조페논-8(97%) 부틸메톡시디벤조일메탄(97~104%) 비스-에칠헥실옥시페놀메톡시페닐트리아진(98%) 시녹세이트(95~105%) 옥토크릴렌(98%) 에칠헥실디메칠파바(95%) 에칠헥실메톡시신나메이트(95%) 에칠헥실살리실레이트(98%) 에칠헥실트리아존(98%) 이소아밀p-메톡시신나메이트(98%) 징크옥사이드(99.5%) 테레프탈릴리덴디캔퍼설포닉애씨드액 33%(32.6~35.1%) 티타늄디옥사이드(90%) 페닐벤즈이미다졸설포닉애씨드(98%) 호모살레이트(98%)		
피부의 미백 및 주름개선에 도움을 주는 기능성화장품의 각조	알부틴·아데노신	로션제/ 액제/ 크림제/ 침적 마스크	90% 이상
	알파-비사보롤·아데노신		
	나이아신아마이드·아데노신		
	에칠아스코빌에텔·아데노신		
	유용성감초추출물·아데노신	액제/로션제/ 크림제	
	아스코빌글루코사이드·아데노신	액제	
	알부틴·레티놀	크림제	

기능성종류	함량 기준이 고시된 성분	시험이 고시된 제형	제제의 함량 기준
모발의 색상을 변화시키는데 도움을 주는 기능성화장품의 각조		-	-
체모를 제거하는데 도움을 주는 기능성화장품의 각조	치오글리콜산 80%	크림제	90~110%
여드름성 피부를 완화하는데 도움을 주는 기능성화장품의 각조	살리실릭애씨드(99.5%)	-	-
탈모증상의 완화에 도움을 주는 기능성화장품 각조	덱스판테놀(98~102%) 비오틴(98.5~101%) 엘-멘톨(98~101%) 징크피리치온(90~101%) 징크피리치온액 50%(47~53%)	-	-

3.6 기능성화장품의 양도 양수 및 변경

다음의 서류를 첨부하여 식품의약품안전평가원장에게 제출

① 변경심사의뢰서(전자문서포함)
② 먼저 발급받은 기능성화장품심사결과통지서
③ 변경사유를 증명할 수 있는 서류(양도·양수계약서)

3.7 기능성화장품의 기재 표시사항

(1) 품명은 이미 심사를 받은 기능성화장품의 명칭과 동일하면 안된다(다만, 수입품목의 경우 제조소(원)가 같은 동일 품목을 수입하는 경우에는 책임판매업자명을 병기하여 구분하여야 한다).
(2) 기능성화장품의 원료 성분 및 그 분량은 제제의 특성을 고려하여 각 성분마다 배합목적, 성분명, 규격, 분량(중량,용량)을 기재하여야 한다. 다만,「화장품 안전기준 등에 관한 규정」에 사용한도가 지정되어 있지 않은 착색제, 착향제, 현탁화제, 유화제, 영해보조제, 안정제, 등장제, pH 조절제, 점도 조절제, 용제 등의 경우에는 적량으로 기재할 수 있고, 착색제 중 식품의약품안전처장이 지정하는 색소(황색4호 제외)를 배합하는 경우에는 성분명을 "식약처장지정색소"라고 기재할 수 있다.
(3) 원료 및 그 분량은 "100밀리리터중" 또는 "100그램중"으로 그 분량을 기재함을 원칙으로 하며, 분사제는 "100그램중"(원액과 분사제의 양 구분표기)의 함량으로 기재한다.
(4) 각 원료의 성분명과 규격은 다음 각 호에 적합하여야 한다.
   - 성분명은 규정에 해당하는 원료집에서 정하는 명칭 [국제화장품원료집의 경우 INCI (International Nomenclature Cosmetic Ingredient) 명칭]을, 별첨규격의 경우 일반명 또는 그 성분의 본질을 대표하는 표준화된 명칭을 각각 한글로 기재한다.
   - 규격은 다음과 같이 기재하고, 그 근거자료를 첨부하여야 한다.
   ① 효능·효과를 나타나게 하는 성분 :「기능성화장품 기준 및 시험방법」에서 정하는 규격기준의 원료인 경우 그 규격으로 하고, 그 이외에는 기준 및 시험방법작성요령에 따라 작성할 것
   ② 효능·효과를 나타나게 하는 성분 이외의 성분 :국제화장품원료집(ICID)의 INCI 명칭으로,「화장품 색소 종류와 기준 및 시험방법」에서 정하는 원료인 경우 "화장품색소고시"로 하고, 작성요령에 따라 작성할 것
(5) 제형은「기능성화장품 기준 및 시험방법」통칙에서 정하고 있는 제형으로 표기한다. 로션제, 액제, 크림제, 침적 마스크, 겔제, 에어로졸제, 분말제. 다만, 이를 정하고 있지 않은 경우 제형을 간결하게 표현할 수 있다.
(6) 자외선으로부터 피부를 보호하는데 도움을 주는 제품에 자외선차단지수(SPF) 또는

자외선A차단등급(PA)을 표시하는 때에는 다음 각 호의 기준에 따라 표시한다.
- 자외선차단지수(SPF)는 측정결과에 근거하여 평균값(소수점이하 절사)으로부터 -20% 이하 범위 내 정수(예. SPF평균값이 '23'일 경우 19~23 범위 정수)로 표시하되, SPF 50 이상은 "SPF50+"로 표시한다.
- 자외선A차단등급(PA)은 측정결과에 근거하여 자외선 차단효과 측정방법 및 기준에 따라 표시한다.
- 내수성·지속내수성은 측정결과에 근거하여 자외선 차단효과 측정방법 및 기준에 따른 '내수성비 신뢰구간'이 50% 이상일 때, "내수성" 또는 "지속내수성"으로 표시한다.

(7) 기능성화장품의 용법·용량은 오용될 여지가 없는 명확한 표현으로 기재하여야 한다.

(8) 사용 시의 주의사항은 화장품 유형과 「화장품 사용 시의 주의사항 표시에 관한 규정」을 기재하되, 별도의 주의사항이 필요한 경우에는 근거 자료를 첨부하여 추가로 기재할 수 있다.

(9) 기준 및 시험방법에 관한 자료는 기준 및 시험방법 작성요령에 적합하여야 한다.

(10) 탈모, 여드름, 피부장벽, 튼살에 해당되는 기능성화장품의 경우 "질병의 예방 및 치료를 위한 의약품이 아님"이라는 문구 표기

3.8 기능성화장품 인증 표시

(1) 표시기준(로고모형)

① 표시방법
  ㉠ 도안의 크기는 용도 및 포장재의 크기에 따라 동일 배율로 조정한다.
  ㉡ 도안은 알아보기 쉽도록 인쇄 또는 각인 등의 방법으로 표시해야 한다.

4. 화장품의 기능과 품질

4.1 화장품법 통칙

이 고시의 영문명칭은 「Korean Functional Cosmetics Codex」라 하고, 줄여서 「KFCC」라 할 수 있다.

제제를 만들 경우에는 따로 규정이 없는 한 그 보존 중 성상 및 품질의 기준을 확보하고 그 유용성을 높이기 위하여 부형제, 안정제, 보존제, 완충제 등 적당한 첨가제를 넣을 수 있다(다만, 첨가제는 해당 제제의 안전성에 영향을 주지 않아야 하며, 또한 기능을 변하게 하거나 시험에 영향을 주어서는 아니된다).

이 고시에서 규정하는 시험방법 외에 정확도와 정밀도가 높고 그 결과를 신뢰할 수 있는 다른 시험방법이 있는 경우에는 그 시험방법을 쓸 수 있다. 다만 그 결과에 대하여 의심이 있을 때에는 규정하는 방법으로 최종의 판정을 실시한다.

(1) 화장품의 제형

로션제	유화제 등을 넣어 유성성분과 수성성분을 균질화하여 점액상으로 만든 것
액제	화장품에 사용되는 성분을 용제 등에 녹여서 액상으로 만든 것
크림제	유화제 등을 넣어 유성성분과 수성성분을 균질화하여 반고형상으로 만든 것
침적마스크제	액제, 로션제, 크림제, 겔제 등을 부직포 등의 지지체에 침적하여 만든 것
겔제	액체를 침투시킨 분자량이 큰 유기분자로 이루어진 반고형상
에어로졸제	원액을 같은 용기 또는 다른 용기에 충전한 분사제(액화기체, 압축기체 등)의 압력을 이용하여 안개모양, 포말상 등으로 분출하도록 만든 것
분말제	균질하게 분말상 또는 미립상으로 만든 것을 말하며, 부형제 등을 사용할 수 있다.

(2) 화장품의 용기

용기종류	특징
밀폐용기	일상의 취급 또는 보통 보존상태에서 외부로부터 고형의 이물이 들어가는 것을 방지하고 고형의 내용물이 손실되지 않도록 보호할 수 있는 용기를 말한다. 밀폐용기로 규정되어 있는 경우에는 기밀용기도 쓸 수 있다.
기밀용기	일상의 취급 또는 보통 보존상태에서 액상 또는 고형의 이물 또는 수분이 침입하지 않고 내용

용기종류	특징
	물을 손실, 풍화, 조해 또는 증발로부터 보호할 수 있는 용기를 말한다. 기밀용기로 규정되어 있는 경우에는 밀봉용기도 쓸 수 있다.
밀봉용기	일상의 취급 또는 보통의 보존상태에서 기체 또는 미생물이 침입할 염려가 없는 용기를 말한다.
차광용기	광선의 투과를 방지하는 용기 또는 투과를 방지하는 포장을 한 용기를 말한다.

(3) 저장 및 시험 온도의 정의(셀시우스법 ℃)

온도	정의
표준온도	20℃
상온	15~25℃
실온	1~30℃
미온	30~40℃
냉소	1~15℃ 이하의 곳
냉수	10℃ 이하의 물
미온탕	30~40℃의 물
온탕	60~70℃의 물
열탕	약 100℃의 물
가열한용매(열용매)	그 용매의 비점 부근의 온도로 가열한 것
가온한용매(온용매)	60~70℃로 가온한 것
수욕상 또는 수욕중에서 가열	끓인 수욕 또는 100℃의 증기욕을 써서 가열하는 것
냉침	15~25℃
온침	35~45℃

(4) 액성의 pH

액성을 산성, 알칼리성 또는 중성으로 나타낸 것은 따로 규정이 없는 한 리트머스지를 써서 검사한다. 액성을 구체적으로 표시할 때에는 pH값을 쓴다.

pH	범위
미산성	약 5 ~ 약 6.5
약산성	약 3 ~ 약 5
강산성	약 3 이하
미알칼리성	약 7.5 ~ 약 9
약알칼리성	약 9 ~ 약 11
강알칼리성	약 11 이상

(5) 색상

① 색상을 백색이라고 기재한 것은 백색 또는 거의 백색에 가까운 색상을 의미하며, 무색이라고 기재한 것은 무색 또는 거의 무색에 가까운 색상을 나타낸다.
② 색상을 시험할 때 따로 규정이 없는 한 고체의 화장품 원료는 1g을 백지 위 또는 백지 위에 놓은 시계접시에 취하여 관찰하며, 액생의 화장품원료는 안지름 15mm의 무색시험관에 액층을 30mm로 하여 백색의 배경을 사용하여 관찰한다
③ 화장품 액상 원료의 무색을 시험할 때는 흑색 또는 백색의 배경을 사용하여 관찰한다.
④ 화장품 액상 원료의 형광을 관찰할 때는 흑색의 배경을 사용하고 백색의 배경은 사용하지 않는다.

(6) 냄새

무취(냄새 없음)라고 기재한 것은 무취 또는 거의 냄새가 없는 것을 의미한다. 냄새시험은 따로 규정이 없는 한 1g을 100mL 비커에 취하여 시험한다.

(7) 농도

용액의 농도를 (1→5), (1→10), (1→100) 등으로 기재한 것은 고체물질 1g 또는 액상물질 1mL를 용제에 녹여 전체량을 각각 5mL, 10mL, 100mL 등으로 하는 비율을 나타낸 것이다. 또 혼합액을 (1:10) 또는 (5:3:1) 등으로 나타낸 것은 액상물질의 1용량과 10용량과의 혼합액, 5용량과 3용량과 1용량과의 혼합액을 나타낸다.

(8) 기타

① 시험은 따로 규정이 없는 한 상온에서 실시하고 조작 직후 그 결과를 관찰하는 것으로 한다. 다만 온도의 영향이 있는 것의 판정은 표준온도에 있어서의 상태를 기준으로 한다.
② 물질명 다음에 (　) 또는 [　] 중에 분자식을 기재한 것은 화학적 순수물질을 뜻한다. 분자량은 국제원자량표에 따라 계산하여 소수점이하 셋째 자리에서 반올림하여 둘째 자리까지 표시한다.
③ 통칙 및 일반시험법에 쓰이는 시약, 시액, 표준액, 용량분석용표준액, 계량기 및 용기는 따로 규정이 없는 한 일반시험법에서 규정하는 것을 쓴다. 또한 시험에 쓰는 물은 따로 규정이 없는 한 정제수로 한다.
④ 용질명 다음에 용약이라 기재하고, 그 용제를 밝히지 않는 것은 수용액을 말한다.

%	중량 백분율
W/V%	중량 대 용량 백분율
V/V%	용량 대 용량 백분율
V/W%	용량 대 중량 백분율
ppm	중량 백만분율

4.2 맞춤형화장품의 구성

(1) 내용물+내용물의 혼합 제품

화장품의 내용물은 반제품, 벌크제품이 해당되며 A의 내용물에 B의 내용물을 혼합할 수 있다.

> **처방의 예**
> ① 건성피부에 노화 피부를 동반 : 건성크림베이스내용물+주름개선 기능성화장품 베이스내용물 혼합 처방
> ② 기미가 있고 주름이 걱정되는 피부 : 미백기능성크림베이스내용물+주름개선 기능성화장품 베이스내용물 혼합 처방

(2) 내용물+원료의 혼합 제품

화장품의 내용물에 고객의 맞춤 원료를 첨가하여 혼합할 수 있다.

> **처방의 예**
> 건성피부 : 건성용 크림베이스내용물+히알루론산 혼합

(3) 내용물의 소분 제품

제조 또는 수입된 화장품의 내용물을 소용량으로 소분할 수 있다.

> **처방의 예**
> 샴푸 반제품베이스내용물 1,000mL : 250mL 4개로 소분하여 판매

> **TIP**
>
> 화장품이 아닌 의약외품은 소분할 수 없다(손소독제, 치약 등).

4.3 내용물 및 원료의 품질성적서

(1) 원료의 COA(Certificate of Analysis)

원료 규격에 따른 시험 결과를 기록한 것으로, 성상, 색상, 냄새, pH, 중금속, 미생물 등 품질에 관련된 시험 항목과 그 시험 방법이 기재되어 있으며 보관 조건, 유통기한, 포장 단위, INCI명 등의 정보가 함께 기재되거나 또는 별도의 라벨로 제공된다. 화장품 원료가 입고될 때 원료의 품질 확인을 위한 자료로 첨부된다.

COA에는 일반적으로 물리 화학적 물성과 성상, 중금속, 미생물에 관한 정보가 기재되어 있으며 자가 품질 기준에 따라 원료의 적합성을 판단하여 표준품으로 보관한다.

(2) 원료의 물질 안전 보건 자료(MSDS/GHS)

「산업안전보건법」에 따라 물질안전보건자료(MSDS)는 한국산업안전보건공단(www.kosha.or.kr)에서 확인할 수 있다.

① MSDS(Material Safely Data Sheet) : 화학 물질을 제조, 수입 취급하는 업자가 유해성 평가 결과를 작성한 것으로 제품취급설명서를 의미한다. 화학 물질명, 물리 화학적 성질, 유해성, 위험성, 폭발성, 화재 발생 시 방재 요령, 환경에 미치는 영향 등을 기록한 서류이다. 화장품 원료를 구입하면 그에 따른 제품 취급 설명서에 성분, 명칭, 조성, 약효 및 효능, 취급 시 주의 사항, 응급사항시 대응방법 등이 기재되어 있다.
② GHS(The Globally Harmonized System of Classification and Labeling og Chemicals) : GHS란 화학 물질 분류, 표시에 대한 국제적으로 통일된 분류 기준으로 표기되며 화학 물질의 분류 기준에 따라 유해 위험성을 분류하고 통일된 형태의 경고 표지 및 MSDS로 정보를 전달하는 방법을 말한다. 화학물질의 중복 시험 및 평가를 방지하고 국제교역의 편리를 도모하며 경고표지의 방식 차이로 인한 안전과 건강의 위험을 방지하기 위함이다.

4.4 화장품 원료의 관리

(1) 화장품 원료 사용량 예측 및 발주

제조 지시서에 따라 원료량을 산출하고 원료의 수급기간을 고려하여 최소발주량을 산정한다. 원료는 원료 목록 관리대장을 작성하여 재고를 관리한다. 원료 주문시 발주서(구매요청서)의 공문양식을 사용한다.

원료목록대장의 예시

제품명	거래처	판매단위	가격	유통기한	포장방법 및 포장단위	수급기간

원료거래처 관리대장 예시

판매점	주소	연락처	담당자

4.5 화장품 원료의 입고/출고 관리

원료는 적합 판정된 것을 선입 선출 방식으로 출고한다.

① 원료가 입고되면 원료의 구매 요청서, 성적서, 보관된 표준품이 일치하는가를 검사한 후에 원료 입출고 관리대장에 기록한다.

원료 입/출고 관리대장의 예시

입/출고일	원재료명	제품코드	입고량	출고량	구입처	원료사용 합격여부

② 생산을 위해 원료를 사용할 때는 원료의 수불대장에 원료의 출고내용을 기록한다.

원료 수불대장 예시

원료명				
일자	입고량	사용량	현재고	비고(입고예정일)

5. 화장품 사용제한 원료

5.1 인체 세포·조직 배양액 안전기준

(1) 용어의 정의

이 기준에서 사용하는 용어의 정의는 다음과 같다.
① 인체 세포·조직 배양액 : 인체에서 유래된 세포 또는 조직을 배양한 후 세포와 조직을 제거하고 남은 액을 말한다.
② 공여자 : 배양액에 사용되는 세포 또는 조직을 제공하는 사람을 말한다.
③ 공여자 적격성검사 : 공여자에 대하여 문진, 검사 등에 의한 진단을 실시하여 해당 공여자가 세포배양액에 사용되는 세포 또는 조직을 제공하는 것에 대해 적격성이

있는 지를 판정하는 것을 말한다.
④ 윈도우 피리어드(window period) : 감염 초기에 세균, 진균, 바이러스 및 그 항원·항체·유전자 등을 검출할 수 없는 기간을 말한다.
⑤ 청정등급 : 부유입자 및 미생물이 유입되거나 잔류하는 것을 통제하여 일정 수준 이하로 유지되도록 관리하는 구역의 관리수준을 정한 등급을 말한다.

(2) 일반사항
① 누구든지 세포나 조직을 주고받으면서 금전 또는 재산상의 이익을 취할 수 없다.
② 누구든지 공여자에 관한 정보를 제공하거나 광고 등을 통해 특정인의 세포 또는 조직을 사용하였다는 내용의 광고를 할 수 없다.
③ 인체 세포·조직 배양액을 제조하는데 필요한 세포·조직은 채취 혹은 보존에 필요한 위생상의 관리가 가능한 의료기관에서 채취된 것만을 사용한다.
④ 세포·조직을 채취하는 의료기관 및 인체 세포·조직 배양액을 제조하는 자는 업무수행에 필요한 문서화된 절차를 수립라고 유지하여야 하며 그에 따른 기록을 보존하여야 한다.
⑤ 화장품 책임판매업자는 세포·조직의 채취, 검사, 배양액 제조 등을 실시한 기관에 대하여 안전하고 품질이 균일한 인체 세포·조직 배양액이 제조될 수 있도록 관리·감독을 철저히 하여야 한다.

(3) 공여자의 적격성검사
① 공여자는 건강한 성인으로서 다음과 같은 감염증이나 질병으로 진단되지 않아야 한다.
　㉠ B형간염바이러스(HBV), C형간염바이러스(HCV), 인체면역결핍바이러스(HIV), 인체T림프영양성바이러스(HTLV), 파보바이러스B19, 사이토메가로바이러스(CMV), 엡스타인-바 바이러스(EBV) 감염증
　㉡ 전염성 해면상뇌증 및 전염성 해면상뇌증으로 의심되는 경우
　㉢ 매독트레포네마, 클라미디아, 임균, 결핵균 등의 세균에 의한 감염증
　㉣ 패혈증 및 패혈증으로 의심되는 경우
　㉤ 세포·조직의 영향을 미칠 수 있는 선천성 또는 만성질환
② 의료기관에서는 윈도우 피리어드를 감안한 관찰기간 설정 등 공여자 적격성검사에 필요한 기준서를 작성하고 이에 따라야 한다.

(4) 세포·조직의 채취 및 검사
① 세포·조직을 채취하는 장소는 외부 오염으로부터 위생적으로 관리될 수 있어야 한다.
② 보관되었던 세포·조직의 균질성 검사방법은 현 시점에서 가장 적절한 최신의 방법을 사용해야 하며, 그와 관련된 절차를 수립하고 유지하여야 한다.
③ 세포 또는 조직에 대한 품질 및 안전성 확보에 필요한 정보를 확인할 수 있도록 다음의 내용을 포함한 세포·조직 채취 및 검사기록서를 작성·보존하여야 한다.
　㉠ 채취한 의료기관 명칭
　㉡ 채취 연월일
　㉢ 공여자 식별 번호
　㉣ 공여자의 적격성 평가 결과
　㉤ 동의서
　㉥ 세포 또는 조직의 종류, 채취방법, 채취량, 사용한 재료 등의 정보

(5) 배양시설 및 환경의 관리
① 인체 세포·조직 배양액을 제조하는 배양시설을 청정등급 1B(Class 10,000) 이상의 구역에 설치하여야 한다.
② 제조 시설 및 기구는 정기적으로 점검하여 관리되어야 하고, 작업에 지장이 없도록 배치되어야 한다.
③ 제조공정 중 오염을 방지하는 등 위생관리를 위한 제조위생관리 기준서를 작성하고 이에 따라야 한다.

TIP

최대생균수(낙하균 5개/1hrs, 부유균 20개/1hrs)

■ 청정등급 1B(Class 10,000) 청정도 관리기준
① Filter required(사용필터) : HEPA
② Temperature range(온도범위) : 74±8°F(18.8~27.7℃)
③ Humidity range(습도범위) : 55±20%

④ Pressure(inches of water)(압력) : 0.05(=1.27mmH5O, 12Pa)
⑤ Air changes per hour(환기횟수) : 20~30

> **TIP GMP 적합성평가 등급분류**
>
> ① 청정도 등급 A(Class 100) : 무균복장
>   - 무균조작 제제의 원료칭량, 제조, 충전. 밀봉작업대
>   - 최대생균수 : 낙하균 1개/1hr, 부유균 1개/1hr
>   - 환기횟수 : 600회 이상
> ② 청정도 등급 1B(Class 10,000) : 무균복장
>   - 무균작업실, 무균작업 전용탈의실, 준비실, 갱의실 등 폐쇄형시설
>   - 최대생균수 : 낙하균 5개/1hr, 부유균 20개/1hr
>   - 환기횟수 : 20~30회
> ③ 청정도 등급 2(Class 100,000) : 전용복장
>   비무균제제의 조제 충전 등 폐색작업실, 주요공정 작업실, 반제품보관실, 포장실, 중앙칭량실 등
>   최대생균수 : 낙하균 20개/1hr, 부유균 200개/1hr
>   환기횟수 : 10~20회
> ④ 청정도 등급 3(Claa ~) : 청정도 1, 2 이외의 작업소로서 일반포장실, 보관창고 등으로 일반구역(탈의, 수세, 원료, 자재 보관창고 등)

(6) 인체 세포·조직 배양액의 제조

① 인체 세포·조직 배양액을 제조할 때에는 세균, 진균, 바이러스 등을 비활성화 또는 제거하는 처리를 하여야 한다.

② 배양액 제조에 사용하는 세포·조직에 대한 품질 및 안전성 확보를 위해 필요한 정보를 확인할 수 있도록 다음의 내용을 포함한 '인체 세포·조직 배양액'의 기록서를 작성·보존하여야 한다.

   ㉠ 채취(보관을 포함한다)한 기관명칭
   ㉡ 채취 연원일
   ㉢ 검사 등의 결과
   ㉣ 세포 또는 조직의 처리 취급 과정
   ㉤ 공여자 식별 번호
   ㉥ 사람에게 감염성 및 병원성을 나타낼 가능성이 있는 바이러스 존재 유무 확인 결과

③ 배지, 첨가성분, 시약 등 인체 세포·조직 배양액 제조에 사용된 모든 원료의 기준규격을 설정한 인체 세포·조직 배양액 원료규격 기준서를 작성하고, 인체에 대한 안전성이 확보된 물질 여부를 확인하여야 하며, 이에 대한 근거자료를 보존하여야 한다.
④ 제조기록서는 다음의 사항이 포함되도록 작성하고 보존하여야 한다.
　㉠ 제조번호, 제조연원일, 제조량
　㉡ 사용한 원료의 목록, 양 및 규격
　㉢ 사용된 배지의 조성, 배양조건, 배양기간, 수율
　㉣ 각 단계별 처리 및 취급과정
⑤ 채취한 세포 및 조직을 일정기간 보존할 필요가 있는 경우에는 타당한 근거자료에 따라 균일한 품질을 유지하도록 보관 조건 및 기간을 설정해야 하며, 보관되었던 세포 및 조직에 대해서는 세균, 진균, 바이러스, 마이코플라즈마 등에 대하여 적절한 부정시험을 행한 후 인체 세포·조직 배양액 제조에 사용해야 한다.
⑥ 인체 세포·조직 배양액 제조과정에 대한 작업조건, 기간 등에 대한 제조관리 기준서를 포함한 표준지침서를 작성하고 이에 따라야 한다.

(7) 인체 세포·조직 배양액의 안전성 평가
① 인체 세포·조직 배양액의 안전성 확보를 위하여 다음의 안전성 시험 자료를 작성·보존하여야 한다.
　㉠ 단회투여독성시험자료
　㉡ 반복투여독성시험자료
　㉢ 1차 피부자극시험자료
　㉣ 안점막자극 또는 기타점막자극시험자료
　㉤ 피부감작성시험자료
　㉥ 광독성 및 광감작성 시험자료(자외선에서 흡수가 없음을 입증하는 흡광도 시험자료를 제출하는 경우에는 제외함)
　㉦ 인체 세포·조직 배양액의 구성성분에 관한 자료
　㉧ 유전독성시험자료
　㉨ 인체첩포시험자료

② 안전성시험자료는 「비임상시험관리기준」(식품의약품안전처 고시)에 따라 시험한 자료이어야 한다. 다만, 인체첩포시험은 국내·외 대학 또는 전문 연구기관에서 실시하여야 하며, 관련분야 전문의사, 연구소 또는 병원 기타 관련기관에서 5년 이상 해당시험에 경력을 가진 자의 지도 감독 하에 수행·평가되어야 한다.

③ 안전성시험자료는 인체 세포·조직 배양액 제조자가 자체적으로 구성한 안전성평가위원회(독성전문가 등 외부전문가 위촉) 심의를 거쳐 적정성을 평가하고 그 평가 결과를 기록·보존하여야 한다. 안전성평가위원회는 가목의 안전성시험 자료 평가 결과에 따라 기타 필요한 안전성 시험자료(발암성시험자료 등)를 작성·보존토록 권고할 수 있다.

> 인체 세포·조직 배양액은 공여자 적격성 검사와 유전독성 시험 피부자극시험 등을 통해 안전성을 확보된 경우에만 화장품 원료로 사용이 가능하다.

(8) 인체 세포·조직 배양액의 시험검사

① 인체 세포·조직 배양액의 품질을 확보하기 위하여 다음의 항목을 포함한 인체 세포·조직 배양액 품질 관리 기준서를 작성하고 이에 따라 품질검사를 하여야 한다.
  ㉠ 성상
  ㉡ 무균시험
  ㉢ 마이코플라즈마 부정시험
  ㉣ 외래성 바이러스 부정시험
  ㉤ 확인시험
  ㉥ 순도시험
    • 기원 세포 및 조직 부재시험
    • '항생제', '혈청' 등 '사용할 수 없는 원료' 부재시험 등(배양액 제조에 해당 원료를 사용한 경우에 한한다.)

② 품질관리에 필요한 각 항목별 기준 및 시험방법은 과학적으로 그 타당성이 인정되어야 한다.

③ 인체 세포·조직 배양액의 품질관리를 위한 시험검사는 매 제조번호마다 실시하고, 그 시험성적서를 보존하여야 한다.

(9) 기록보존

화장품 책임판매업자는 이 안전기준과 관련한 모든 기준, 기록 및 성적서에 관한 서류를 받아 완제품의 제조연월일부터 3년이 경과한 날까지 보존하여야 한다.

5.2 착향제의 구성 성분 중 알레르기 유발성분

번호	성분명	CAS 등록번호
1	신남알(CINNAMAL)	CAS No 104-55-2
2	아밀신남알(AMYL CINNAMAL)	CAS No 122-40-7
3	아밀신나밀알코올(AMYLCINNAMYL ALCOHOL)	CAS No 101-85-9
4	신나밀알코올(CINNAMYL ALCOHOL)	CAS No 104-54-1
5	헥실신남알(HEXYL CINNAMAL)	CAS No 101-86-0
6	제라니올(GERANIOL)	CAS No 106-24-1
7	아니스알코올(ANISYL ALCOHOL)	CAS No 105-13-5
8	시트로넬올(CITRONELLOL)	CAS No 106-22-9
9	하이드록시시트로넬알(HYDROXYCITRONELLAL)	CAS No 107-75-5
10	부틸페닐메틸프로피오날(LYSMERAL)	CAS No 80-54-6
11	시트랄(CITRAL)	CAS No 5392-40-5
12	리날룰(LINALOOL)	CAS No 78-70-6
13	유제놀(EUGENOL)	CAS No 97-53-0
14	아이소유제놀(ISOEUGENOL)	CAS No 97-54-1
15	쿠마린(COUMARINE)	CAS No 91-64-5
16	리모넨(d-LIMONENE)	CAS No 5989-27-5
17	파네솔(FARNESOL)	CAS No 4602-84-0
18	벤질살리실레이트(BENZYL SALICYLATE)	CAS No 118-58-1
19	벤질신나메이트(BENZYL CINNAMATE)	CAS No 103-41-3
20	벤질벤조에이트(BENZYL BENZOATE)	CAS No 120-51-4
21	벤질알코올(BENZYL ALCOHOL)	CAS No 100-51-4

번호	성분명	CAS 등록번호
22	메틸 2-옥티노에이트(METHYL HEPTINE CARBONATE)	CAS No 111-12-6
23	알파-아이소메틸아이오논(ALPHA-ISOMETHYL IONONE)	CAS No 127-51-5
24	참나무이끼추출물(OAKMOSS EXTRACT)	CAS No 90028-68-5
25	나무이끼추출물(TREEMOSS EXTRACT)	CAS No 90028-67-4

(1) 사용 후 씻어내는 제품(샴푸, 린스, 바디클렌저 등)에는 0.01% 초과, 사용 후 씻어내지 않는 제품(토너, 로션, 크림 등)에는 0.001% 초과 함유하는 경우에 알레르기 성분명을 전성분명에 표시해야 한다.

(2) 알레르기 유발성분의 산출 방법

① 사용 후 씻어내지 않는 바디로션(250g) 제품에 리모넨이 0.05g 포함 시
   0.05g÷250g×100=0.02% → 0.001% 초과하므로 표시 대상에 해당됨

② 사용 후 씻어내지 않는 크림 100g 제품에 향료를 0.2g 배합 시 착향제 알러지성분 리날룰 5% 함유 시
   - 리날룰의 양
   - 풀이 1) 0.2×(5/100)=0.01g
   - 풀이 2) 0.2g:100%=xg:5% (100x=1, x=1/100=0.01g)
   - 리날룰 함량 0.01g÷100g×100=0.01% → 0.001% 초과하므로 표시 대상에 해당된다.

③ 크림 250g에 향료 5g 배합시 향료에 리날룰 5% 함유 시
   - 리날룰의 양
   - 풀이 1) 5x(5/100)=0.25g
   - 풀이 2) 5g:100%=xg:5%(100x=25, x=25/100=0.25g)
   - 리날룰의 함량 : 0.25÷250g×100=0.1% → 0.001% 초과하므로 표시 대상에 해당된다.

④ 크림 250g에 향료 0.5% 배합시 향료에 리날룰 5% 함유 시
   - 향료의 양 : 250×(0.5/100)=1.25g

- 리날룰의 양 : 1.25×(5/100)=0.0625g
- 리날룰의 함량 : 0.0625÷250×100=0.025% → 0.001% 초과하므로 표시 대상에 해당된다.

(3) 표기방법

알레르기 유발성분의 함량에 따른 표시 방법이나 순서를 별도로 정하고 있지는 않으나, 향료 뒤에 알레르기 유발성분명을 표기하거나 또는 전성분 표시 방법과 동일한 성분 함량순으로 표기

현재	개선	
A, B, C, D 향료 ⇨	1안 (향료뒤표기)	A, B, C, D, 향료, 리모넨, 리날룰
	2안 (1%이하 순서 상관없이 표기)	A, B, C, D, 리모넨, 향료, 리날룰
	3안 (함량순 표기)	A, B, 리모넨, C, D, 향료, 리날룰 (함량 순으로 기재)

(4) 내용량 10mL(g) 초과 50mL(g) 이하인 소용량 화장품의 경우 착향제 구성 성분 중 알레르기 유발성분의 표시는 생략이 가능하나 해당 정보는 홈페이지 등에서 확인할 수 있도록 해야 한다. 단, 소용량 화장품일지라도 표시 면적이 확보되는 경우에는 해당 알레르기 유발 성분을 표시하는 걸 권장함

(5) 식물의 꽃·잎·줄기 등에서 추출한 에센셜오일이나 추출물이 착향의 목적으로 사용되었거나 또는 해당 성분이 착향제의 특성이 있는 경우에는 알레르기 유발성분을 표시·기재하여야 한다.

(6) 책임판매업자 홈페이지, 온라인 판매처 사이트에서도 알레르기 유발성분을 표시해야 한다. → 다만 기존 부자재 사용으로 실제 유통 중인 제품과 온라인 상의 '향료 중 알레르기 유발성분'의 표시사항에 차이가 나는 경우 소비자 오해나 혼란이 없도록 "유통 화장품의 표시사항과 온라인 상의 표시사항에 차이가 날 수 있음"을 안내하는

문구를 기재하는 것을 권장

(7) 원료목록 보고 시 알레르기 유발성분 정보 포함 여부 → 해당 알레르기 유발성분을 제품에 표시하는 경우 원료목록 보고에도 포함하여야 함

6. 화장품관리

유통화장품은 "화장품안전관리기준 등에 관한 규정"에서 규정하는 화장품에 사용할 수 없는 원료, 사용상의 제한이 필요한 원료, 기능성화장품의 효능·효과를 나타내는 원료, 유통화장품안전관리기준에 따른 시험, 위해평가 등을 고려하여야 한다.

6.1 화장품 사용 시의 주의사항

(1) 공통 표시 기재 사항

① 화장품 사용 시 또는 사용 후 직사광선에 의하여 사용 부위가 붉은 반점, 부어오름 또는 가려움증 등의 이상 증상이나 부작용이 있는 경우 전문의 등과 상담할 것
② 상처가 있는 부위 등에는 사용을 자제할 것
③ 보관 및 취급 시의 주의사항
　㉠ 어린이의 손이 닿지 않는 곳에 보관할 것
　㉡ 직사광선을 피해서 보관할 것

(2) 개별 표시 기재 사항

① 미세한 알갱이가 함유되어 있는 스크럽세안제
　알갱이가 눈에 들어갔을 때에는 물로 씻어내고 이상이 있는 경우에는 전문의와 상담할 것
② 팩 : 눈 주위를 피하여 사용할 것
③ 두발용, 두발염색용 및 눈 화장용 제품류 : 눈에 들어갔을 때에는 즉시 씻어낼 것
④ 모발용 샴푸
　㉠ 눈에 들어갔을 때에는 즉시 씻어낼 것

ⓒ 사용 후 물로 씻어내지 않으면 탈모 또는 탈색의 원인이 될 수 있으므로 주의할 것
⑤ 퍼머넌트 웨이브 제품 및 헤어스트레이트너 제품
　　㉠ 두피·얼굴·눈·목·손 등에 약액이 묻지 않도록 유의하고, 얼굴 등에 약액이 묻었을 때에는 즉시 물로 씻어낼 것
　　㉡ 특이체질, 생리 또는 출산 전후이거나 질환이 있는 사람 등은 사용을 피할 것
　　㉢ 머리카락의 손상 등을 피하기 위하여 용법·용량을 지켜야 하며, 가능하면 일부에 시험적으로 사용하여 볼 것
　　㉣ 섭씨 15도 이하의 어두운 장소에 보존하고, 색이 변하거나 침전된 경우에는 사용하지 말 것
　　㉤ 개봉한 제품은 7일 이내에 사용할 것(에어로졸 제품이나 사용 중 공기유입이 차단되는 용기는 표시하지 아니한다.)
　　㉥ 제2단계 퍼머액 중 그 주성분이 과산화수소인 제품은 검은 머리카락이 갈색으로 변할 수 있으므로 유의하여 사용할 것
⑥ 외음부 세정제
　　㉠ 정해진 용법과 용량을 잘 지켜 사용할 것
　　㉡ 만 3세 이하 영유아에게는 사용하지 말 것
　　㉢ 임신중에는 사용하지 않는 것이 바람직하며, 분만 직전의 외음부 주위에는 사용하지 말 것
　　㉣ 프로필렌 글라이콜(Propylene Glycol)을 함유하고 있으므로 이 성분에 과민하거나 알레르기 병력이 있는 사람은 신중히 사용할 것(프로필렌 글라이콜 함유제품만 표시한다.)
⑦ 손·발의 피부연화 제품(요소제제의 핸드크림 및 풋크림)
　　㉠ 눈, 코 또는 입 등에 닿지 않도록 주의하여 사용할 것
　　㉡ 프로필렌 글라이콜(Propylene Glycol)을 함유하고 있으므로 이 성분에 과민하거나 알레르기 병력이 있는 사람은 신중히 사용할 것(프로필렌 글라이콜 함유제품만 표시한다.)

> **TIP**
>
> 각질용해제로 사용되는 피부 연화제인 우레아는 요소라고 불립니다.

⑧ 체취 방지용 제품 : 털을 제거한 직후에는 사용하지 말 것
⑨ 고압가스를 사용하는 에어로졸 제품[무스의 경우 ㄱ-ㄹ의 사항은 제외한다]
   ㉠ 같은 부위에 연속해서 3초 이상 분사하지 말 것
   ㉡ 가능하면 인체에서 20센티미터 이상 떨어져 사용할 것
   ㉢ 눈 주위 또는 점막 등에 분사하지 말 것. 다만, 자외선 차단제의 경우 얼굴에 직접 분사하지 말고 손에 덜어 얼굴에 바를 것
   ㉣ 분사가스는 직접 흡입하지 않도록 주의할 것
   ㉤ 보관 및 취급 상의 주의사항
      ㉮ 불꽃길이시험에 의한 화염이 인지되지 않는 것으로서 가연성 가스를 사용하지 않는 제품
         • 섭씨 40도 이상의 장소 또는 밀폐된 장소에 보관하지 말 것
         • 사용 후 남은 가스가 없도록 하고 불 속에 버리지 말 것
      ㉯ 가연성 가스를 사용하는 제품
         • 불꽃을 향하여 사용하지 말 것
         • 난로, 풍로 등 화기 부근 또는 화기를 사용하고 있는 실내에서 사용하지 말 것
         • 섭씨 40도 이상의 장소 또는 밀폐된 장소에서 보관하지 말 것
         • 밀폐된 실내에서 사용한 후에는 반드시 환기를 할 것
         • 불 속에 버리지 말 것
⑩ 고압가스를 사용하지 않는 분무형 자외선 차단제 : 얼굴에 직접 분사하지 말고 손에 덜어 얼굴에 바를 것
⑪ 알파-하이드록시애시드(α-hydroxyacid, AHA)(이하 "AHA"라 한다.) 함유제품 (0.5퍼센트 이하의 AHA가 함유된 제품은 제외한다.)
   ㉠ 햇빛에 대한 피부의 감수성을 증가시킬 수 있으므로 자외선 차단제를 함께 사용할 것(씻어내는 제품 및 두발용 제품은 제외한다.)
   ㉡ 일부에 시험 사용하여 피부 이상을 확인할 것
   ㉢ 고농도의 AHA 성분이 들어있어 부작용이 발생할 우려가 있으므로 전문의 등에게 상담할 것(AHA 성분이 10퍼센트를 초과하여 함유되어 있거나 산도가 3.5 미만인 제품만 표시한다.)

> **TIP**
>
> 카르복시기(-COOH)로부터 첫 번째 탄소에 하이드록시기(-OH)가 결합되어 있으면 알파, 두 번째 탄소에 결합되어 있으면 베타, 세 번째 탄소에 결합되어 있으면 감마 하이드록시 애씨드이다. 살리실릭애씨드(베타하이드록시애씨드)

⑫ 염모제(산화염모제와 비산화염모제)
  ㉠ 다음 분들은 사용하지 마십시오. 사용 후 피부나 신체가 과민상태로 되거나 피부이상반응(부종, 염증 등)이 일어나거나, 현재의 증상이 악화될 가능성이 있습니다.
    - 지금까지 이 제품에 배합되어 있는 '과황산염'이 함유된 탈색제로 몸이 부은 경험이 있는 경우, 사용 중 또는 사용 직후에 구역, 구토 등 속이 좋지 않았던 분(이 내용은 '과황산염'이 배합된 염모제에만 표시한다.)
    - 지금까지 염모제를 사용할 때 피부이상반응(부종, 염증 등)이 있었거나, 염색 중 또는 염색 직후에 발진, 발적, 가려움 등이 있거나 구역, 구토 등 속이 좋지 않았던 경험이 있었던 분
    - 피부시험(패취테스트, patch test)의 결과, 이상이 발생한 경험이 있는 분
    - 두피, 얼굴, 목덜미에 부스럼, 상처, 피부병이 있는 분
    - 생리 중, 임신 중 또는 임신할 가능성이 있는 분
    - 출산 후, 병중, 병후의 회복 중인 분, 그 밖의 신체에 이상이 있는 분
    - 특이체질, 신장질환, 혈액질환이 있는 분
    - 미열, 권태감, 두근거림, 호흡곤란의 증상이 지속되거나 코피 등의 출혈이 잦고 생리, 그 밖에 출혈이 멈추기 어려운 증상이 있는 분
    - 이 제품에 첨가제로 함유된 프로필렌글리콜에 의하여 알레르기를 일으킬 수 있으므로 이 성분에 과민하거나 알레르기 반응을 보였던 적이 있는 분은 사용 전에 의사 또는 약사와 상의하여 주십시오(프로필렌글리콜 함유 제제에만 표시한다.)
  ㉡ 염모제 사용 전의 주의
    - 염색 전 2일 전(48시간 전)에는 다음의 순서에 따라 매회 반드시 패취테스트

(patch test)를 실시하여 주십시오. 패취테스트는 염모제에 부작용이 있는 체질인지 아닌지를 조사하는 테스트입니다. 과거에 아무 이상이 없이 염색한 경우에도 체질의 변화에 따라 알레르기 등 부작용이 발생할 수 있으므로 매회 반드시 실시하여 주십시오.

- 먼저 팔의 안쪽 또는 귀 뒤쪽 머리카락이 난 주변의 피부를 비눗물로 잘 씻고 탈지면으로 가볍게 닦습니다.
- 다음에 이 제품 소량을 취해 정해진 용법대로 혼합하여 실험액을 준비합니다.
- 실험액을 앞서 세척한 부위에 동전 크기로 바르고 자연건조 시킨 후 그대로 48시간 방치합니다(시간을 잘 지킵니다).
- 테스트 부위의 관찰은 테스트액을 바른 후 30분 그리고 48시간 후 총 2회를 반드시 행하여 주십시오. 그 때 도포 부위에 발진, 발적, 가려움, 수포, 자극 등의 피부 등의 이상이 있는 경우에는 손 등으로 만지지 말고 바로 씻어내고 염모는 하지 말아 주십시오. 테스트 도중, 48시간 이전이라도 위와 같은 피부이상을 느낀 경우에는 바로 테스트를 중지하고 테스트액을 씻어내고 염모는 하지 말아 주십시오.
- 48시간 이내에 이상이 발생하지 않는다면 바로 염모하여 주십시오.
* 눈썹, 속눈썹 등은 위험하므로 사용하지 마십시오. 염모액이 눈에 들어갈 염려가 있습니다. 그 밖에 두발 이외에는 염색하지 말아 주십시오.
* 면도 직후에는 염색하지 말아 주십시오.
* 염모 전후 1주간은 파마·웨이브(퍼머넌트웨이브)를 하지 말아 주십시오.

ⓒ 염모 시의 주의
* 염모액 또는 머리를 감는 동안 그 액이 눈에 들어가지 않도록 하여 주십싱. 눈에 들어가면 심한 통증을 발생시키거나 경우에 따라서 눈에 손상(각막의 염증)을 입을 수 있습니다. 만일, 눈에 들어갔을 때는 절대로 손으로 비비지 말고 바로 물 또는 미지근한 물로 15분 이상 잘 씻어 주시고 곧바로 안과 전문의의 진찰을 받으십시오. 임의로 안약 등을 사용하지 마십시오.
* 염색 중에는 목욕을 하거나 염색 전에 머리를 적시거나 감지 말아 주십시오. 땀이나 물방울 등을 통해 염모액이 눈에 들어갈 염려가 있습니다.

- 염모 중에 발진, 발적, 부어오름, 가려움, 강한 자극감 등의 피부이상이나 구역, 구토 등의 이상을 느꼈을 때는 즉시 염색을 중지하고 염모액을 잘 씻어내 주십시오. 그대로 방치하면 증상이 악화될 수 있습니다.
- 염모액이 피부에 묻었을 때는 곧바로 물 등으로 씻어내 주십시오. 손가락이나 손톱을 보호하기 위하여 장갑을 끼고 염색하여 주십시오.
- 환기가 잘 되는 곳에서 염모하여 주십시오.

ㄹ. 염모 후의 주의
- 머리, 얼굴, 목덜미 등에 발진, 발적, 가려움, 수포, 자극 등 피부의 이상반응이 발생한 경우, 그 부위를 손으로 긁거나 문지르지 말고 바로 피부과 전문의의 진찰을 받으십시오. 임의로 의약품 등을 사용하는 것은 삼가 주십시오.
- 염모 중 또는 염모 후에 속이 안 좋아지는 등 신체 이상을 느끼는 분은 의사에게 상담하십시오.

ⓜ 보관 및 취급상의 주의
- 혼합한 염모액을 밀폐된 용기에 보존하지 말아주십시오. 혼합한 액으로부터 발생하는 가스의 압력으로 용기가 파손될 염려가 있어 위험합니다. 또한 혼합한 염모액이 위로 튀어 오르거나 주변을 오염시키고 지워지지 않게 됩니다. 혼합한 액의 잔액은 효과가 없으므로 잔액은 반드시 바로 버려 주십시오.
- 용기를 버릴 때는 반드시 뚜껑을 열어서 버려 주십시오.
- 사용 후 혼합하지 않은 액은 직사광선을 피하고 공기와 접촉을 피하여 서늘한 곳에 보관하여 주십시오.

⑬ 탈염·탈색제
㉠ 다음 분들은 사용하지 마십시오. 사용 후 피부나 신체가 과민상태로 되거나 피부이상반응을 보이거나, 현재의 증상이 악화될 가능성이 있습니다.
- 두피, 얼굴, 목덜미에 부스럼, 상처, 피부병이 있는 분
- 생리 중, 임신 중 또는 임신할 가능성이 있는 분
- 출산 후, 병중이거나 또는 회복 중에 있는 분, 그 밖에 신체에 이상이 있는 분

㉡ 다음 분들은 신중히 사용하십시오.
- 특이체질, 신장질환, 혈액질환 등의 병력이 있는 분은 피부과 전문의와 상의하여 사용하십시오.

- 이 제품에 첨가제로 함유된 프로필렌글리콜에 의하여 알레르기를 일으킬 수 있으므로 이 성분에 과민하거나 알레르기 반응을 보였던 적이 있는 분은 사용 전에 의사 또는 약사와 상의하여 주십시오.

ⓒ 사용 전의 주의
- 눈썹, 속눈썹에는 위험하므로 사용하지 마십시오. 제품이 눈에 들어갈 염려가 있습니다. 또한, 두발 이외의 부분(손발의 털 등)에는 사용하지 말아 주십시오. 피부에 부작용(피부이상반응, 염증 등)이 나타날 수 있습니다.
- 면도 직후에는 사용하지 말아 주십시오.
- 사용을 전후하여 1주일 사이에는 퍼머넌트웨이브 제품 및 헤어스트레이트너 제품을 사용하지 말아 주십시오.

ⓔ 사용 시의 주의
- 제품 또는 머리 감는 동안 제품이 눈에 들어가지 않도록 하여 주십시오. 만일 눈에 들어갔을 때는 절대로 손으로 비비지 말고 바로 물이나 미지근한 물로 15분 이상 씻어 흘려내시고 곧바로 안과 전문의의 진찰을 받으십시오. 임의로 안약을 사용하는 것은 삼가 주십시오.
- 사용 중에 목욕을 하거나 사용 전에 머리를 적시거나 감지 말아 주십시오. 땀이나 물방울 등을 통해 제품이 눈에 들어갈 염려가 있습니다.
- 사용 중에 발진, 발적, 부어오름, 가려움, 강한 자극감 등 피부의 이상을 느끼면 즉시 사용을 중지하고 잘 씻어내 주십시오.
- 제품이 피부에 묻었을 때는 곧바로 물 등으로 씻어내 주십시오. 손가락이나 손톱을 보호하기 위하여 장갑을 끼고 사용하십시오.
- 환기가 잘 되는 곳에서 사용하여 주십시오.

ⓜ 사용 후의 주의
- 두피, 얼굴, 목덜미 등에 발진, 발적, 가려움, 수포, 자극 등 피부이상반응이 발생한 때에는 그 부위를 손 등으로 긁거나 문지르지 말고 바로 피부과 전문의의 진찰을 받아 주십시오. 임의로 의약품 등을 사용하는 것은 삼가 주십시오.
- 사용 중 또는 사용 후에 구역, 구토 등 신체에 이상을 느끼시는 분은 의사에게 상담하십시오.

ⓗ 보관 및 취급상의 주의

- 혼합한 제품을 밀폐된 용기에 보존하지 말아 주십시오. 혼합한 제품으로부터 발생하는 가스의 압력으로 용기가 파열될 염려가 있어 위험합니다. 또한, 혼합한 제품이 위로 튀어오르거나 주변을 오염시키고 지워지지 않게 됩니다. 혼합한 제품의 잔액은 효과가 없으므로 반드시 바로 버려 주십시오.
- 용기를 버릴 때는 뚜껑을 열어서 버려 주십시오.

⑭ 제모제(치오글라이콜릭애씨드 함유 제품에만 표시함)
  ㉠ 다음과 같은 사람(부위)에는 사용하지 마십시오.
    - 생리 전후, 산전, 산후, 병후의 환자
    - 얼굴, 상처, 부스럼, 습진, 짓무름, 기타의 염증, 반점 또는 자극이 있는 피부
    - 유사 제품에 부작용이 나타난 적이 있는 피부
    - 약한 피부 또는 남성의 수염부위
  ㉡ 이 제품을 사용하는 동안 다음의 약이나 화장품을 사용하지 마십시오.
    - 땀발생억제제(Antiperspirant), 향수, 수렴로션(Astringent Lotion)은 이 제품 사용 후 24시간 후에 사용하십시오.
  ㉢ 부종, 홍반, 가려움, 피부염(발진, 알레르기), 광과민반응, 중증의 화상 및 수포 등의 증상이 나타날 수 있으므로 이러한 경우 이 제품의 사용을 즉각 중지하고 의사 또는 약사와 상의하십시오.
  ㉣ 그 밖의 사용 시 주의사항
    - 사용 중 따가운 느낌, 불쾌감, 자극이 발생할 경우 즉시 닦아내어 제거하고 찬물로 씻으며, 불쾌감이나 자극이 지속될 경우 의사 또는 약사와 상의하십시오.
    - 자극감이 나타날 수 있으므로 매일 사용하지 마십시오.
    - 이 제품의 사용 전후에 비누류를 사용하면 자극감이 나타날 수 있으므로 주의하십시오.
    - 이 제품은 외용으로만 사용하십시오.
    - 눈에 들어가지 않도록 하며 눈 또는 점막에 닿았을 경우 미지근한 물로 씻어내고 붕산수(농도 약 2%)로 헹구어 내십시오.
    - 이 제품을 10분 이상 피부에 방치하거나 피부에서 건조시키지 마십시오.
    - 제모에 필요한 시간은 모질(毛質)에 따라 차이가 있을 수 있으므로 정해진 시

간 내에 모가 깨끗이 제거되지 않은 경우 2~3일의 간격을 두고 사용하십시오.
⑮ 그 밖에 화장품의 안전정보와 관련하여 기재·표시하도록 식품의약품안전처장이 정하여 고시하는 사용 시의 주의사항(화장품 사용시의 주의사항 및 알레르기 유발성분 표시에 관한 규정

6.2 화장품의 함유 성분별 사용 시의 주의사항 표시 문구

번호	대상 제품	표시 문구
1	과산화수소 및 과산화수소 생성물질 함유 제품	눈에 접촉을 피하고 눈에 들어갔을 때는 즉시 씻어낼 것
2	벤잘코늄클로라이드, 벤잘코늄브로마이드 및 벤잘코늄사카리네이트 함유 제품	눈에 접촉을 피하고 눈에 들어갔을 때는 즉시 씻어낼 것
3	스테아린산아연 함유 제품(기초화장용 제품류 중 파우더 제품에 한함)	사용 시 흡입되지 않도록 주의할 것
4	살리실릭애씨드 및 그 염류 함유 제품(샴푸 등 사용 후 씻어내는 제품 제외)	만 3세 이하 영유아 및 만 13세 이하 어린이에게는 사용하지 말 것
5	실버나이트레이트 함유 제품	눈에 접촉을 피하고 눈에 들어갔을 때는 즉시 씻어낼 것
6	아이오도프로피닐부틸카바메이트(IPBC) 함유 제품(목욕용제품, 샴푸류 및 바디클렌저 제외)	만 3세 이하 영유아 및 만 13세 이하 어린이에게는 사용하지 말 것
7	알루미늄 및 그 염류 함유 제품(체취방지용 제품류에 한함)	신장 질환이 있는 사람은 사용 전에 의사, 약사, 한의사와 상의할 것
8	알부틴 2% 이상 함유 제품	알부틴은 「인체적용시험자료」에서 구진과 경미한 가려움이 보고된 예가 있음
9	카민 함유 제품	카민 성분에 과민하거나 알레르기가 있는 사람은 신중히 사용할 것
10	코치닐추출물 함유 제품	코치닐추출물 성분에 과민하거나 알레르기가 있는 사람은 신중히 사용할 것
11	포름알데하이드 0.05% 이상 검출된 제품	포름알데하이드 성분에 과민한 사람은 신중히 사용할 것
12	폴리에톡실레이티드레틴아마이드 0.2% 이상 함유 제품	폴리에톡실레이티드레틴아마이드는 「인체적용시험자료」에서 경미한 발적, 피부건조, 화끈감, 가려움, 구진이 보고된 예가 있음

번호	대상 제품	표시 문구
13	부틸파라벤, 프로필파라벤, 이소부틸파라벤 또는 이소프로필파라벤 함유 제품(영·유아용 제품류 및 기초화장용 제품류(만 3세 이하 영유아가 사용하는 제품) 중 사용 후 씻어내지 않는 제품에 한함)	만 3세 이하 영유아의 기저귀가 닿는 부위에는 사용하지 말 것

파라벤 계열의 보존제 사용한도
p-하이드록시벤조익애씨드, 그 염류 및 에스텔류(다만, 에스텔류 중 페닐은 제외)
- 단일성분일 경우 0.4%(산으로서)
- 혼합사용의 경우 0.8%(산으로서)

사용시 주의사항 예시
탈모 증상의 완화에 도움을 주는 기능성화장품의 사용 시의 주의사항

■ 모발용 샴푸(wash-off)
- 화장품 사용 시 또는 사용 후 직사광선에 의하여 사용부위가 붉은 반점, 부어오름 또는 가려움증 등의 이상 증상이나 부작용이 있는 경우 전문의 등과 상담할 것
- 상처가 있는 부위 등에는 사용을 자제할 것
- 보관 및 취급 시의 주의사항
  - 어린이의 손이 닿지 않는 곳에 보관할 것
  - 직사광선을 피해서 보관할 것
- 눈에 들어갔을 때 즉시 씻어낼 것
- 사용 후 물로 씻어내지 않으면 탈모 또는 탈색의 원인이 될 수 있으므로 주의할 것

■ 모발용 샴푸 외 두발용 제품(leave-on)
- 화장품 사용 시 또는 사용 후 직사광선에 의하여 사용부위가 붉은 반점, 부어오름 또는 가려움증 등의 이상 증상이나 부작용이 있는 경우 전문의 등과 상담할 것
- 상처가 있는 부위 등에는 사용을 자제할 것
- 보관 및 취급 시의 주의사항
  - 어린이의 손이 닿지 않는 곳에 보관할 것
  - 직사광선을 피해서 보관할 것
- 눈에 들어갔을 때 즉시 씻어낼 것
- 만 3세 이하 영유아 및 만 13세 이하 어린이에게는 사용하지 말 것

■ 여드름성 피부를 완화하는 데 도움을 주는 기능성화장품의 사용 시의 주의사항
- 화장품 사용 시 또는 사용 후 직사광선에 의하여 사용부위가 붉은 반점, 부어오름 또는 가려움증 등의

> 이상 증상이나 부작용이 있는 경우 전문의 등과 상담할 것
> - 상처가 있는 부위 등에는 사용을 자제할 것
> - 보관 및 취급 시의 주의사항
>   - 어린이의 손이 닿지 않는 곳에 보관할 것
>   - 직사광선을 피해서 보관할 것

7. 위해사례 판단 및 보고

위해평가는 다음 각 호의 확인·결정·평가 등의 과정을 거쳐 실시한다.
① 위해요소의 인체 내 독성을 확인하는 위험성 확인과정
② 위해요소의 인체노출 허용량을 산출하는 위험성 결정과정
③ 위해요소가 인체에 노출된 양을 산출하는 노출평가과정
④ 인체에 미치는 위해 영향을 판단하는 위해도 결정과정

7.1 위해화장품

(1) 위해화장품의 위해여부보고

위해성 등급	등급 평가 기준
가등급	화장품 사용으로 인하여 인체건강에 미치는 위해영향이 크거나 중대한 경우
나등급	화장품 사용으로 인하여 인체건강에 미치는 위해영향이 크지 않거나 일시적인 경우
다등급	가. 화장품 사용으로 인하여 인체건강에 미치는 위해영향은 없으나 유효성이 입증되지 않은 경우 나. 화장품 사용으로 인하여 인체건강에 미치는 위해영향은 없으나 제품의 변질, 용기·포장의 훼손 등으로 유효성에 문제가 있는 경우

① (판매중지) 회수의무자는 즉시 판매중지 등의 필요한 조치를 취한다.
② (회수계획서) 회수대상화장품이라는 사실을 안 날부터 5일 이내에 회수계획서에 다음 각 호의 서류를 첨부하여 지방식품의약품안전청장에게 제출하여야 한다.

> **회수계획서 첨부서류**
> - 해당 품목의 제조·수입기록서 사본
> - 판매처별 판매량·판매일 등의 기록(맞춤형화장품의 경우 판매내역서)
> - 회수 사유를 적은 서류

③ (공표 및 회수통보) 회수의무자는 판매자, 그 밖에 해당 화장품을 업무상 취급하는 자에게 방문, 우편, 전화, 전보, 전자우편, 팩스 또는 언론매체를 통한 공고 등을 통하여 회수계획을 통보하여야 하며, 통보 사실을 입증할 수 있는 자료를 회수종료일부터 2년간 보관하여야 한다.

④ (회수 및 회수확인서) 회수를 통보받은 자는 화장품을 반품하고 회수확인서를 작성하여 회수의무자에게 송부하여야 한다.

⑤ (폐기) 회수의무자는 회수한 화장품을 폐기하려는 경우에는 폐기신청서, 회수계획서사본, 회수확인서사본을 첨부하여 지방식품의약품안전청장에게 제출하고, 관계 공무원의 참관 하에 환경 관련 법령에서 정하는 바에 따라 폐기하여야 한다.

> **위해화장품 폐기**
> - 폐기신청서
> - 회수계획서 사본
> - 회수확인서 사본

⑥ (회수종료신고) 회수의무자는 회수대상화장품의 회수를 완료한 경우에는 회수종료신고서에 다음 각 호의 서류를 첨부하여 지방식품의약품안전청장에게 제출하여야 한다.

> **회수 종료 신고서**
> - 회수확인서 사본
> - 폐기확인서 사본(폐기한 경우만 해당. 2년간 보관)
> - 평가보고서 사본

> **회수종료일 설정**
> - 가등급 위해성 : 회수를 시작한 날부터 15일 이내 회수종료
> - 나등급 위해성 또는 다등급 위해성 : 회수를 시작한 날부터 30일 이내 회수종료(다만, 제출기한까지 회수계획서의 제출이 곤란한 경우 지방식품의약품안전청장에게 그 사유를 밝히고 제출기한을 연장 요청해야 한다.)

> 맞춤형화장품 사용과 관련된 중대한 유해사례 등 부작용 발생 시 그 정보를 알게 된 날로부터 15일 이내 식품의약품안전처 홈페이지를 통해 보고하거나 우편·팩스·정보통신망 등의 방법으로 보고해야 한다.

⑦ (회수종료통보) 지방식품의약품안전청장은 회수종료신고서를 받으면 다음 각 호에서 정하는 바에 따라 조치하여야 한다.

　㉠ 회수계획서에 따라 회수대상화장품의 회수를 적절하게 이행하였다고 판단되는 경우에는 회수가 종료되었음을 확인하고 회수의무자에게 이를 서면으로 통보할 것

　㉡ 회수가 효과적으로 이루어지지 아니하였다고 판단되는 경우에는 회수의무자에게 회수에 필요한 추가 조치를 명할 것

(2) 위해화장품의 분류별 등급

위해성 등급	등급 평가 기준
가등급	1. 사용할 수 없는 원료를 사용한 화장품 2. 사용상 제한이 필요한 원료를 사용한도 이상으로 사용한 화장품 3. 사용기준이 지정·고시된 원료 외의 보존제, 색소, 자외선차단제 등을 사용한 화장품
나등급	1. 안전용기·포장 등에 위반되는 화장품 2. 유통화장품 안전관리 기준에 적합하지 아니한 화장품(내용량 및 기능성원료 함량부족 제외)
다등급	1. 전부 또는 일부가 변패된 화장품 2. 병원미생물에 오염된 화장품 3. 이물이 혼입되었거나 부착된 화장품 중 보건위생상 위해를 발생한 우려가 있는 화장품 4. 유통화장품 안전관리 기준에서 기능성화장품의 기능성을 나타나게 하는 주원료 함량이 기준치에 부적합한 화장품(내용량의 기준에 관한 부분은 제외) 5. 사용기한 또는 개봉 후 사용기간(병행 표기된 제조연월일을 포함한다)을 위조·변조한 화장품 6. 화장품제조업자 또는 화장품책임판매업자 스스로 국민보건에 위해를 끼칠 우려가 있어 회수가 필요하다고 판단한 화장품 7. 영업등록을 하지 아니한 자가 제조한 화장품 또는 제조·수입하여 유통·판매한 화장품

위해성 등급	등급 평가 기준
	8. 영업신고를 하지 아니한 자가 판매한 맞춤형화장품 9. 맞춤형화장품조제관리사를 두지 아니하고 판매한 맞춤형화장품 10. 1차포장, 2차포장 기재표시 사항 위반되는 화장품(법 제10조) 11. 소비자에게 판매시 가격을 표시하지 않은 화장품(법 제11조) 12. 기재·표시는 다른 문자 또는 문장보다 쉽게 볼 수 있는 곳에 한글로 기재·표시하여야 하며, 한자 또는 외국어를 함께 기재할 수 있음을 위반한 화장품(법 제12조) 13. 의약품으로 잘못 인식할 우려가 있게 기재·표시된 화장품 14. 판매의 목적이 아닌 제품의 홍보·판매촉진 등을 위하여 미리 소비자가 시험·사용하도록 제조 또는 수입된 화장품을 판매를 목적으로 보관, 진열하거나 소비자에게 판매한 화장품 15. 화장품의 포장 및 기재·표시 사항을 훼손 또는 위조·변조한 화장품(맞춤형화장품 판매를 위하여 필요한 경우는 제외한다.)

TIP

내용량 부족은 위해 화장품에 해당되지 않는다. 다만, 기능성화장품의 기능성 성분 함량부족시 유효성의 문제로 인해 다등급에 해당된다.

(3) 위해화장품의 공표

① 공표

등급	공표방법
가등급 나등급	① 1개 이상의 전국 일반일간신문 게재 ② 해당 영업자의 인터넷 홈페이지에 게재 ③ 식품의약품안전처의 인터넷 홈페이지에 게재 요청
다등급	① 일반일간신문의 게재 생략 ② 해당 영업자의 인터넷 홈페이지에 게재 ③ 식품의약품안전처의 인터넷 홈페이지에 게재 요청

- 공표 내용
  ㉠ 화장품을 회수한다는 내용의 표제 : "화장품법 제5조의2에 따라 아래의 화장품을 회수합니다."
  ㉡ 제품명
  ㉢ 회수대상화장품의 제조번호

ㄹ. 사용기한 또는 개봉 후 사용기간(병행 표기된 제조연월일을 포함한다)
ㅁ. 회수 사유
ㅂ. 회수 방법
ㅅ. 회수하는 영업자의 명칭
ㅇ. 회수하는 영업자의 전화번호, 주소, 그 밖에 회수에 필요한 사항
ㅈ. 그 밖의 사항 : 회수관련협조요청
- 해당 회수화장품을 보관하고 있는 판매자는 판매를 중지하고 회수영업자에게 반품하여 주시기 바랍니다.
- 해당 회수화장품을 구입한 소비자는 구입한 업소에 되돌려 주시는 등 회수에 협조하여 주시기 바랍니다.

② 공표를 한 영업자는 다음 각 호의 사항이 포함된 공표 결과를 지방식품의약품안전청장에게 통보하여야 한다.
ㄱ. 공표일
ㄴ. 공표매체
ㄷ. 공표횟수
ㄹ. 공표문 사본 또는 내용

③ 회수 의무자가 회수 대상화장품을 회수 완료한 경우에는 공표를 생략할 수 있다.

> **위해화장품의 회수절차**
> 판매중지 → 회수계획서 제출 → 공표 및 회수통보 → 공표결과통보(식약청장) → 위해화장품회수(반품, 회수확인서) → 폐기신청서 제출(회수통보자료와 폐기신청서는 2년간 보관) → 회수종료 신고서

구분	1차 위반	2차 위반	3차 위반	4차 이상 위반
법 제5조의2제1항(안전용기포장, 영업의 금지, 판매등의 금지)을 위반하여 회수 대상 화장품을 회수하지 않거나 회수하는 데에 필요한 조치를 하지 않은 경우	판매 또는 제조업무 정지 1개월	판매 또는 제조업무 정지 3개월	판매 또는 제조업무 정지 6개월	등록 취소
법 제5조의2제2항을 위반하여 회수계획을 보고하지 않거나 거짓으로 보고한 경우	판매 또는 제조업무 정지 1개월	판매 또는 제조업무 정지 3개월	판매 또는 제조업무 정지 6개월	등록 취소

구분	1차 위반	2차 위반	3차 위반	4차 이상 위반
화장품책임판매업자가 법 제9조에 따른 화장품의 안전용기·포장에 관한 기준을 위반한 경우	해당품목 판매업무 정지 3개월	해당품목 판매업무정지 6개월	해당품목 판매업무 정지 12개월	
기능성화장품에서 기능성을 나타나게 하는 주원료의 함량이 기준치보다 부족한 경우				
① 주원료의 함량이 기준치보다 10퍼센트 미만 부족한 경우	해당품목 제조 또는 판매업무 정지 15일	해당품목 제조 또는 판매업무 정지 1개월	해당품목 제조 또는 판매업무 정지 3개월	해당품목 제조 또는 판매업무 정지 6개월
② 주원료의 함량이 기준치보다 10퍼센트 이상 부족한 경우	해당품목 제조 또는 판매업무 정지 1개월	해당품목 제조 또는 판매업무 정지 3개월	해당품목 제조 또는 판매업무 정지 6개월	해당품목 제조 또는 판매업무 정지 12개월
③ 그밖의 기준에 적합하지 않은 화장품				

(4) 행정처분

> 제14조의4(행정처분의 감경 또는 면제)
> 1) 계획량의 5분의 4 이상을 회수한 경우 : 그 위반행위에 대한 행정처분을 면제
> 2) 수계획량 중 일부를 회수한 경우 : 다음 각 목의 어느 하나에 해당하는 기준에 따라 행정처분을 경감
>   ① 회수계획량의 3분의 1 이상을 회수한 경우(제1호의 경우는 제외한다)
>   ㉠ 등록취소인 경우에는 업무정지 2개월 이상 6개월 이하의 범위에서 처분
>   ② 업무정지 또는 품목의 제조·수입·판매 업무정지인 경우에는 정지처분기간의 3분의 2 이하의 범위에서 경감
>   ③ 회수계획량의 4분의 1 이상 3분의 1 미만을 회수한 경우
>   ㉠ 등록취소인 경우에는 업무정지 3개월 이상 6개월 이하의 범위에서 처분
>   ㉡ 업무정지 또는 품목의 제조·수입·판매 업무정지인 경우에는 정지처분기간의 2분의 1 이하의 범위에서 경감

7.2 인체적용제품의 위해성평가 등에 관한 규정

(1) 정의

① 인체적용제품 : 사람이 섭취·투여·접촉·흡입 등을 함으로써 인체에 영향을 줄 수 있는 것으로서 다음 각 목의 어느 하나에 해당하는 제품을 말한다.
  ㉠ 「식품위생법」 따른 식품, 식품첨가물, 기구 또는 용기·포장

- ⓒ 「농수산물 품질관리법」 따른 농수산물 및 농수산가공품
- ⓓ 「축산물 위생관리법」 따른 축산물
- ⓔ 「건강기능식품에 관한 법률」 따른 건강기능식품
- ⓕ 「약사법」 따른 의약품, 한약, 한약제제 및 의약외품
- ⓖ 「화장품법」 따른 화장품
- ⓗ 「의료기기법」 따른 의료기기
- ⓘ 「위생용품 관리법」 따른 위생용품
- ⓙ 그밖에 식품의약품안전처장이 소관 법률에 따라 관리하는 제품

② 독성: 인체적용제품에 존재하는 위해요소가 인체에 유해한 영향을 미치는 고유의 성질을 말한다.

③ 위해요소: 인체의 건강을 해치거나 해칠 우려가 있는 화학적·생물학적·물리적 요인을 말한다.

④ 위해성: 인체적용제품에 존재하는 위해요소에 노출되는 경우 인체의 건강을 해칠 수 있는 정도를 말한다.

⑤ 위해성평가: 단일 또는 2종 이상의 인체적용제품에 존재하는 위해요소가 인체의 건강을 해치거나 해칠 우려가 있는지 여부와 그 정도를 과학적으로 평가하는 일련의 과정을 말한다.

⑥ 통합위해성평가: 인체적용제품에 존재하는 위해요소가 다양한 매체와 경로를 통하여 인체에 미치는 영향을 종합적으로 평가하는 것을 말한다.

⑦ 인체노출 안전기준: 단일 또는 2종 이상의 인체적용제품에 존재하는 위해요소에 노출되었을 경우 인체에 유해한 영향이 나타나지 않는 것으로 판단되는 기준을 말한다.

(2) 위해성평가 위원회

식품의약품안전처장은 다음 각 호의 사항을 자문하기 위하여 위해성평가위원을 둔다.
① 위해성평가의 방법
② 위해성평가 결과의 교차검증
③ 독성시험의 절차·방법
④ 그 밖에 위해성평가 등에 관하여 식품의약품안전처장이 자문을 요구하는 사항

■ 위원회의 구성
① 위원장 1명을 포함한 20명 이내의 위원으로 구성
② 위원회의 위원장은 식품의약품안전평가원장이 되며 위원은 다음 각 호의 어느 하나에 해당하는 자 중에서 식품의약품안전처장이 위촉하거나 지명한다.
　　㉠ 위해성평가 분야에 관한 학식과 경험이 풍부한 자
　　㉡ 식품의약품안전처 또는 식품의약품안전평가원의 공무원
　　㉢ 그 밖에 식품의약품안전처장이 제3조의 자문을 위하여 필요하다고 인정하는 자
③ 위원회의 사무를 처리하기 위하여 위언회에 간사 1명을 두며 간사는 식품의약품안전처 또는 식품의약품안전평가원 소속 공무원 중에서 식품의약품안전처장이 지명한다.
④ 위원회는 제3조에 따른 자문사항을 전문적으로 검토하기 위하여 분야별로 전문위원회를 둘 수 있다.

📋 TIP

위해성평가위원회 위원장의 자격을 알아야 한다.

위해성평가 위원의 임기
위해성평가 위원의 임기는 2년으로 하되 공무원인 위원은 그 직위에 재직하는 기간동안 재임한다. 다만, 보궐위원의 임기는 전임위원 임기의 남은 기간으로 한다.

(3) 위해성평가 수행
① 위해성평가의 대상
　　㉠ 식품의약품안전처장은 인체적용제품이 다음 각 호의 어느 하나에 해당하는 경우에는 위해성평가의 대상으로 선정할 수 있다.
　　　　㉮ 국제기구 또는 외국정부가 인체의 건강을 해칠 우려가 있다고 인정하여 판매하거나 판매할 목적으로 생산·판매 등을 금지한 인체적용제품
　　　　㉯ 새로운 원료 또는 성분을 사용하거나 새로운 기술을 적용한 것으로서 안전성에 대한 기준 및 규격이 정해지지 아니한 인체적용제품
　　　　㉰ 그 밖에 인체의 건강을 해칠 우려가 있다고 인정되는 인체적용제품

ⓛ 인체적용제품의 위해성평가에서 평가하여야 할 위해요소는 다음과 같다.
㉮ 「식품위생법 시행령」
㉯ 「축산물 위생관리법 시행령」
㉰ 「유전자변형농수산물의 표시 및 농수산물의 안전성조사 등에 관한 규칙」
㉱ 그 밖에 인체적용제품의 제조에 사용된 성분, 화학적 요인, 물리적 요인, 미생물적 요인 등

② 위해성평가의 수행
㉠ 식품의약품안전처장은 제11조(위해성평가의 대상)에 따라 선정한 인체적용제품에 대하여 다음 각 호의 순서에 따른 위해성평가 방법을 거쳐 위해성평가를 수행하여야 한다. 다만, 위원회의 자문을 거쳐 위해성평가 관련 기술 수준이나 위해요소의 특성 등을 고려하여 우해성평가의 방법을 다르게 정하여 수행할 수 있다.
㉮ 위해요소의 인체 내 독성 등을 확인하는 위험성확인과정
㉯ 인체가 위해요소에 노출되었을 경우 유해한 영향이 나타나지 않는 것으로 판단되는 인체노출 안전 기준을 설정하는 위험성결정과정
㉰ 인체가 위해요소에 노출되어 있는 정도를 산출하는 노출평가과정
㉱ 위해요소가 인체에 미치는 위해성을 종합적으로 판단하는 위해도결정과정

■ 위해도 결정
• 위험성 결정과 노출평가 결과 얻어진 노출량을 비교하여 노출에 따른 사람에서 위해영향의 발생 가능성을 추정하는 과정이다.
• 화장품 사용으로 인한 평가대상 물질의 노출로 위해 영향을 야기할 가능성은 안전역(MOS, Margin of Safety)으로 나타낸다(SCCS/1564/15).
안전역(MOS)=NOAEL/SED
  * SED=Systemic Exposure Dosage, 전신노출량 NOAEL = no observed adverse effect level, 무독성량, 인체에 유해한 영향을 미치지 않는 최대 투여량
• 일반적으로 안전역(MOS)을 계산한 값이 동물실험 데이터는 100 이상, 인체 시험 데이터는 10 이상이면 위해영향이 발생할 가능성이 낮다고 판정할 수 있다.

ⓛ 식품의약품안전처장은 다양한 경로를 통해 인체에 영향을 미칠 수 있는 위해요

소에 관하여는 통합위해성평가를 수행할 수 있다. 이때, 필요한 경우 관계 중앙행정기관의 협조를 받아 통합위해성평가를 수행할 수 있다.

ⓒ 현재의 과학기술 수준 또는 자료 등의 제한이 있거나 신속한 위해성평가가 요구될 경우 인체적용제품의 위해성평가는 다음 각 호와 같이 실시할 수 있다.

㉮ 위해요소의 인체 내 독성 등 확인과 인체노출 안전기준 설정을 위하여 국제기구 및 신뢰성 있는 국내·외 위해성평가기관 등에서 평가한 결과를 준용하거나 인용할 수 있다.

㉯ 인체노출 안전기준의 설정이 어려울 경우 위해요소의 인체 내 독성 등 확인과 인체의 위해요소 노출 정도만으로 위해성을 예측할 수 있다.

㉰ 인체적용제품의 섭취, 사용 등에 따라 사망 등의 위해가 발생하였을 경우 위해요소의 인체 내 독성 등의 확인만으로 위해성을 예측할 수 있다.

㉱ 인체의 위해요소 노출 정도를 산출하기 위한 자료가 불충분하거나 없는 경우 활용 가능한 과학적 모델을 토대로 노출 정도를 산출할 수 있다.

㉲ 특정집단에 노출 가능성이 클 경우 어린이 및 임산부 등 민감집단 및 고위험집단을 대상으로 위해성 평가를 실시할 수 있다.

ⓓ 화학적 위해요소에 대한 위해성은 물질에 특성에 따라 위해지수, 안전역 등으로 표현하고 국내·외 위해성평가 결과 등을 종합적으로 비교·분석하여 최종 판단한다.

ⓔ 미생물적 위해요소에 대한 위해성은 미생물 생육 예측 모델 결과값, 용량-반응 모델 결과값 등을 이용하여 인체 건강에 미치는 유해영향 발생 가능성 등을 최종 판단한다.

ⓕ 식품의약품안전처장은 위해성평가 결과에 대한 교차검증을 위하여 위원회의 자문을 받을 수 있다.

ⓖ 식품의약품안전처장은 전문적인 위해성평가를 위하여 식품의약품안전평가원을 위해성평가 전문기관으로 한다.

> **TIP**
>
> 위해성평가의 실시 순서를 반드시 숙지하고 위해노출 대상의 범위를 알아야 한다.

(4) 독성시험의 실시

① 식품의약품안전처장은 위해성평가에 필요한 자료를 확보하기 위하여 독성의 정도를 동물실험 등을 통하여 과학적으로 평가하는 독성시험을 실시할 수 있다.

② 독성시험은 「의약품등 독성시험기준」 또는 경제협력개발기구(OECD)에서 정하고 있는 독성시험방법에 따라 다음 각 호와 같이 실시한다. 다만, 필요한 경우 위원회의 자문을 거쳐 독성시험의 절차·방법을 다르게 정할 수 있다.

    ㉠ 독성시험 대상물질의 특성, 노출경로 등을 고려하여 독성시험항목 및 방법 등을 선정한다.

    ㉡ 독성시험 절차는 「비임상시험관리기준」에 따라 수행한다.

    ㉢ 독성시험결과에 대한 독성병리 전문가 등의 검증을 수행한다.

③ 의견청취

    ㉠ 식품의약품안전처장은 위해성평가 과정에서 필요한 경우 관계 전문가의 의견을 청취할 수 있다.

    ㉡ 식품의약품안전처장은 위해성평가의 수행에 필요한 자료를 국내·외 관련 전문기관, 대학, 학회 등에 요청할 수 있다.

④ 외부기관의 위해성평가 요청 등

    ㉠ 식품의약품안전처장은 소비자단체, 학회 등이 위해성평가를 요청한 인체적용제품에 대하여 관련 법령에 따라 인체의 건강을 해칠 우려가 있는지 여부를 심의할 수 있다.

    ㉡ 식품의약품안전처장은 심의를 위하여 필요한 경우 요청단체에 다음 자료를 요구할 수 있다.

    ㉮ 위해발생 또는 위해의 가능성에 대한 객관적 입증 자료

    ㉯ 위해요소와 그 대상 인체적용제품의 종류 및 위해요소 검출수준

    ㉰ 국제식품규격위원회 등 국제기구나 제외국의 규제현황 및 위해성평가 결과

    ㉱ 기타 위해성평가에 필요한 자료

    ㉢ 식품의약품안전처장은 위해성평가를 실시함에 있어 요청단체에 필요한 자료를 보완 요청할 수 있다.

⑤ 위해성평가 결과의 보고

    ㉠ 식품의약품안전처장은 위해성평가가 완료되면 요약·위해성평가의 목적·범

위·내용·방법·결론·참고 문헌 등을 포함한 결과보고서를 작성하여야 한다.
ⓒ 식품의약품안전처장은 위해성평가 결과에 대한 심의·의결 등 다른 법령에 정한 절차가 있는 경우에는 그 법령이 정하는 바에 따른다.

기출문제

1. 식품의약품안전처장이 고시한 「천연화장품 및 유기농화장품의 기준에 관한 규정」에 따라 천연화장품과 유기농화장품에 사용할 수 없는 보존제는?

    ① 벤조익애씨드 및 그 염류(Benzoic Acid and its salts)
    ② 벤잘알코올(Benzoic Alcohol)
    ③ 소르빅애씨드 및 그 염류(Sorbic Acid and its salts)
    ④ 살리실릭애씨드 및 그 염류(Salicylic Acid and its salts)
    ⑤ 페녹시에탄올(Phenoxyethanol)

2. 화장품 원료에대한 성상을 설명한 것 중에서 옳지 않은 것은?

    ① 실리실릭애씨드(saltcylic acid): 백색의 결정성 가루로 냄새는 없다.
    ② 나이아신아마이드(niacinamide): 백색의 결정 또는 결정성 가루로 냄새는 없다.
    ③ 알부틴(arbutin): 미황색 ~ 황색의 가루로 약간의 특이한 냄새가 있다.
    ④ 징크피리치온(zinc pyrithione): 적색을 띤 회백색의 가루로 냄새는 없다.
    ⑤ 징크피치리온 액(50%)(zinc pyrithione solu-tion(50%)): 희색의 수성현탁제로 약간 특이한 냄새가 있다

3. 화장품 원료 명칭과 비타민 명칭이 옳지 않게 짝지어진 것은?

    ① 토코페롤(tocopherol) - 비타민 E
    ② 아스코르빅애씨드(ascorbic acid) - 비타민 C
    ③ 판테놀(panthenol) - 비타민 B5
    ④ 피리독신에이치씨엘(pyridoxine HCL) - 비타민 B6
    ⑤ 레티놀(retinol) - 비타민 D

4. 자외선 차단 기능성화장품과 관련된 설명 중 옳은 것은?

    ① 최소홍반량은 UVA를 사람의 피부에 조사 후 일정시간 범위 내에 조사영역의 전 영역에 홍반을 나타낼 수 있는 최소한의 자외선 조사량이다.
    ② 최소지속형즉시흑화량은 UVB를 피부에 조사한 후 2~24시간 내 희미한 흑화가 인식되는 최소 자외선 조사량을 말한다.
    ③ 자외선차단지수(SPF)는 UVB를 차단하는 제품의 차단지수를 나타나는 지수이다.
    ④ 자외선차단지수(SPF)는 자외선차단제품을 도포하지 않고 얻은 최소홍반량을 자외선차단제품을 도포하여 얻은 최소홍반량으로 나눈 값이다.

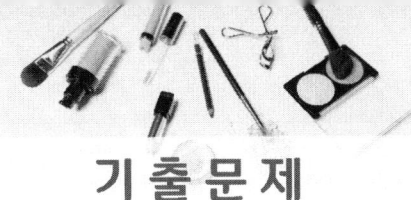

기출문제

제2과목 화장품 제조 및 품질관리

⑤ 자외선A 차단지수(PA)가 8이상이면 PA++++으로 표시한다.

5. 식품의약품안전처장이 고시한「화장품 안전기준 등에 관한 규정」에 따른 자외선 차단성분의 사용한도로 옳은 것은?

① 에필헥실메톡시신나이메이트 7%
② 벤조페논-3%(옥시벤존) 7%
③ 옥토크릴렌 10%
④ 티타늄디옥사이드 20%
⑤ 호모살레이트 5%

6. 〈보기〉는 염모제에 대한 사용 시의 주의사항이다. ㉠에 공통으로 들어가는 적합한 단어는?

〈보기〉
염색 전 2일전(48시간)에는 다음의 순서에 따라 매회 반드시(㉠)를(을) 실시하여 주십시오. (㉠)의 결과, 이상이 발생한 경험이 있는 분들은 사용하지 마십시오. 사용 후 피부나 신체가 과민상태로 되거나 피부이상반응(부종, 염증 등)이 일어나거나, 현재의 증상이 악화될 가능성이 있습니다.

① 안전성 테스트
② 안정성 테스트
③ 패치 테스트
④ 누적첩포 테스트
⑤ 사용 테스트

7. 맞춤형화장품조제관리사가 보습에센스 100g을 만들었다. 여기에 향료를 0.2% 배합하였다. 다음은 그 향료의 조성목록이다. 향료로 표기하지 않고 따로 알레르기 유발물질로서 기재해야 하는 것을 모두 고른 것은?

- 에탄올-10%
- 리모넨-10%
- 1,2-헥산다이올-5%
- 리날룰-5%
- 시트랄-1%
- 벤질알코올 0.1%

① 에탄올, 리모넨, 1,2-헥산다이올
② 에탄올, 1,2-헥산다이올, 리날룰
③ 리모넨, 리날룰, 시트랄
④ 리모넨, 리날룰, 벤질알코올
⑤ 1,2-헥산다이올, 리날룰, 벤질알코올

8. 식품의약품안전처장이 고시한 「화장품 안전기준 등에 관한 규정」에 따라 다음 중 화장품에 사용할 수 없는 알코올류는?

   ① 벤질알코올
   ② 클로로부탄올
   ③ 2,2-디브로모-2-니트로에탄올
   ④ 이소프로필메칠페놀
   ⑤ 2.4-디클로로벤잘알코올

9. 식품의약품안전처고시「화장품 사용 시의 주의사항 및 알레르기 유발성분 표시에 관한 규정」에 따라, 신남알 계열로서 알레르기 유발 성분이 아닌 것은?

   ① 신남알
   ② 헥실시남알
   ③ 신나밀 알코올
   ④ 아밀신나밀 알코올
   ⑤ 브로모신남알

10. 다음 중 「화장품 안전기준 등에 관한 규정」에 따라 맞춤형화장품조제관리사 미영씨는 영유아 로션을 조제하고자 한다. 다음〈보기〉중 사용할 수 있는 성분을 모두 고르시오

    <보기>
    ㄱ. 페녹시에탄올
    ㄴ. 살리실릭애씨드
    ㄷ. 메틸파라벤
    ㄹ. 아이오도프로피닐부틸카바메이트(IPBC)
    ㅁ. 1,2-헥산다이올

    ① ㄱ
    ② ㄱ, ㄴ
    ③ ㄷ
    ④ ㄷ, ㄹ
    ⑤ ㅁ

11. 다음 중 천연화장품 및 유기농화장품 제조 시 허용되는 공정이 아닌 것은?

    ① 알킬화(Alkylation)
    ② 에스텔화(Esterification)
    ③ 비누화(Saponification)
    ④ 설폰화(Sulphonation)
    ⑤ 오존분해(Ozonolysis)

기출문제

제2과목 화장품 제조 및 품질관리

12. 다음은 「천연화장품 및 유기농화장품의 기준에 관한 규정」에 대한 내용이다. 옳은 것으로 짝지어진 것은?

<보기>
ㄱ. "유기농원료"란 「친환경농어업 육성 및 유기 식품 등의 관리·지우너에 관한 법률」에 다른 유기농수산물 또는 이를 이 고시에서 허용하는 화학적 공정에 따라 가공한 것
외국정부(미국, 유럽연합, 일본 등)에서 정한 기준에 따른 인증기관으로부터 유기농수산물로 인정받거나 이를 이 고시에서 허용하는 화학적 공정에 따라 가공한 것
국제유기농업운동연맹(IFOAM)에 등록된 인증기관으로부터 유기농 원료로 인증받거나 이를 이 고시에서 허용하는 화학적 공정에 따라 가공한 것
ㄴ. "식물 원료"란 식물(해조류와 같은 해양식물, 버섯과 같은 균사체 제외) 그 자체로서 가공하지 않거나, 이 식물을 가지고 이 고시에서 허용하는 물리적 공정에 따라 가공한 화장품 원료를 말한다.
ㄷ. "미네랄 원료"란 지질학적 작용에 의해 자연적으로 생성된물질을 가지고 이 고시에서 허용하는 물리적 공정에 따라 가공한 화장품 원료를 말한다. 다만, 화석연료로부터 기원한 물질은 제외한다.
ㄹ. "동물에서 생산된 원료, 동물성원료"란 동물 그 자체(세포, 조직, 장기)는 제외하고 동물로부터 자연적으로 생산되는 것으로서 가공하지 않거나, 이 동물로부터 자연적으로 생산되는 것으로서 가지고 이 고시에서 허용하는 물리적 또는 생물학적 공정에 따라 가공한 화장품 원료를 말한다.
ㅁ. 천연화장품 또는 유기농화장품으로 표시·광고하여 제조, 수입 및 판매할 경우 이 고시에 적합함을 입증하는 자료를 구비하고, 제조일(수입일 경우 통관일)로부터 3년 또는 사용기한 경과 후 1년 중 긴 기간 동안 보존하여야 한다.

① ㄱ, ㄴ, ㄷ
② ㄱ, ㄴ, ㄹ
③ ㄴ, ㄷ, ㄹ
④ ㄷ, ㄹ, ㅁ
⑤ ㄱ, ㄹ, ㅁ

13. 천연화장품 및 유기농화장품에 사용 가능한 보존제 및 변성제로 짝지어지지 않은 것은?

① 이소프로필알코올, 벤조익애씨드
② 벤질알코올, 데나토늄벤조에이트
③ 살리실릭애씨드, 테트라소듐글루타메이트디아세테이드
④ 3급부틸알코올, 데하이드로아세틱애씨드
⑤ p-하이드록시벤조익애씨드, 소듐벤조에이트

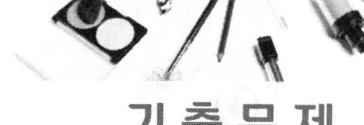

14. 다음은 식품의약품안전처고시 「기능성화장품 심사에 관한 규정」[별표4]에서 고시하고 있는 기능성 성분들이다. 기능-성분명-최대사용함량을 짝지은 것 중 옳은 것은?

   ① 미백에 도움-아데노신-0.05%
   ② 모발 색상변화-톨루엔-2.5-디아민-3.8%
   ③ 주름개선-폴리에톡실레이티드레틴아마이드-0.05%~02%
   ④ 미백에 도움-아스코빌글루코사이드-2.0~5.0%
   ⑤ 여드름 피부 완화-치오글리콜산 80%-3.0~4.5%

15. 다음 중 화장품색소에 대한 정의로 옳은 것은?

   ① "타르색소"라 함은 화장품에 사용할 수 있는 색소중 콜타르, 그 중간생성물에서 유래되었거나 유기합성하여 얻은 색소로 그 레이크, 염, 화석제와의 혼합물은 제외한다.
   ② "순색소"라 함은 중간체, 희석제, 기질 등을 포함하지 아니한 순수한 색소를 말한다.
   ③ "레이크"라 함은 타르색소의 나트륨, 칼륨, 알루미늄, 바륨, 칼슘, 스트론튬 또는 지르코늄염을 기질에 흡착, 공침 또는 단순한 혼합이 아닌 물리적 결합에 의하여 확산시킨 색소를 말한다.
   ④ "희석제"라 함은 레이크 제조 시 순색소를 확산시크는 목적으로 사용되는 물질을 말하며 알루미나, 브랭크휙스, 크레이, 이산화티탄, 산화아연, 탤크, 로진, 벤조산알루미늄, 탄산칼슘 등의 단일 또는 혼합물을 사용한다.
   ⑤ "기질"이라 함은 색소를 용이하게 사용하기 위하여 혼합되는 성분을 말한다.

16. 치오글라이콜릭애씨드 또는 그 염류를 주성분으로 하는 냉2욕식 퍼머넌트 웨이브용 제품을 구성하는 제1제, 제2제 각각의 주성분으로 옳은 것은?

	제1제	제2제
①	치오글라이콜릭애씨드	트리클로산
②	치오글라이콜릭애씨드	브롬산나트륨
③	치오글라이콜릭애씨드	요오드액
④	치오글라이콜릭애씨드	과산화수소
⑤	요오드액	브롬산나트륨

기출문제

제2과목 화장품 제조 및 품질관리

17. 식품의약품안전처고시 「기능성화장품 기준 및 시험방법」에 따라 알부틴 로션제 제형의 기능성 화장품을 제조 후 1ppm 이하로 검출되어야 하는 성분은 무엇인가?

① 감광소
② 히드로퀴논
③ 페닐파라벤
④ 메틸이소치아졸리논
⑤ 아스코빅애씨드

18. 〈보기〉에서 체질안료를 모두 고르시오.

<보기>
ㄱ. 탄산칼슘   ㄴ. 황색 산화철   ㄷ. 탤크
ㄹ. 옥시염화비스머스   ㅁ. 티타늄다이옥사이드

① ㄱ, ㄷ
② ㄷ
③ ㄴ, ㄹ
④ ㄷ, ㄹ
⑤ ㅁ

19. 맞춤형화장품조제관리사 A씨는 맞춤형화장품판매업소에 찾아온 손님에게 폼 클렌저를 조제해 주었다. A씨가 손님에게 해야할 설명으로 옳지 않은 것은? 다음 〈보기〉는 해당 폼클렌저의 전성분이다.(단, 사용상의 제한이 필요한 원료가 최대 사용한도로 사용되었으며, 모든 성분의 함량이 높은 순서대로 전성분표기 되었다.)

<보기>
전성분: 정제수, 글리세린, 미리스틱애씨드, 소듐하이드록사이드, 글리세릴스테아레이트에스이, 코카미드디이에이, 프로필렌글라이코, 윗점오일, 비즈왁스, 코카미도프로필베타인, 피이지-60하이드로제네이티드캐스터오일, 페녹시에탄올, 라놀린, 소듐클로라이드, 클로페네신, 토코페릴아세테이트, 에탄올, 다이소듐이디티에이, 미네랄오일

① 해당 제품에 소듐클로라이드가 0.3~1.0% 포함되어있으며, 해당 제품의 pH는 11이하이여야 한다.
② 윗점오일은 식물성오일로 밀의 배아에서 추출했으며 비타민 E와 필수지방산이 풍부하다.
③ 미네랄오일은 광물성 오일로 유동파라핀으로도 불리며 쉽게 산화되지 않고 무색, 무취로 유화되기 쉬운 오일이다.

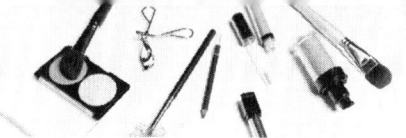

④ 해당 제품에는 양쪽성계면활성제가 비이온계면활성제보다 더 많이 들어있다.
⑤ 라놀린은 왁스류이고 천연 원료에서 석유화학 용제를 이용하여 추출할 경우 천연화장품에 사용할 수 있는 원료이다.

20. 다음 화장품원료의 그 특성과 성분이 옳게 짝지어지지 않은 것은?

주요성분	특성	대표적성분
① 살균제	• 미생물 살균 • 양이온성 계면활성제	4급암모늄 화합물, 알코올류 알데히드류, 세테아디모늄클로라이드
② 점증제	• 에멀전의 안정상 강화 • 액제의 점증을 높임	소듐카복시메틸셀룰로오스, 폴리비닐알코올, 카보머, 잔탄검, 셀룰로오즈 유도체 등
③ 계면활성제	• 세정제의 주요성분 • 이물제거의 기능	소듐라우릴설페이트, 암모늄라우릴셀페이트, 칼슘카보네이트, 비누
④ 용제	• 물질을 용해시킨다.	알코올, 글리콜, 벤질알코올
⑤ 금속이온봉쇄제	• 금속이온의 작용을 억제, 세정제의 기포를 안정화시킴	소듐트리포스페이트, 쇼듐사이트레이트, EDTA

정답

1. ⑤ 2. ④ 3. ⑤ 4. ③ 5. ③ 6. ③ 7. ③ 8. ② 9. ① 10. ⑤
11. ④ 12. ④ 13. ⑤ 14. ③ 15. ② 16. ② 17. ② 18. ① 19. ④ 20. ③

제3과목

유통화장품 안전관리

1. 작업장 위생관리

1.1 작업장의 위생관리

(1) 우수화장품 제조 및 품질관리기준」(Cosmetic Good Manufacturing Practice, "CGMP")

① 목적 : 우수화장품 제조 및 품질관리 기준에 관한 세부사항을 정하고, 이를 이행하도록 권장함으로써 우수한 화장품을 제조·공급하여 소비자보호 및 국민 보건 향상에 기여함.

CGMP는 품질이 보장된 우수한 화장품을 제조·공급하기 위한 제조 및 품질관리에 관한 기준으로서 직원, 시설·장비 및 원자재, 반제품, 완제품 등의 취급과 실시방법을 정한 것

② CGMP 3대 요소
  ㉠ 인위적인 과오의 최소화
  ㉡ 미생물오염 및 교차오염으로 인한 품질저하 방지
  ㉢ 고도의 품질관리체계 확립

■ 용어정리

1. <삭 제>
2. "제조"란 원료 물질의 칭량부터 혼합, 충전(1차포장), 2차포장 및 표시 등의 일련의 작업을 말한다.
3. <삭 제>
4. "품질보증" 이란 제품이 적합 판정 기준에 충족될 것이라는 신뢰를 제공하는데 필수적인 모든 계획되고 체계적인 활동을 말한다.
5. "일탈"이란 제조 또는 품질관리 활동 등의 미리 정하여진 기준을 벗어나 이루어진 행위를 말한다.
6. "기준일탈 (out-of-specification)" 이란 규정된 합격 판정 기준에 일치하지 않는 검사, 측정 또는 시험결과를 말한다.
   • 일탈, 기준일탈 (out of specification)
     일탈(Deviations)은 규정된 제조 또는 품질관리활동 등의 기준(예시 : 기준서, 표준작업지침(Standard Operating Procedures) 등)을 벗어나 이루어진 행위이다.
   • 기준일탈 (Out of specification)이란 어떤 원인에 의해서든 시험결과가 정한 기준값 범위를 벗어난 경우이다. 기준일탈은 엄격한 절차를 마련하여 이에 따라 조사하고 문서화 하여야 한다.
     즉, 일탈(Deviations) 과 기준일탈 (out of specification)은 정해진 기준이나 규정된 제조 또

는 품질관리활동을 벗어난 것을 의미하며, 업체의 상황에 따라 혼용 또는 분리해서 사용이 가능하며, 이러한 사항들을 규정화하여 필요시 적절한 조치 후 문서화하는 것이 중요하다.

7. "원료"란 벌크 제품의 제조에 투입하거나 포함되는 물질을 말한다.
8. "원자재"란 화장품 원료 및 자재를 말한다.
   ☞ 원자재 : 화장품 제조 시 사용된 원료, 용기, 포장재, 표시재료, 첨부문서 등을 말한다.
9. "불만"이란 제품이 규정된 적합판정기준을 충족시키지 못한다고 주장하는 외부 정보를 말한다.
10. "회수"란 판매한 제품 가운데 품질 결함이나 안전성 문제 등으로 나타난 제조번호의 제품(필요시 여타 제조번호 포함)을 제조소로 거두어들이는 활동을 말한다.
11. "오염"이란 제품에서 화학적, 물리적, 미생물학적 문제 또는 이들이 조합되어 나타내는 바람직하지 않은 문제의 발생을 말한다.
12. "청소"란 화학적인 방법, 기계적인 방법, 온도, 적용시간과 이러한 복합된 요인에 의해 청정도를 유지하고 일반적으로 표면에서 눈에 보이는 먼지를 분리, 제거하여 외관을 유지하는 모든 작업을 말한다.
13. "유지관리"란 적절한 작업 환경에서 건물과 설비가 유지되도록 정기적·비정기적인 지원 및 검증 작업을 말한다.
14. "주요 설비"란 제조 및 품질 관련 문서에 명기된 설비로 제품의 품질에 영향을 미치는 필수적인 설비를 말한다.
15. "교정"이란 규정된 조건 하에서 측정기기나 측정 시스템에 의해 표시되는 값과 표준기기의 참값을 비교하여 이들의 오차가 허용범위 내에 있음을 확인하고, 허용범위를 벗어나는 경우 허용범위 내에 들도록 조정하는 것을 말한다.
16. "제조번호" 또는 "뱃치번호"란 일정한 제조단위분에 대하여 제조관리 및 출하에 관한 모든 사항을 확인할 수 있도록 표시된 번호로서 숫자·문자·기호 또는 이들의 특정적인 조합을 말한다.
    ☞ 제조번호
    품질의 균질성을 가진 집단을 일정한 제조단위분에 대하여 제조관리 및 출하에 관한 모든 사항을 확인할 수 있도록 표시된 번호로서 숫자·문자·기호 또는 이들의 특정적인 조합을 말한다. 이 번호로 추적관리가 가능하도록 해야 한다. 번호를 부여하는 방법에는 일정한 체계가 있어야 하며 그 체계는 사내규정으로 정한다.
17. "반제품"이란 제조공정 단계에 있는 것으로서 필요한 제조공정을 더 거쳐야 벌크 제품이 되는 것을 말한다.
18. "벌크 제품"이란 충전(1차포장) 이전의 제조 단계까지 끝낸 제품을 말한다.
    ☞ 반제품, 벌크제품 : "반제품"이란 제조공정 단계에 있는 것으로서 필요한 제조공정을 더 거쳐야 벌크제품이 되는 것을 말하며, "벌크제품"이란 충전(1차포장) 이전의 제조 단계까지 끝낸 제품을 말한다.
19. "제조단위" 또는 "뱃치"란 하나의 공정이나 일련의 공정으로 제조되어 균질성을 갖는 화장품의 일정한 분량을 말한다.
    ☞ 제조단위 또는 뱃치 : 제품의 경우 어떠한 그룹을 같은 제조단위 또는 뱃치로 하기 위해서는 그 그룹이 균질성을 갖는다는 것을 나타내는 과학적 근거가 있어야 한다. 과학적 근거란 몇 개의 소(小) 제조단위를 합하여 같은 제조단위로 할 경우에는 동일한 원료와 자재를 사용하고 제조조건이 동일하다는 것을 나타내는 근거를 말하며, 또 동일한 제조공정에 사용되는 기계가 복수일 때

에는 그 기계의 성능과 조건이 동일하다는 것을 나타내는 것을 말한다.
20. "완제품"이란 출하를 위해 제품의 포장 및 첨부문서에 표시공정 등을 포함한 모든 제조공정이 완료된 화장품을 말한다.
21. "재작업"이란 적합 판정기준을 벗어난 완제품, 벌크제품 또는 반제품을 재처리하여 품질이 적합한 범위에 들어오도록 하는 작업을 말한다.
22. "수탁자"는 직원, 회사 또는 조직을 대신하여 작업을 수행하는 사람, 회사 또는 외부 조직을 말한다.
    ☞ 수탁자 : 제조 및 품질관리 관련하여 공정 또는 시험의 일부를 위탁할 수 있다. 이렇게 직원, 회사 또는 조직을 대신하여 작업을 수행하는 사람, 회사 또는 외부조직을 수탁자라고 한다. 단, 공정의 경우에는 수탁 업체의 주기적이고 적절한 평가방안을 마련하여 관리하여야 하며, 시험기관에 대하여는 「화장품법 시행규칙」 제6조제2항제2호에 해당하는 기관이어야 한다.
23. "공정관리"란 제조공정 중 적합판정기준의 충족을 보증하기 위하여 공정을 모니터링하거나 조정하는 모든 작업을 말한다.
24. "감사"란 제조 및 품질과 관련한 결과가 계획된 사항과 일치하는지의 여부와 제조 및 품질관리가 효과적으로 실행되고 목적 달성에 적합한지 여부를 결정하기 위한 체계적이고 독립적인 조사를 말한다.
25. "변경관리"란 모든 제조, 관리 및 보관된 제품이 규정된 적합판정기준에 일치하도록 보장하기 위하여 우수화장품 제조 및 품질관리기준이 적용되는 모든 활동을 내부 조직의 책임하에 계획하여 변경하는 것을 말한다.
26. "내부감사"란 제조 및 품질과 관련한 결과가 계획된 사항과 일치하는지의 여부와 제조 및 품질관리가 효과적으로 실행되고 목적 달성에 적합한지 여부를 결정하기 위한 회사 내 자격이 있는 직원에 의해 행해지는 체계적이고 독립적인 조사를 말한다.
27. "포장재"란 화장품의 포장에 사용되는 모든 재료를 말하며 운송을 위해 사용되는 외부 포장재는 제외한 것이다. 제품과 직접적으로 접촉하는지 여부에 따라 1차 또는 2차 포장재라고 말한다.
    ☞ 포장재 : 화장품법 제2조(정의) 제6호, 제7호에 따른 정의에 의하면, "1차 포장"이란 화장품 제조 시 내용물과 직접 접촉하는 포장용기를 말한다.
    "2차 포장"이란 1차 포장을 수용하는 1개 또는 그 이상의 포장과 보호재 및 표시의 목적으로 한 포장(첨부문서 등을 포함한다)을 말한다.
28. "적합 판정 기준"이란 시험 결과의 적합 판정을 위한 수적인 제한, 범위 또는 기타 적절한 측정법을 말한다.
29. "소모품"이란 청소, 위생 처리 또는 유지 작업 동안에 사용되는 물품(세척제, 윤활제 등)을 말한다.
30. "관리"란 적합 판정 기준을 충족시키는 검증을 말한다.
31. "제조소"란 화장품을 제조하기 위한 장소를 말한다.
    ☞ 제조소 : 화장품을 제조하기 위한 장소를 말하는 것으로 시험실, 보관소 등을 포함한다.
32. "건물"이란 제품, 원료 및 포장재의 수령, 보관, 제조, 관리 및 출하를 위해 사용되는 물리적 장소, 건축물 및 보조 건축물을 말한다.
33. "위생관리"란 대상물의 표면에 있는 바람직하지 못한 미생물 등 오염물을 감소시키기 위해 시행되는 작업을 말한다.
34. "출하"란 주문 준비와 관련된 일련의 작업과 운송 수단에 적재하는 활동으로 제조소 외로 제품을 운반하는 것을 말한다.

(2) 작업소의 위생기준

① 곤충, 해충이나 쥐를 막을 수 있는 대책을 마련하고 정기적으로 점검·확인하여야 한다.
② 제조, 관리 및 보관 구역 내의 바닥, 벽, 천장 및 창문은 항상 청결하게 유지되어야 한다.
③ 제조시설이나 설비의 세척에 사용되는 세제 또는 소독제는 효능이 입증된 것을 사용하고 잔류하거나 적용하는 표면에 이상을 초래하지 아니하여야 한다.
④ 제조시설이나 설비는 적절한 방법으로 청소하여야 하며, 필요한 경우 위생관리 프로그램을 운영한다.

1.2 작업장의 위생상태

(1) 작업장의 건물상태

① 건물은 다음과 같이 위치, 설계, 건축 및 이용되어야 함
    ㉠ 제품이 보호되도록 할 것
    ㉡ 청소가 용이하도록 하고 필요한 경우 위생관리 및 유지관리가 가능하도록 할 것
    ㉢ 제품, 원료 및 포장재 등의 혼동이 없도록 할 것
② 건물은 제품의 제형, 현재 상황 및 청소 등을 고려하여 설계

(2) 작업장의 시설상태

① 제조하는 화장품의 종류·제형에 따라 적절히 구획·구분되어 있어 교차오염 우려가 없을 것

> • 구분 : 선, 그물망, 줄 등으로 충분한 간격을 두어 착오나 혼동이 일어나지 않도록 되어 있는 상태
> • 구획 : 동일 건물 내에서 벽, 칸막이, 에어커튼 등으로 교차오염 및 외부오염물질의 혼입이 방지될 수 있도록 되어 있는 상태

② 바닥, 벽, 천장은 가능한 청소하기 쉽게 매끄러운 표면을 지니고 소독제 등의 부식성에 저항력 보유
③ 환기가 잘되고 청결할 것
④ 외부와 연결된 창문은 가능한 열리지 않도록 할 것
⑤ 작업장 내의 외관 표면은 가능한 매끄럽게 설계하고, 청소 및 소독제의 부식성에 저항력이 있을 것

⑥ 수세실과 화장실은 접근이 쉬워야 하나 생산구역과 분리되어 있을 것
⑦ 작업장 전체에 적절한 조명 설치, 조명이 파손될 경우를 대비한 제품을 보호할 수 있는 처리 절차 준비
⑧ 제품의 오염을 방지하고 적절한 온도 및 습도를 유지할 수 있는 공기조화시설 등 적절한 환기 시설 갖출 것
⑨ 각 제조구역별 청소 및 위생관리 절차에 따라 효능이 입증된 세척제 및 소독제를 사용할 것
⑩ 제품의 품질에 영향을 주지 않는 소모품을 사용할 것

(3) 작업장의 구성요소별 상태
① 작업장 및 부속 시설의 준수 사항 : 화장품 제조 관련 작업장의 위생 상태에 대해 고려

작업장	준수사항
보관구역	• 통로는 적절하게 설계해야 함 • 통로는 사람과 물건이 이동하는 구역으로서 사람과 물건의 이동에 불편함을 초래하거나, 교차오염의 위험이 없어야 함 • 손상된 팔레트는 수거하여 수선 또는 폐기해야 함. • 매일 바닥의 폐기물을 치워야 함 • 동물이나 해충이 침입하기 쉬운 환경은 개선해야 함 • 용기(저장조 등)들은 닫아서 깨끗하고 정돈된 방법으로 보관해야 함
원료취급 구역	• 원료보관소와 칭량실은 구획되어 있어야 함 • 엎지르거나 흘리는 것을 방지하고, 즉각적으로 치우는 시스템 절차를 시행해야 함 • 드럼의 윗부분은 필요한 경우 이송 전 또는 칭량구역에서 개봉 전에 검사하고 깨끗하게 유지해야 함. • 바닥은 깨끗하고 부스러기가 없는 상태로 유지해야 함 • 원료 용기들은 실제로 칭량하는 원료인 경우를 제외하고는 적합하게 뚜껑을 덮어 보관해야 함 • 원료의 포장이 훼손된 경우에는 봉인하거나 즉시 별도의 저장조에 보관한 후에 품질상의 처분 결정을 위해 격리해야 함
제조구역	• 모든 호스는 필요 시 청소하거나 위생 처리해야 함 • 청소 후에 호스는 완전히 비워야 하고 건조해야 함 • 호스는 정해진 지역에 바닥에 닿지 않도록 정리하여 보관해야 함 • 모든 도구와 이동 가능한 기구는 청소 및 위생 처리 후 정해진 지역에 정돈 방법에 따라 보관해야 함 • 제조구역에서 흘린 원료와 내용물은 신속히 청소해야 함. • 탱크의 바깥 면들은 정기적으로 청소해야 함 • 모든 배관이 사용될 수 있도록 설계해야 하며 우수한 정비 상태로 유지해야 함 • 표면은 청소하기 용이한 재료로 설계해야 함

작업장	준수사항
	• 페인트를 칠한 지역은 우수한 정비 상태로 유지하고, 벗겨진 칠은 보수해야 함 • 폐기물(예: 여과지, 개스킷, 폐기 가능한 도구들, 플라스틱 봉지)은 주기적으로 버려야 하며 장기간 모아놓거나 쌓아 두어서는 안 됨 • 사용하지 않는 설비는 깨끗한 상태로 보관되어야 하고 오염으로부터 보호해야 함
포장구역	• 포장 구역은 제품의 교차 오염을 방지할 수 있도록 설계해야 함 • 포장 구역은 설비의 팔레트, 포장 작업의 다른 재료들의 폐기물, 사용되지 않는 장치, 질서를 무너뜨리는 다른 재료가 있어서는 안 됨 • 구역 설계는 사용하지 않는 부품, 제품 또는 폐기물의 제거를 쉽게 할 수 있도록 함 • 폐기물 저장통은 필요하다면 청소 및 위생 처리해야 함 • 사용하지 않는 기구는 깨끗하게 보관해야 함
직원 서비스와 준수사항	• 화장실, 탈의실 및 손 세척 설비가 직원에게 제공되어야 하고 작업구역과 분리되어야 하며 쉽게 이용할 수 있어야 함 • 화장실 및 탈의실은 깨끗하게 유지하고, 적절하게 환기해야 함 • 편리한 손 세척 설비는 온수, 냉수, 세척제와 1회용 종이 타올 또는 접촉하지 않은 손 건조기를 포함한 것임 • 음용수를 제공하기 위한 정수기는 정상적으로 작동하는 상태이어야 하고 위생적이어야 함 • 구내식당과 쉼터(휴게실)는 위생적이고 잘 정비된 상태로 유지해야 함 • 음식물은 생산구역과 분리된 지정된 구역에서만 보관, 취급하여야 하고, 작업장 내부로 음식물 반입을 금지해야 함 • 개인은 직무를 수행하기 위해 알맞은 복장 구비해야 함 • 개인은 개인위생 처리규정을 준수해야 하고 건강한 습관을 유지하며 손은 모든 제품 작업 전 또는 생산 라인에서 작업하기 전에 청결히 유지해야 함. • 제품, 원료 또는 포장재와 직접 접촉하는 사람은 제품 안전에 영향을 확실히 미칠 수 있는 건강 상태가 되지 않도록 주의사항을 준수해야 함

② 작업장의 바닥, 벽, 천장 및 창문의 설계 및 건축 : 천장, 벽, 바닥이 접하는 부분은 틈이 없어야 하고 먼지 등 이물질이 쌓이지 않도록 둥글게 처리

라운드형태

*출처 : 「우수화장품 제조 및 품질관리기준(CGMP) 해설서(민원인 안내서)」. (식품의약품안전처, 2018)

③ 공기 조절의 정의 및 목적
- 공기 조절이란 공기의 온도, 습도, 공중미립자, 풍량, 풍향, 기류의 전부 또는 일부를 자동적으로 제어하는 것
- CGMP 지정을 받기 위해서는 청정도 기준에 제시된 청정도 등급 이상으로 설정

청정도 등급	대상시설	해당 작업실	청정공기 순환	구조 조건	관리 기준	작업 복장
1	청정도 엄격관리	Clean bench	20회/hr 이상 또는 차압 관리	Pre-filter, Med-filter, HEPA-filter, Clean bench/booth, 온도 조절	낙하균: 10개/hr 또는 부유균: 20개/㎥	작업복, 작업모, 작업화
2	화장품 내용물이 노출되는 작업실	제조실, 성형실, 충전실, 내용물보관소, 원료 칭량실 미생물시험실	10회/hr 이상 또는 차압 관리	Pre-filter, Med-filter, (필요시 HEPA-filter), 분진발생실 주변 양압, 제진 시설	낙하균: 30개/hr 또는 부유균: 200개/㎥	작업복, 작업모, 작업화
3	화장품 내용물이 노출 안 되는 곳	포장실	차압 관리	Pre-filter 온도조절	갱의, 포장재의 외부 청소 후 반입	작업복, 작업모, 작업화
4	일반 작업실 (내용물 완전폐색)	포장재보관소, 완제품보관소, 관리품보관소, 원료보관소 갱의실, 일반시험실	환기장치	환기 (온도조절)	-	-

④ 공기조절 방식
- 공기의 온·습도, 공중미립자, 풍량, 풍향, 기류를 일련의 도관을 사용해서 제어하는 "센트럴 방식"이 화장품에 가장 적합한 공기 조절 방식

- 공기조절 4대 요소

번호	4대요소	대응설비
1	청정도	공기정화기
2	실내온도	열교환기
3	습도	가습기
4	기류	송풍기

*출처: 「우수화장품 제조 및 품질관리기준(CGMP) 해설서(민원인 안내서)」. (식품의약품안전처, 2018)

⑤ 공기 조화 장치
- 공기 조화 장치는 청정 등급 유지에 필수적이고 중요하므로 그 성능이 유지되고 있는지 주기적으로 점검·기록
- 화장품 제조에 사용할 수 있는 에어 필터의 종류

종류	특징	사진
P/F	• Pre Filter(세척 후 3~4회 재사용) • Medium Filter 전처리용 • 압력 손실: 9 mmAq 이하 • 필터 입자: 5 ㎛	
M/F	• Medium Filter • Media: Glass Fiber • HEPA Filter 전처리용 • B/D 공기 정화, 산업 공장 등에 사용 • 압력 손실 : 16 mmAq 이하 • 필터 입자 : 0.5 ㎛	
H/F	• HEPA (High Efficiency Particulate Air) Filter • 0.3 ㎛의 분진 99.97 % 제거 • Media: Glass Fiber • 반도체 공장, 병원, 의약품, 식품 공장 등 사용 • 압력 손실 : 24 mmAq 이하 • 필터 입자 : 0.3 ㎛	

*출처: 「우수화장품 제조 및 품질관리기준(CGMP) 해설서(민원인 안내서)」. (식품의약품안전처, 2018)
　중성능 필터의 설치를 권장, 고도의 환경 관리가 필요하면 고성능 필터(HEPA필터) 설치

⑥ 차압
  ㉠ 공기 조절기를 설치하면 작업장의 실압 관리, 외부와의 차압을 일정하게 유지할 수 있음
  ㉡ 청정 등급의 경우 각 등급 간의 공기의 품질이 다르므로 등급이 낮은 작업실의 공기가 높은 등급으로 흐르지 못하도록 어느 정도의 공기압차가 있어야 함
  ㉢ 일반적으로는 4급지 < 3급지 < 2급지 순으로 실압을 높이고 외부의 먼지가 작업장으로 유입되지 않도록 설계함
  ㉣ 제품 특성상 온습도에 민감한 제품의 경우에는 해당 온습도를 유지할 수 있도록 관리하는 체계를 갖추도록 함

1.3 작업장의 위생유지관리 활동

(1) 작업장 위생유지 활동의 필요성

① 위생기준에 따라 위생 상태 식별, 작업장 청소관리 및 청소방법에 따라 작업장 상태를 유지 관리
② 방충·방서는 작업장, 보관소 및 부속 건물 내외에 해충, 쥐의 침입 방지, 이를 방제 혹은 제거함으로써 직원 및 작업소의 위생 상태를 유지하고 우수 화장품을 제조하는 데 목적이 있음
③ 이물질에 대한 오염은 육안 등으로 판정함. 미생물에 대한 오염은 낙하균 또는 부유균 평가법으로 상태를 판단

(2) 작업장 청결관리 및 청소방법
① **청소도구의 관리**
  ㉠ 청소도구별 목적
    - 진공청소기: 작업장의 바닥 및 작업대, 기계 등의 먼지 제거
    - 걸레: 작업장 및 보관소의 바닥, 기타 부속 시설의 이물 제거
    - 위생수건 (부직포): 기계, 유리, 작업대 등의 물기나 먼지 제거
    - 브러시: 설비, 기구류의 이물 제거
    - 물끌개: 물기, 이물질 제거
    - 세척솔: 바닥의 이물질, 먼지 제거

ⓛ 청소용수: 일반 용수, 정제수
ⓒ 청소도구함 관리(청소도구, 소독액 및 세제 보관관리)
- 청소도구함(청소도구함을 별도로 설치하여 청소도구, 소독액 및 세제 등을 보관관리하며, 작업장은 진공 청소기 보관 장소를 별도로 구분, 소독액은 필요장소에 보관)
- 청소 도구의 세척 및 소독(불결한 청소도구의 작업장 오염을 방지하기 위해서 청결 상태로 보관)

② 작업실별 청소, 소독방법 및 주기
ⓐ 청소 및 소독 실시 시기
- 모든 작업장은 월 1회 이상 전체 소독 실시
- 모든 작업장 및 보관소는 작업 종료 후 청소 실시
ⓑ 청소 및 소독 점검 주기
- 주기는 매일 실시 원칙
- 청소는 작업소별 실시
ⓒ 청소 방법
- 칭량실, 제조실, 반제품보관소, 세척실, 충전실, 포장실, 원료 보관소, 원자재 보관소, 완제품 보관소, 화장실 등으로 구분하여 청소 방법 및 주기를 달리함

작업장별 청소방법

작업장	청소방법
칭량실	• 수시 및 작업 종료 후 작업대, 바닥, 원료용기, 칭량기기, 벽 등 이물질이나 먼지 등을 부직포, 걸레 등을 이용 하여 청소 • 해당 직원 이외의 출입을 통제
제조실	• 작업 종료 후 혹은 일과 종료 후 바닥, 벽, 작업대, 창틀 등에 묻은 이물질, 내용물 및 원료 잔유물 등을 위생 수건, 걸레 등을 이용하여 제거 • 일반 용수와 세제를 바닥에 흘린 후 세척솔 등을 이용하여 닦아냄 • 일반 용수(필요 시 위생수건 등)를 이용하여 세제 성분이 잔존하지 않도록 깨끗이 세척한 후 물끌개, 걸레 등을 이용하여 물기를 제거 • 작업실 내에 설치되어 있는 배수로 및 배수구는 월 1회 락스 소독 후 내용물 잔류물, 기타 이물 등을 완전히 제거하여 깨끗이 청소 • 청소 후에는 작업실 내의 물기를 완전히 제거하고 배수구 뚜껑을 꼭 닫음 • 소독 시에는 제조기계, 기구류 등을 완전히 밀봉하여 먼지, 이물, 소독 액제가 오염되지 않도록 함

작업장	청소방법
반제품보관소	• 저장 반제품의 품질 저하를 방지하기 위하여 제품의 특성에 따라 적절한 온/습도 관리 기준을 설정하여 유지 하고 수시로 점검하여 이상발생시 해당 부서장에게 보고하고 품질관리부로 통보하여 조치 받음 • 반제품 보관소는 수시 및 일과 종료 후 바닥, 저장용기 외부표면 등을 위생 수건 등을 이용하여 청소를 실시하고 주기적으로 대청소를 실시하여 항상 위생적으로 유지 · 해당 직원 이외의 출입을 통제 • 대청소를 제외하고는 물청소를 금지하며 부득이하게 물청소를 실시하였을 경우 즉시 물기를 완전히 제거하여 유지 • 내용물 저장통은 항상 밀봉하여 환경균, 먼지 등에 오염되지 않도록 함
세탁실	• 저장통, 충전기계 등의 세척 후 수시로 바닥에 잔존하는 이물질을 완전히 제거하고 세척수로 바닥을 세척 • 배수로에 내용물 및 세제 잔유물 등이 잔존하지 않도록 관리 • 청소, 배수 후에는 바닥의 물기를 완전히 제거하고 배수로 이물을 제거하고 청소를 실시
충전, 포장실	• 바닥, 작업대 등은 수시 및 정기적으로 청소를 실시하여 공정 중 혹은 공정 간 오염을 방지 • 작업 중 자재, 내용물 저장통, 완제품 등의 이동 시는 먼지, 이물 등을 제거하여 설비 혹은 생산중인 제품에 오염이 발생하지 않도록 함
원료보관소	• 입고 장소 및 각 저장통은 작업 후 걸레로 쓸어내고, 오염물 유출 시 물걸레로 제거 • 바닥, 벽면, 보관용 적재대, 저장통 주위를 청소하고 물걸레로 오염물을 제거 • 필요 시 연성 세제, 또는 락스를 이용하여 오염물을 제거 • 위험물 창고는 작업 후 빗자루로 쓸어내고, 필요 시 물걸레로 오염물을 제거
원자재 및 제품 보관소	• 작업 후 걸레로 청소한 후 바닥, 벽 등의 먼지를 제거
화장실	• 바닥에 잔존하는 이물을 완전히 제거하고 소독제로 바닥을 세척 • 배수로에 내용물 및 세제 잔유물 등이 잔존하지 않도록 관리 • 손 세정제 및 핸드 타올이 부족하지 않도록 관리 • 청소, 배수 후에는 바닥의 물기를 완전히 제거

④ 부적합 사항의 처리
- 작업장 및 보관소 위생상태가 제품에 영향이 있다고 판단 시 작업을 금함

⑤ 청소 시 유의사항
- 눈에 보이지 않는 곳, 하기 힘든 곳 등에 유의하여 세밀하게 진행하며, 물청소 후에는 물기를 제거함
- 청소 시에는 기계, 기구류, 내용물 등에 절대 오염이 되지 않도록 함
- 청소도구는 사용 후 세척하여 건조 또는 필요 시 소독하여 오염원이 되지 않도록 함

⑥ 작업장 내 금지사항
- 사물(서적, 지갑, 핸드백) 등은 작업소로의 유입을 금함
- 작업장에서는 음식의 휴대, 섭취, 흡연, 화장을 금함
- 작업장 바닥, 벽, 시설물, 쓰레기통에 침을 뱉는 행위를 금함
- 작업장은 화장품의 제조 및 포장 목적 이외의 다른 용도로의 사용을 금함
- 작업 중 외부인의 설비 수리 시 먼지 등 이물이 발생하는 업무를 금함

(3) 작업장의 방충방서관리

① 방충·방서 대책의 원칙
- 벌레가 좋아하는 것을 제거
- 빛이 밖으로 새어나가지 않게 함
- 조사 및 구제를 실시

(4) 작업장의 낙하균 관리

작업장의 낙하균 측정법

원리	• Koch법이라고도 하며, 실내외를 불문하고, 대상 작업장에서 오염된 부유 미생물을 직접 평판배지 위에 일정시간 자연 낙하시켜 측정하는 방법 • 한천평판 배지를 일정시간 노출시켜 배양접시에 낙하된 미생물을 배양하여 증식된 집락수를 측정하고 단위시간 당의 생균수로서 산출하는 방법 • 특별한 기기의 사용 없이 언제, 어디서라도 실시할 수 있는 간단하고 편리한 방법이지만 공기 중의 전체 미생물을 측정할 수 없다는 단점이 있음
배지	• 세균용 : 대두카제인 소화한천배지(tryptic soy agar) • 진균용 : 사부로포도당 한천배지(sabouraud dextrose agar) 또는 포테이토덱스트로즈한천배지(potato dextrose agar)에 배지 100ml당 클로람페니콜 50mg을 넣음
기구	• 배양접시(내경 9cm), 배양접시에 멸균된 배지(세균용, 진균용)를 각각 부어 굳혀 낙하균 측정용 배지를 준비
낙하균 측정할 장소의 즉정위치 선정 및 노출시간 결정	측정 위치 • 일반적으로 작은 방을 측정하는 경우에는 약 5개소 측정 • 비교적 큰방일 경우에는 측정소 증가 • 방 이외의 격벽구획이 명확하지 않은 장소(복도, 통로 등)에서는 공기의 진입, 유통, 정체 등의 상태를 고려하여 전체 환경을 대표한다고 생각되는 장소 선택 • 측정하려는 방의 크기와 구조에 더 유의하여야 하나, 5개소 이하로 측정하면 올바른 평가를 얻기가 어려우며 측정위치도 벽에서 30cm 떨어진 곳이 좋음· 측정높이는 바닥에서 측정하는 것이 원칙이지만 부득이 한 경우 바닥으로부터 20~30cm 높은 위치에서 측정하는 경우 있음

노출 시간	• 노출시간은 공중 부유 미생물수의 많고 적음에 따라 결정되며, 노출 시간이 1시간 이상이 되면 배지의 성능이 떨어지므로 예비 시험으로 적당한 노출시간을 결정하는 것이 좋음 • 청정도가 높은 시설(예 : 무균실 또는 준무균실): 30분 이상 노출· 청정도가 낮고, 오염도가 높은 시설(예: 원료 보관실, 복도, 포장실, 창고): 측정시간 단축
낙하균 측정	• 선정된 측정 위치마다 세균용 배지와 진균용 배지를 1개씩 놓고 배양접시의 뚜껑을 열어 배지에 낙하균이 떨어지도록 함 • 위치별로 정해진 노출시간이 지나면, 배양접시의 뚜껑을 닫아 배양기에서 배양, 일반적으로 세균용 배지는 30~35℃, 48시간 이상, 진균용 배지는 20~25℃, 5일 이상 배양, 배양 중에 확산균의 증식에 의해 균수를 측정할 수 없는 경우가 있으므로 매일 관찰하고 균수의 변동 기록 • 배양 종료 후 세균 및 진균의 평판 마다 집락수를 측정하고, 사용한 배양접시 수로 나누어 평균 집락수를 구하고 단위시간 당 집락수를 산출하여 균수로 함

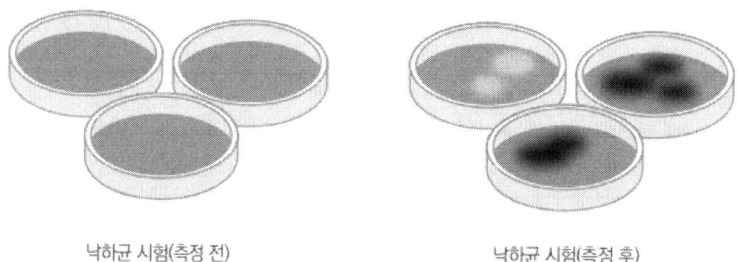

낙하균 시험(측정 전)　　　　　　낙하균 시험(측정 후)

1.4 작업장 위생 유지를 위한 세제의 종류와 사용법

(1) 세제의 사용법

시설기구	청소주기	세제	청소방법	점검방법
원료창고	수시	상수	• 작업 종료 후 비 또는 진공청소기로 청소하고 물걸레로 닦음	육안
	1회/월	상수	• 진공청소기 등으로 바닥, 벽, 창, 선반, 원료통 주위의 먼지를 청소하고 물걸레로 닦음	육안
칭량실	작업후	상수, 70%에탄올	• 원료통, 작업대, 저울 등을 70 % 에탄올을 묻힌 걸레 등으로 닦음 • 바닥은 진공청소기로 청소하고 물걸레로 닦음	육안
	1회/월	중성세제, 70%에탄올	• 바닥, 벽, 문, 원료통, 저울, 작업대 등을 진공청소기, 걸레 등으로 청소하고, 걸레에 전용 세제 또는 70 % 에탄올을 묻혀 찌든 때를 제거한 후 깨끗한 걸레로 닦음	육안

시설기구	청소주기	세제	청소방법	점검방법
제조실, 충전실, 반제품 보관실 및 미생물 실험실	수시(최소 1회/일)	중성세제, 70%에탄올	• 작업 종료 후 바닥 작업대와 테이블 등을 진공청소기로 청소하고 물걸레로 깨끗이 닦음 • 작업 전 작업대와 테이블, 저울을 70 % 에탄올로 소독 • 클린 벤치는 작업 전, 작업 후 70 % 에탄올로 소독	육안
	1회/월	중성세제, 70%에탄올	• 바닥, 벽, 문, 작업대와 테이블 등을 진공청소기로 청소하고, 상수에 중성 세제를 섞어 바닥에 뿌린 후 걸레로 세척 • 작업대와 테이블을 70 % 에탄올로 소독	육안

(2) 세재의 주요 구성 성분과 특징

주요성분	특성	대표적 성분
계면활성제	• 비이온, 음이온, 양성계면활성제 • 세정제의 주요 성분 • 다양한 세정 기작으로 이물 제거	알킬벤젠설포네이트(ABS), 알칸설포네이트(SAS), 알파올레핀설포네이트(AOS), 알킬설페이트(AS), 비누(Soap), 알킬에톡시레이트(AE), 지방산알칸올아미드(FAA), 알킬베테인(AB)/알킬설포베테인(ASB)
살균제	• 미생물 살균 • 양이온 계면활성제 등	4급암모늄 화합물, 양성계면활성제, 알코올류, 산화물, 알데히드류, 페놀유도체
금속이온 봉쇄제	• 세정 효과를 증가 • 입자 오염에 효과적	소듐트리포스페이트(Sodium Triphosphate), 소듐사이트레이트(Sodium Citrate), 소듐글루코네이트(Sodium Gluconate)
유기폴리머	• 세정효과를 강화 • 세정제 잔류성 강화	셀룰로오스 유도체(Cellulose derivative)
용제	• 계면활성제의 세정효과 증대	알코올(Alcohol), 글리콜(Glycol), 벤질알코올(Benzyl Alcohol)
연마제	• 기계적 작용에 의한 세정효과 증대	칼슘카보네이트(Calcium Carbonate), 클레이, 석영
표백성분	• 살균 작용 • 색상 개선	활성염소 또는 활성염소 생성 물질

1.5 작업장 소독을 위한 소독제의 종류와 사용법

(1) 작업장의 소독제

① 작업장의 소독제
  ㉠ 소독액: 70% 에탄올
  ㉡ 소독액 보관관리 :청소도구함: 청소도구함을 별도로 설치하여 소독액 및 세제 등을 보관관리하며, 소독액은 필요장소에 별도 비치하여 필요 시 수시 소독이 가능하도록 함

(2) 작업장별 소독방법 및 주기

① 작업장별 소독방법 및 주기
  ㉠ 소독 실시 시기
    - 모든 작업장은 월 1회 이상 전체 소독 실시
    - 제조 설비의 반·출입, 수리 후에는 수시 소독
  ㉡ 소독 점검 주기
    - 주기는 매일 실시 원칙
    - 청소는 작업소별로 실시하며 소독 시에는 소독 중이라는 표지판 출입구 부착

구분	소독방법
칭량실	• 해당 직원 이외의 출입을 통제함. • 칭량실, 제조실, 반제품보관소, 세척실, 충전, 포장실, 원료 보관소, 원자재 보관소, 완제품 보관소, 화장별 등으로 구분하여 소독방법 및 주기를 달리 함. • 에탄올 70% 소독액을 이용하여 소독
제조실	• 작업실 내에 설치되어 있는 배수로 및 배수구는 월 1회 락스 소독 후 내용물 잔류물, 기타 이물 등을 완전히 제거하여 깨끗이 청소함. • 환경균 측정결과 부적합 또는 기타 필요 시 소독을 실시함. • 소독 시에는 제조기계, 기구류 등을 완전히 밀봉하여 먼지, 이물, 소독 액제가 오염되지 않도록 함.
세척실	• 에탄올 70% 소독액을 이용하여 배수로 및 세척실 내부 소독
원료 보관소	• 연성세제, 또는 락스를 이용하여 오염물 제거
화장실	• 바닥에 잔존하는 이물을 완전히 제거하고 소독제로 바닥 세척

(3) 소독시 유의사항

① 소독제의 취급 사용관리 : 에탄올(가연성으로 화기 주의)
② 소독 시 유의사항
   ㉠ 소독 시는 눈에 보이지 않는 곳, 하기 힘든 곳 등에 유의하여 세밀하게 진행하며, 물청소 후에는 물기 제거
   ㉡ 청소도구는 사용 후 세척하여 건조 또는 필요 시 소독하여 오염원이 되지 않도록 함

2. 작업자 위생관리

2.1 작업장 내 직원의 위생기준 설정

(1) 직원의 위생관리 기준

① 적절한 위생관리 기준 및 절차 준비
② 제조소 내의 모든 직원의 준수
③ 피부에 외상이 있거나 질병에 걸린 직원은 건강이 양호해지거나 화장품의 품질에 영향을 주지 않는다는 의사의 소견이 있기 전까지는 화장품과 직접적으로 접촉되지 않도록 격리

(2) 직원의 복장관리 기준

① **직원의 복장관리 기준**
   ㉠ 작업장 및 보관소 내의 모든 직원은 화장품의 오염을 방지하기 위해 규정된 작업복 착용
   ㉡ 제조구역별 접근권한이 없는 직원 및 방문객은 가급적 제조, 관리 및 보관구역 내에 들어가지 않음
   ㉢ 불가피한 경우 사전에 직원 위생에 대한 교육 및 복장 규정에 따르도록 하고 감독

2.2 작업장 내 직원의 위생 상태 판정

(1) 직원의 위생상태

① 직원의 위생상태
  ㉠ 적절한 위생관리 기준 및 절차 확립
  ㉡ 제조소 내의 모든 직원이 위생관리 기준 및 절차를 준수할 수 있도록 교육훈련
  ㉢ 신규 직원에 대하여 위생교육 실시
  ㉣ 기존 직원에 대해서도 정기적으로 교육 실시
  ㉤ 직원의 위생관리 기준 및 절차

> - 직원의 작업 시 복장
> - 직원 건강상태 확인
> - 직원에 의한 제품의 오염방지에 관한 사항
> - 직원의 손 씻는 방법
> - 직원의 작업 중 주의사항
> - 방문객 및 교육훈련을 받지 않은 직원의 위생관리

(2) 개인위생관리 및 점검

① 개인 위생관리 및 점검
  ㉠ 제품 품질과 안전성에 악영향을 미칠 지도 모르는 건강 조건을 가진 직원은 원료, 포장, 제품 또는 제품 표면에 직접 접촉 금지
  ㉡ 명백한 질병 또는 노출된 피부에 상처가 있는 직원은 증상이 회복되거나 의사가 제품 품질에 영향을 끼치지 않을 것이라고 진단받을 때까지 제품과 직접적인 접촉 금지

2.3 혼합, 소분 시 위생관리 규정

(1) 직원의 위생관리 규정

① 위생관리 규정
  ㉠ 방문객 또는 안전 위생의 교육훈련을 받지 않은 직원이 화장품 생산, 관리, 보관을 실시하고 있는 구역으로 출입하는 일은 피함

ⓒ 영업상의 이유, 신입 사원 교육 등을 위하여 안전 위생의 교육훈련을 받지 않은 사람들이 생산, 관리, 보관구역으로 출입하는 경우

> • 안전 위생의 교육훈련 자료 사전 작성
> • 출입 전에 교육훈련 실시

ⓒ 교육훈련의 내용은 직원용 안전 대책, 작업 위생 규칙, 작업복 등의 착용, 손 씻는 절차 포함

ⓔ 방문객과 훈련받지 않은 직원이 생산, 관리 보관구역 출입 시 동행 필요

ⓜ 방문객은 적절한 지시에 따라야 하고, 필요한 보호 설비 구비

ⓗ 생산, 관리, 보관구역 출입 시 기록서에 기록(성명과 입·퇴장 시간 및 자사 동행자 기록)

② 혼합·소분의 안전관리

ⓐ 혼합·소분 시 위생복 및 마스크 착용

ⓑ 피부 외상 및 증상이 있는 직원은 건강 회복 전까지 혼합·소분 행위 금지

ⓒ 혼합 전·후 손 소독 및 세척

> **혼합, 소분의 안전관리 기준**
> ① 맞춤형화장품 조제에 사용하는 내용물 및 원료의 혼합·소분 범위에 대해 사전에 품질 및 안전성을 확보할 것
>   ⓐ 내용물 및 원료를 공급하는 화장품책임판매업자가 혼합 또는 소분의 범위를 검토하여 정하고 있는 경우 그 범위 내에서 혼합 또는 소분할 것
>   > ☞ 최종 혼합된 맞춤형화장품이 유통화장품 안전관리 기준에 적합한지를 사전에 확인하고, 적합한 범위 안에서 내용물 간 (또는 내용물과 원료) 혼합이 가능함
>   ⓑ 혼합·소분에 사용되는 내용물 및 원료는 「화장품법」 안전기준 등에 적합한 것을 확인하여 사용할 것
>   > ☞ 혼합·소분 전 사용되는 내용물 또는 원료의 품질관리가 선행되어야 함(다만, 책임판매업자에게서 내용물과 원료를 모두 제공받는 경우 책임판매업자의 품질검사 성적서로 대체 가능)
>   ⓒ 혼합·소분 전에 손을 소독하거나 세정할 것(다만, 혼합·소분 시 일회용 장갑을 착용하는 경우 예외)
>   ⓓ 혼합·소분 전에 혼합·소분된 제품을 담을 포장용기의 오염여부 확인할 것
>   ⓔ 혼합·소분에 사용되는 장비 또는 기구 등은 사용 전에 그 위생 상태를 점검하고, 사용 후에는 오염이 없도록 세척할 것
>   ⓕ 혼합·소분 전에 내용물 및 원료의 사용기한 또는 개봉 후 사용기간을 확인하고, 사용기한 또

는 개봉 후 사용기간이지 난 것은 사용하지 아니할 것
  ⓐ 혼합·소분에 사용되는 내용물의 사용기한 또는 개봉 후 사용기간을 초과하여 맞춤형화장품의 사용기한 또는 개봉 후 사용 기간을 정하지 말 것
  ⓑ 맞춤형화장품 조제에 사용하고 남은 내용물 및 원료는 밀폐를 위한 마개를 사용하는 등 비의도적인 오염을 방지할 것
  ⓒ 소비자의 피부상태나 선호도 등을 확인하지 아니하고 맞춤형화장품을 미리 혼합·소분하여 보관하거나 판매하지 말 것
② 최종 혼합·소분된 맞춤형화장품은 「화장품법」「화장품 안전기준 등에 관한 규정(식약처 고시)」에 따른 유통화장품의 안전관리 기준을 준수할 것
  ㉠ 판매장에서 제공되는 맞춤형화장품에 대한 미생물 오염관리를 철저히 할 것(예 : 주기적 미생물 샘플링 검사)

> 참고) 혼합·소분을 통해 조제된 맞춤형화장품은 소비자에게 제공되는 제품으로 "유통화장품"에 해당

③ 맞춤형화장품판매내역서를 작성·보관할 것(전자문서로 된 판매내역을 포함)
  ㉠ 제조번호(맞춤형화장품의 경우 식별번호를 제조번호로 함)

> 참고) 식별번호는 맞춤형화장품의 혼합·소분에 사용되는 내용물 또는 원료의 제조번호와 혼합·소분기록을 추적할 수 있도록 맞춤형화장품판매업자가 숫자·문자·기호 또는 이들의 특징적인 조합으로 부여한 번호임

  ㉡ 사용기한 또는 개봉 후 사용기간
  ㉢ 판매일자 및 판매량
④ 원료 및 내용물의 입고, 사용, 폐기 내역 등에 대하여 기록 관리할 것
⑤ 맞춤형화장품 판매 시 다음 사항을 소비자에게 설명할 것
  ㉠ 혼합·소분에 사용되는 내용물 또는 원료의 특성
  ㉡ 맞춤형화장품 사용 시의 주의사항
⑥ 맞춤형화장품 사용과 관련된 부작용 발생사례에 대해서는 지체 없이 식품의약품안전처장에게 보고할 것

2.4 작업자 위생유지를 위한 세제의 종류와 사용법

(1) 손 세제의 구성

① 손 세제의 구성
  ㉠ 손에 대한 오염물질과 청결에 대한 요구 정도는 직업, 장소에 따라 다양
  ㉡ 손을 대상으로 하는 세정제품으로는 고형 타입의 비누와 액상타입의 핸드 워시(hand wash), 물을 사용하지 않고 세정감을 주는 핸드새니타이저(hand sanitizer)

로 구성
ⓒ 손이 다른 신체 부위와 다른 점
- 끊임없이 오염
- 사회적 활동에 따라 손은 미생물을 포함한 각종의 오염물에 오염
- 오염물이 피부에 대해서 자극 발현
- 수시 세정 필요
- 오염이 있는 경우, 화장실 사용 후나 식사 전, 외출 후 세정
- 손바닥에는 피지샘이 없음
- 외인성의 오염물이 세정의 대상이 됨

(2) 손 세제의 사용방법

① 손 세제의 사용방법
㉠ 손은 적절한 주기와 방법으로 세정
㉡ 손 세정의 시기 및 방법

시기	손 씻기 및 소독 방법	세척 및 소독제
• 작업장 입실 전 • 작업 중 손이 오염되었을 때 • 화장실 이용 후	• 수도꼭지를 틀어 흐르는 물에 손을 세척 • 비누를 이용하여 손을 세척 • 흐르는 물에 손을 깨끗이 헹굼 • 종이 타올 또는 드라이어를 이용하여 손 건조 • 건조 후 소독제 도포	• 상수 • 비누 • 종이 타올 • 소독제(70% 에탄올 등)

(3) 인체용 세제의 사용시기

① 인체용 세제의 사용 시기
㉠ 작업 전에 손 세정을 실시하고 작업장 입실 전 분무식 소독기를 사용하여 손 소독 및 작업
㉡ 운동 등에 의한 오염, 땀, 먼지 등의 제거를 위하여 입실 전 수세 설비가 비치된 장소에서 손 세정 후 입실
㉢ 화장실을 이용하는 작업원은 화장실 퇴실 시 손 세정하고 작업실에 입실

2.5 작업자 소독을 위한 소독제의 종류와 사용법

(1) 소독제의 사용법

① 깨끗한 흐르는 물에 손을 적신 후, 비누를 충분히 적용, 뜨거운 물을 사용하면 피부염 발생 위험이 증가하므로 미지근한 물을 사용
② 손의 모든 표면에 비누액이 접촉하도록 15초 이상 문지름, 손가락 끝과 엄지손가락 및 손가락 사이사이 주의 깊게 문지름
③ 물로 헹군 후 손이 재오염되지 않도록 일회용 타올로 건조시킴
④ 수도꼭지를 잠글 때는 사용한 타올을 이용하여 잠금
⑤ 타올은 반복사용하지 않으며 여러 사람이 공용하지 않음
⑥ 손이 마른 상태에서 손소독제를 모든 표면을 다 덮을 수 있도록 충분히 적용
⑦ 손의 모든 표면에 소독제가 접촉되도록, 특히 손가락 끝과 엄지손가락 및 손가락 사이사이를 주의 깊게 문지름
⑧ 손의 모든 표면이 마를 때까지 문지름

(2) 소독제의 선택

소독제의 선택	• 소독제란 병원 미생물을 사멸시키기 위해 인체의 피부, 점막의 표면이나 기구, 환경의 소독을 목적으로 사용하는 화학 물질 총칭 • 소독제를 선택할 때에는 소독제의 조건 고려
소독제의 조건	• 사용 기간 동안 활성 유지 • 경제적이어야 함 • 사용 농도에서 독성이 없어야 함 • 제품이나 설비와 반응하지 않아야 함 • 불쾌한 냄새가 남지 않아야 함 • 광범위한 항균 스펙트럼 보유 • 5분 이내의 짧은 처리에도 효과 구현 • 소독 전에 존재하던 미생물을 최소한 99.9% 이상 사멸 • 쉽게 이용할 수 있어야 함
소독제 선택 시 고려할 사항	• 대상 미생물의 종류와 수 • 항균 스펙트럼의 범위 • 미생물 사멸에 필요한 작용 시간, 작용의 지속성 • 물에 대한 용해성 및 사용 방법의 간편성 • 적용 방법(분무, 침적, 걸레질 등) • 부식성 및 소독제의 향취

	• 적용 장치의 종류, 설치 장소 및 사용하는 표면의 상태 • 내성균의 출현 빈도 • pH, 온도, 사용하는 물리적 환경 요인의 약제에 미치는 영향 • 잔류성 및 잔류하여 제품에 혼입될 가능성 • 종업원의 안전성 고려 • 법 규제 및 소요 비용
소독제 종류 및 특성	• 알코올 (Alcohol) • 클로르헥시딘디글루코네이트(Chlorhexidinedigluconate) • 아이오다인과 아이오도퍼(Iodine & Iodophors) • 클로록시레놀(Chloroxylenol) • 헥사클로로펜(Hexachlorophene, HCP) • 4급 암모늄 화합물(Quaternary Ammonium Compounds) • 트리클로산 (Triclosan) • 일반 비누

2.6 작업자 위생관리를 위한 복장 청결상태 판단

(1) 작업복의 기준

① 청정도에 맞는 적절한 작업복, 모자와 신발을 착용하고 필요할 경우는 마스크, 장갑을 착용함
  • 작업복은 목적과 오염도에 따라 세탁 및 소독
  • 작업 전에 복장점검 실시 및 적절하지 않을 경우는 시정
② 땀의 흡수 및 방출이 용이하고 가벼워야 함
③ 보온성이 적당하여 작업에 불편이 없어야 함
④ 내구성이 우수하여야 함
⑤ 작업환경에 적합하고 청결하여야 함
⑥ 작업 시 섬유질의 발생이 적고 먼지의 부착성이 적어야 하며 세탁이 용이하여야 함
⑦ 착용 시 내의가 노출되지 않아야 하며 내의는 단추 및 모털이 서있는 의류는 착용하지 않음

구분	복장기준	작업장
제조, 칭량	방진복, 위생모, 안전화/필요 시 마스크 및 보호안경	제조실, 칭량실
생산	방진복, 위생모, 작업화/필요 시 마스크	충진
	지급된 작업복, 위생모, 작업화	포장
품질관리	상의흰색가운, 하의평상복, 슬리퍼	실험실
관리자	상의 및 하의는 평상복, 슬리퍼	사무실
견학, 방문자	각 출입 작업소의 규정에 따라 착용	-

(2) 작업모의 기준

① 가볍고 착용감이 좋아야 함
② 착용이 용이하고 착용 후 머리카락 형태가 원형을 유지해야 함
③ 착용 시 머리카락을 전체적으로 감싸줄 수 있어야 함
④ 공기 유통이 원활하고, 분진 기타 이물 등이 나오지 않도록 함

(3) 작업화의 기준

① 가볍고 땀의 흡수 및 방출이 용이하여야 함
② 제조실 근무자는 등산화 형식의 안전화 및 신발 바닥이 우레탄 코팅이 되어 있는 것 사용

(4) 작업복의 착용방법

① 작업실 상주자는 작업실 입실 전 탈의실에서 작업복을 착용 후 입실
② 작업실 상주자는 제조소 이외의 구역으로 외출, 이동 시 탈의실에서 작업복을 탈의 후 외출
③ 임시 작업자 및 외부 방문객이 작업실로 입실 시 탈의실에서 해당 작업복을 착용 후 입실
④ 입실자는 작업장 전용 실내화(작업화) 착용
⑤ 작업장 내 출입할 모든 작업자는 작업현장에 들어가기 전에 개인 사물함에 의복을 보관 후 깨끗한 사물함에서 작업복 착용

⑥ 작업장 내로 출입한 작업자는 비치된 위생 모자를 머리카락이 밖으로 나오지 않도록 위생모자 착용
⑦ 위생 모자를 쓴 후 2급지 작업실의 상부 작업자는 반드시 방진복을 착용하고 작업장 입실
⑧ 제조실 작업자는 에어 샤워 실에 들어가 양팔을 천천히 몸을 1-2회 회전시켜 청정한 공기로 에어 샤워

(5) 작업복의 관리
① 작업복은 1인 2벌을 기준으로 지급
② 작업복은 주 2회 세탁을 원칙으로 하며, 하절기에는 그 횟수를 늘릴 수 있음
③ 작업복의 청결상태는 매일 작업 전 생산부서 관리자 확인

3. 설비 및 기구 관리

3.1 설비, 기구의 위생 기준 설정

(1) 설비 및 기구의 위생 기준
① 사용목적에 적합하고, 청소가 가능하며, 필요한 경우 위생·유지관리가 가능하여야 함(자동화시스템을 도입한 경우도 동일)
② 사용하지 않는 설비기구는 건조한 상태로 유지하고 먼지, 얼룩 또는 다른 오염으로부터 보호함
③ 설비는 제품의 오염을 방지하고 배수가 용이하도록 설계 및 설치
④ 설비는 제품 및 청소 소독제와 화학반응을 일으키지 않을 것
⑤ 설비 위치는 원자재나 직원의 이동으로 인하여 제품의 품질에 영향을 주지 않도록 할 것
⑥ 설비가 오염되지 않도록 배관과 배수관을 설치하며, 배수관은 역류되지 않아야 하고, 청결 유지
⑦ 천정 주위의 대들보, 파이프, 도관 등은 가급적 노출되지 않도록 설계, 파이프는 받침대로 고정하고 벽에 닿지 않게 하여 청소가 용이하도록 설계

⑧ 시설 및 기구에 사용되는 소모품은 제품의 품질에 영향을 주지 않도록 할 것

(2) 설비 및 기구 별 세척 및 소독 관리 기준

구분		내용
제조 탱크, 저장 탱크 (일반 제품)	세척도구	• 스펀지, 수세미, 솔, 스팀 세척기
	세제 및 소독액	• 일반 주방 세제(0.5%), 70 % 에탄올
	세척 및 소독 주기	• 제품 변경 시 또는 작업 완료 후 • 설비 미사용 72 시간 경과 후, 밀폐되지 않은 상태로 방치 시 • 오염 발생 혹은 시스템 문제 발생 시
	세척방법	• 제조 탱크, 저장 탱크를 스팀 세척기로 깨끗이 세척 • 상수를 탱크의 80 %까지 채우고 80 ℃로 가온 • 페달 25rpm, 호모 2,000rpm으로 10 분간 교반 후 배출 • 탱크 벽과 뚜껑을 스펀지와 세척제로 닦아 잔류하는 반제품이 없도록 제거 후 상수 세척 • 정제수로 2 차 세척한 후 UV로 처리한 깨끗한 수건이나 부직포 등을 이용하여 물기를 완전히 제거 • 잔류하는 제품이 있는지 확인하고, 필요에 따라 위의 방법 반복
	소독방법	• 세척된 탱크의 내부 표면 전체에 70% 에탄올이 접촉되도록 고르게 스프레이 • 탱크의 뚜껑을 닫고 30 분간 정체해 둠 • 정제수로 헹군 후 필터 된 공기로 완전히 건조 • 뚜껑은 70% 에탄올을 적신 스펀지로 닦아 소독한 후 자연 건조하여 설비에 물이나 소독제가 잔류하지 않도록 함 • 사용하기 전까지 뚜껑을 닫아서 보관
	점검방법	• 점검 책임자는 육안으로 세척 상태를 점검하고, 그 결과를 점검표에 기록 • 품질 관리 담당자는 매 분기별로 세척 및 소독 후 마지막 헹굼수를 채취하여 미생물 유무 시험
믹서, 펌프, 필터, 카트리지 필	세척도구	• 스펀지, 수세미, 솔, 스팀 세척기
	세제 및 소독액	• 일반 주방 세제(0.5%), 70 % 에탄올
	세척 및 소독 주기	• 제품 변경 시 또는 작업 완료 후 • 설비 미사용 72 시간 경과 후, 밀폐되지 않은 상태로 방치 시 • 오염 발생 혹은 시스템 문제 발생 시
	세척방법	• 제조 탱크, 저장 탱크를 스팀 세척기로 깨끗이 세척 • 상수를 탱크의 80 %까지 채우고 80 ℃로 가온 • 페달 25rpm, 호모 2,000rpm으로 10 분간 교반 후 배출 • 탱크 벽과 뚜껑을 스펀지와 세척제로 닦아 잔류하는 반제품이 없도록 제거 후

구분	내용
	상수 세척 • 정제수로 2차 세척한 후 UV로 처리한 깨끗한 수건이나 부직포 등을 이용하여 물기를 완전히 제거 • 잔류하는 제품이 있는지 확인하고, 필요에 따라 위의 방법 반복
소독방법	• 세척이 완료된 설비 및 기구를 70 % 에탄올에 10 분간 침적 • 70% 에탄올에서 꺼내어 필터를 통과한 깨끗한 공기로 건조하거나 UV로 처리한 수건이나 부직포 등을 이용하여 닦아 냄 • 세척된 설비는 다시 조립하고, 비닐 등을 씌워 2차 오염이 발생하지 않도록 보관
점검방법	• 점검 책임자는 육안으로 세척 상태를 점검하고, 그 결과를 점검표에 기록 • 품질 관리 담당자는 매 분기별로 세척 및 소독 후 마지막 헹굼수를 채취하여 미생물 유무 시험

3.2 설비, 기구의 위생상태판정

(1) 설비 및 기구의 위생상태 판정 기준

① 예방적 실시(preventive maintenance)가 원칙
② 설비마다 절차서를 작성
③ 계획을 가지고 실행(연간계획이 일반적)
④ 책임 내용을 명확하게 함
⑤ 유지하는 기준은 절차서에 포함
⑥ 점검체크시트를 사용하면 편리
⑦ 점검항목 : 외관검사(더러움, 녹, 이상소음, 이취 등), 작동점검(스위치, 연동성 등)
⑧ 기능측정(회전수, 전압,투과율, 감도 등), 청소(외부표면, 내부), 부품교환, 개선(제품 품질에 영향을 미치지 않는 일이 확인되면 적극적으로 개선)

(2) 세척 후 판정 방법

① 육안 판정 자격자 선임
② 닦아 내기 판정 실시
③ 린스 정량법 실시
④ 표면 균 측정법(surface sampling methods) 중 면봉 시험법 또는 콘택트 플레이트법 실시

① 세척확인 방법의 종류
  ㉠ 육안 확인
  ㉡ 천으로 문지른 후 부착물로 확인
  ㉢ 린스액의 화학분석
② 육안 판정 자격자 선임
  ㉠ 세척 육안 판정 자격자 선임
    가. 생산 책임자가 작업자의 교육 훈련 이력과 경험 연수를 토대로 선임
    나. 새로 판정 자격자를 선임할 때는 전임자가 경험으로 얻은 노하우 전수
  ㉡ 각각의 설비에 맞는 소도구(손전등, 지시 봉, 거울) 준비
  ㉢ 육안 판정의 장소는 미리 정해 놓고 판정 결과 기록서에 기재
③ 닦아 내기 판정 실시
  ㉠ 닦아 내는 천의 종류 결정, 천은 무진포(無塵布) 선호됨
  ㉡ 판정 자격자를 선임
  ㉢ 천 표면의 잔류물 유무로 세척 결과 판정(흰 천이나 검은 천)
④ 린스 정량법
  ㉠ 린스 액을 선정하여 설비 세척
  ㉡ 린스 액의 현탁도를 확인하고, 필요 시 다음 중에서 적절한 방법을 선택하여 정량, 결과 기록
    가. 린스 액의 최적 정량을 위하여 HPLC법 이용
    나. 잔존물의 유무를 판정하기 위해서 박층 크로마토그래프법(TLC)에 의한 간편 정량법 실시
    다. 린스 액 중의 총 유기 탄소를 총유기탄소(Total Organic Carbon, TOC) 측정기로 측정
    라. UV를 흡수하는 물질 잔존 여부 확인
⑤ 표면 균 측정법(surface sampling methods)
  ㉠ 면봉 시험법(swab test)
    가. 포일로 싼 면봉과 멸균액을 고압 멸균기에 멸균(121 ℃, 20 분)
    나. 검증하고자 하는 설비 선택
    다. 면봉으로 일정 크기의 면적 표면을 문지름(보통 24 ~ 30 cm2)
    라. 검체 채취 후 검체가 묻어 있는 면봉을 적절한 희석액(멸균된 생리 식염수 또는 완충 용액)에 담가 채취된 미생물 희석
    마. 미생물이 희석된 (라)의 희석액 1 mL를 취해 한천 평판 배지에 도말하거나 배지를 부어 미생물 배양 조건에 맞춰 배양
    바. 배양 후 검출된 집락 수를 세어 희석 배율을 곱해 면봉 1 개당 검출되는 미생물 수를 계산 (CFU/면봉)

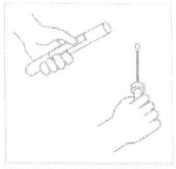
면봉으로 검체 구역을 문지름

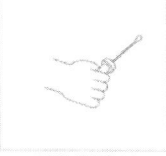
시험관 뚜껑을 엶

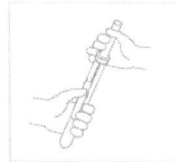
면봉을 넣고 뚜껑을 닫음

검체 채취 정보 기록

> ⓒ 콘택트 플레이트법
>   - 가. 콘택트 플레이트에 직접 또는 부착된 라벨에 표면 균, 채취 날짜, 검체 채취 위치, 검체 채취자에 대한 정보 기록
>   - 나. 한손으로 콘택트 플레이트 뚜껑을 열고 다른 한손으로 표면 균을 채취하고자 하는 위치에 배지가 고르게 접촉하도록 가볍게 눌렀다가 떼어 낸 후 뚜껑 덮음
>   - 다. 검체 채취가 완료된 콘택트 플레이트를 테이프로 봉하여 열리지 않도록 하여 오염 방지
>   - 라. 검체 채취가 완료된 표면을 70 % 에탄올로 소독과 함께 배지의 잔류물 남지 않도록 함
>   - 마. 미생물 배양 조건에 맞추어 배양
>   - 바. 배양 후 CFU 수 측정

(3) 혼합·소분 장비 및 도구의 위생관리

① 사용 전·후 세척 등을 통해 오염 방지
  - ㉠ 작업 장비 및 도구 세척 시에 사용되는 세제·세척제는 잔류하거나 표면 이상을 초래하지 않는 것을 사용
  - ㉡ 세척한 작업 장비 및 도구는 잘 건조하여 다음 사용 시까지 오염 방지
  - ㉢ 자외선 살균기 이용
    - 충분한 자외선 노출을 위해 장비 및 도구가 서로 겹치지 않게 한 층으로 보관

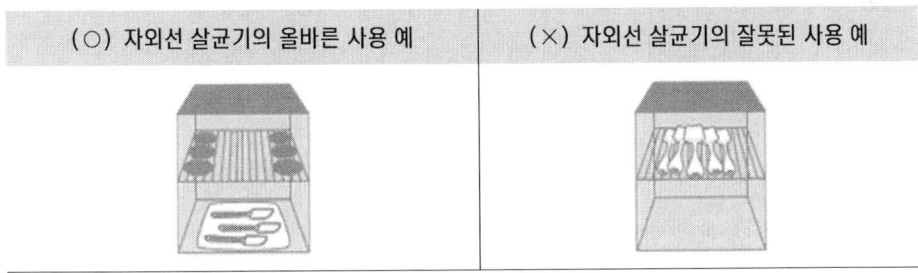

(○) 자외선 살균기의 올바른 사용 예	(×) 자외선 살균기의 잘못된 사용 예

※ 출처 : 맞춤형화장품판매업 가이드라인(식품의약품안전처, 2020.5.), p. 15
살균기 내 자외선램프의 청결 상태를 확인 후 사용

② 혼합·소분 장소, 장비·도구의 위생 환경 모니터링
  - ㉠ 맞춤형화장품 혼합·소분 장소가 위생적으로 유지될 수 있도록 맞춤형화장품판매업자는 주기를 정하여 판매장 등의 특성에 맞도록 위생관리
  - ㉡ 맞춤형화장품 판매 업소에서는 위생 점검표를 활용하여 작업자 위생, 작업환경 위생, 장비·도구 관리 등 맞춤형화장품 판매 업소에 대한 위생 환경 모니터링 후 그 결과를 기록하고 판매업소의 위생 환경 상태 관리

3.3 오염물질제거 및 소독방법

(1) 오염물질제거 및 소독방법

① 설비 및 도구들은 작업 후 세척, 도구들은 계획과 절차에 따라 위생 처리 및 기록
② 설비의 세척은 물질 및 세척 대상 설비에 따라 적절히 시행

세척 대상 물질	세척 대상 설비
• 화학 물질(원료, 혼합물), 미립자, 미생물 • 동일 제품, 이종 제품 • 쉽게 분해되는 물질, 안정된 물질 • 세척이 쉬운 물질, 세척이 곤란한 물질 • 불용 물질, 가용 물질 • 검출이 곤란한 물질, 쉽게 검출할 수 있는 물질	• 설비, 배관, 용기, 호스, 부속품 • 단단한 표면(용기 내부), 부드러운 표면(호스) • 큰 설비, 작은 설비 • 세척이 곤란한 설비, 용이한 설비

③ 물 또는 증기만으로 세척하는 것이 가장 좋으나 브러시 등의 세척 기구를 적절히 사용해서 세척
④ 세제 세척 시 유의사항

- 세제는 설비 내벽에 남기 쉬우므로 철저하게 닦아 냄
- 잔존한 세척제는 제품에 악영향을 미칠 수 있으므로 확인 후 제거함
- 세제가 잔존하고 있지 않은 것을 설명하기 위해서는 고도의 화학 분석 필요함

⑤ 화장품 제조 설비의 세척용으로 적당한 세제를 선정하여 사용
⑥ 부품을 분해할 수 있는 설비는 분해해서 세척
⑦ 설비 세척의 원칙은 다음과 같음

- 위험성이 없는 용제(물이 최적)로 세척
- 가능하면 세제를 사용하지 않음
- 증기 세척은 좋은 방법
- 브러시 등으로 문질러 지우는 것을 고려
- 분해할 수 있는 설비는 분해해서 세척
- 세척 후에는 반드시 '판정'
- 판정 후의 설비는 건조·밀폐해서 보존
- 세척의 유효 기간 설정

(2) 제조설시별 세척과 위생처리

탱크 (tanks)	• 탱크는 세척하기 쉽게 고안되어야 함 • 제품에 접촉하는 모든 표면은 검사와 기계적인 세척을 하기 위해 접근할 수 있도록 함 • 세척을 위해 부속품 해체가 용이하여야 함 • 최초 사용 전에 모든 설비는 세척되어야 하고 사용목적에 따라 소독되어야 함 • 반응할 수 있는 제품의 경우 표면을 비활성으로 만들기 위해 사용하기 전에 표면 부동태(pasivation)를 추천함 • 설비의 일부분 변경 시에도 어떤 경우에는 다시 부동태화 필요할 수 있음 • clean-in-place 시스템(스프레이 볼/스팀세척기 같은)은 제품과 접촉되는 표면에 쉽게 접근할 수 없을 때 사용될 수 있음 • 설비의 악화 또는 손상이 확인되고 처리되는 동안에는 모든 장비의 해체 청소가 필요함 • 가는 관을 연결하여 사용하는 것은 물리적/미생물 또는 교차오염 문제를 일으킬 수 있으며 청소하기 어려움 • 탱크는 완전히 내용물이 빠지도록 설계해야 함 • 위생(sanitary) 밸브와 연결부위는 비위생적인 틈을 방지하기 위해 추천되며 세척/위생처리를 용이하게 하며 여러 가지 상태에서 사용을 할 수 있게 함 • 밸브들은 청소하기 어려운 부분이나, 정체부위(dead legs)가 발생하지 않도록 설치해야 함
펌프 (pumps)	• 펌프는 일상적인 예정된 청소와 유지관리를 위하여 허용된 작업 범위에 대해 라벨을 확인해야 함 • 효과적인 청소와 위생을 위해 각각의 펌프 디자인을 검증해야 하고 철저한 예방적인 유지관리 절차 준수 • 펌프 설계는 펌핑 시 생성되는 압력을 고려해야 하고 적합한 위생적인 압력 해소 장치가 설치되어야 함
혼합과 교반 장치 (mixing and agitation equipment)	• 다양한 작업으로 인해 혼합기와 구성 설비의 빈번한 청소가 요구될 경우, 쉽게 제거될 수 있는 혼합기를 선택하면 철저한 청소를 할 수 있음 • 풋베어링, 조절장치 받침, 주요 진로, 고정나사 등을 청소하기 위해서 고려하여야 함
호스 (hoses)	• 호스와 부속품의 안쪽과 바깥쪽 표면은 모두 제품과 직접 접하기 때문에 청소의 용이성을 위해 설계되어야 함 • 투명한 재질은 청결과 잔금 또는 깨짐 같은 문제에 대한 호스의 검사를 용이하게 함 • 짧은 길이 경우는 청소, 건조 그리고 취급하기 쉽고 제품이 축적되지 않게 하기 때문에 선호됨 • 세척제(스팀, 세제, 소독제 및 용매)들이 호스와 부속품 제재에 적합한지 검토되어야 함

	• 부속품이 해체와 청소가 용이하도록 설계 되는 것이 바람직, 가는 부속품의 사용은 가는 관이 미생물 또는 교차 오염문제를 일으킬 수 있으며 청소하기 어렵기 때문에 최소화되어야 함 • 일상적인 호스세척 절차의 문서화 확립이 필요함
이송 파이프 (transport piping)	• 청소와 정규 검사를 위해 쉽게 해체될 수 있는 파이프 시스템이 다양한 사용조건을 위해 고려되어야 함 • 파이프 시스템은 정상적으로 가동하는 동안 가득 차도록 하고 가동하지 않을 때는 배출하도록 고안되어야 함 • 오염시킬 수 있는 정체부위(dead legs)가 없도록 함 • 파이프 시스템은 축소와 확장을 최소화하도록 고안되어야 함 • 시스템은 밸브와 부속품이 일반적인 오염원이기 때문에 최소의 숫자로 설계되어야 함 • 메인 파이프에서 두 번째 라인으로 흘러가도록 밸브를 사용할 때 밸브는 정체부위(dead legs)를 방지하기 위해 • 주 흐름에 가능한 한 가깝게 위치해야 함
칭량 장치 (weighing device)	• 칭량장치의 기능을 손상시키지 않기 위해서 청소할 때에는 적절한 주의가 필요함 • 먼지 등의 제거는 부드러운 브러시 등을 활용함
게이지와 미터(gauges and meters)	• 게이지와 미터가 일반적으로 청소를 위해 해체되지 않을 지라도, 설계 시 제품과 접하는 부분의 청소가 쉽게 만들어져야 함
제품 충전기 (product filler)	• 제품 충전기는 청소, 위생 처리 및 정기적인 감사가 용이하도록 설계되어야 함 • 충전기가 멀티서비스 조작에 사용되거나, 미생물오염 우려가 있는 제품인 경우 특히 중요함 • 충전기는 조작 중에 제품이 뭉치는 것을 최소화하도록 설계되어야 하며 설비에서 물질이 완전히 빠져나가도록 해야 함 • 제품이 고여서 설비의 오염이 생기는 사각지대가 없도록 해야 함 • 고온세척 또는 화학적 위생처리 조작을 할 때 구성 물질과 다른 설계 조건에 있어 문제가 일어나지 않아야 함 • 청소를 위한 충전기의 용이한 해체가 권장됨 • 청소와 위생처리과정의 효과는 적절한 방법으로 확인해야 함

3.4 설비 기구의 구성 재질 구분

탱크	• 탱크는 공정 단계 및 완성된 포뮬레이션 과정에서 공정 중인 또는 보관용 원료를 저장하기 위해 사용되는 용기 • 스테인리스 스틸은 탱크의 제품에 접촉하는 표면 물질로 일반적으로 선호 • 유형 번호 스테인리스 #304 • 부식에 강한 스테인리스 #316
펌프	• 펌프는 다양한 점도의 액체를 한 지점에서 다른 지점으로 이동시키거나 제품을 혼합(재순환 또는 균질화) 하기 위해 사용 • 모터, 개스킷(gasket), 패킹(packing), 윤활제로 구성
혼합과 교반 장치	• 혼합 또는 교반 장치는 제품의 균일성과 희망하는 물리적 성상을 얻기 위해 사용 • 전기화학적인 반응을 피하기 위해서 믹서의 재질이 믹서를 설치할 모든 젖은 부분 및 탱크와의 공존이 가능한지를 확인해야 함 • 대부분의 믹서는 봉인(seal)과 개스킷에 의해서 제품과의 접촉으로부터 분리되어 있는 내부 패킹과 윤활 제를 사용
호스	• 화장품 생산 작업에 훌륭한 유연성을 제공하기 때문에 한 위치에서 또 다른 위치로 제품의 전달을 위해 화장품 산업에서 광범위하게 사용 • 강화된 식품등급의 고무, 또는 네오프렌, 타이곤(tygon) 또는 강화된 타이곤(tygon), 폴리에칠렌 또는 폴리프로필렌, 나일론 • 호스 부속품과 호스는 작동의 전반적인 범위의 온도와 압력에 적합하여야 하고 제품에 적합한 제재로 건조되어야 함 • 호스 구조는 위생적인 측면이 고려되어야 함
필터, 여과기 그리고 체	• 필터, 스트레이너 그리고 체는 화장품 원료와 완제품에서 원하는 입자크기, 덩어리 모양을 파쇄를 위해 ,불순물을 제거하기 위해 그리고 현탁액에서 초과물질을 제거하기 위해 사용 • 내용물과 반응하지 않는 스테인레스스틸 및 비반응성 섬유 선호 • 원료와 처방에 대해 스테인리스 #316은 제품의 제조를 위해 선호 • 여과 매체(예. 체, 가방(백(bag)), 카트리지 그리고 필터 보조물)는 효율성, 청소의 용이성, 처분의 용이성 그리고 제품에 적합성에 전체 시스템의 성능에 의해 선택하여 평가하여야 함
이송 파이프	• 한 위치에서 다른 위치로 운반 • 유리, 스테인리스 스틸 #304 또는 #316, 구리, 알루미늄 등으로 구성 • 어떤 것들은 개스킷, 파이프 도료, 용접봉 등을 사용 • 이것들은 물질의 적용 가능성을 위해 평가되어야 함 • 유형 #304 와 #316 스테인리스스틸에 추가해서, 유리, 플라스틱, 표면이 코팅된 폴리머가 제품에 접촉 하는 표면에 사용

칭량장치	• 원료, 제조과정 재료 그리고 완제품에 요구되는 성분표 양과 기준을 만족하는지를 보증하기 위해 중량적으로 측정하기 위해 사용 • 계량적 눈금의 노출된 부분들은 칭량 작업에 간섭하지 않는다면 보호적인 피복제로 칠해질 수 있음 • 계량적 눈금 레버 시스템은 동봉물을 깨끗한 공기와 동봉하고 제거함으로써 부식과 먼지로부터 효과적으로 보호
게이지와 미터	• 게이지와 미터는 온도, 압력, 흐름, pH, 점도, 속도, 부피 그리고 다른 화장품의 특성을 측정 및 또는 기록하기 위해 사용되는 기구 • 제품과 직접 접하는 게이지와 미터의 적절한 기능에 영향을 주지 않아야 함 • 대부분의 제조자들은 기구들과 제품과 원료의 직접 접하지 않도록 분리 장치 제공
제품 충전기	• 제품 충전기는 제품을 1차 용기에 넣기 위해 사용 • 조작중의 온도 및 압력이 제품에 영향을 끼치지 않아야 함 • 제품에 나쁜 영향을 끼치지 않아야 함 • 제품에 의해서나 어떠한 청소 또는 위생처리작업에 의해 부식되거나, 분해되거나 스며들게 해서는 안 됨 • 용접, 볼트, 나사, 부속품 등의 설비구성요소 사이에 전기 화학적 반응을 피하도록 구축되어야 함 • 가장 널리 사용되는 제품과 접촉되는 표면물질은 300시리즈 스테인리스 스틸 • 유형 #304와 더 부식에 강한 유형 #316 스테인리스스틸이 가장 널리 사용

3.5 설비, 기구의 유지관리 및 폐기 기준

(1) 설비·기구의 유지관리 기준

① 설비는 정기적으로 점검, 화장품의 제조 및 품질관리에 지장이 없도록 유지·관리·기록할 것

② 결함 발생 및 정비 중인 설비는 적절한 방법으로 표시하고, 고장 등 사용이 불가할 경우 표시

③ 세척한 설비는 다음 사용 시까지 오염되지 않도록 관리- 모든 제조 관련 설비는 승인된 자만이 접근·사용

④ 제품의 품질에 영향을 줄 수 있는 검사, 측정, 시험장비 및 자동화장치는 계획을 수립하여 정기적으로 교정, 성능점검 및 결과 기록- 유지관리 작업이 제품의 품질에 영향을 주어서는 안 됨

> **예방적 실시(preventive maintenance)**
> - 설비마다 절차서 작성.
> - 계획 수립 및 실행(연간계획)
> - 유지하는 "기준"은 절차서에 포함(점검체크시트 사용)
> - 점검항목 : 외관검사(더러움, 녹, 이상소음, 이취), 작동점검(스위치, 연동성), 기능측정(회전수, 전압, 투과율, 감도),청소(외부표면, 내부), 부품교환, 개선

(2) 설비·기구의 유지, 보수 및 점검

① 설비 관리: 설비 관리는 조사, 분석, 설계, 설치, 운전, 보전, 그리고 폐기에 이르는 설비 생애(life cycle)의 전 단계에 걸쳐서 설비의 생산성을 높이는 활동

② 설비 생애: 신규 설비 검토 단계: 설계, 제작, 설치, 검수 단계: 사용과 유지·관리 단계(일상 점검, 정기 점검): 고장 발생과 수리 단계: 폐기, 매각 단계

③ 설비 보전: 생산 설비 등을 최적의 상태로 효율적으로 유지하기 위해 일상 점검 및 정기 점검을 통한 설비 진단과 고장 부위 정비 또는 유지, 보수, 관리, 운용하는 활동

④ 설비 유지·보수: 설비 보전과 같은 개념이나 보통은 설비 보전 활동 중 기본적인 점검, 정비, 그리고 보수(부품 교체와 부분 수리)를 통해 설비가 제대로 동작하도록 유지시키는 활동에 국한

⑤ 설비 유지·보수 필요성: 설비 유지·보수는 예방 정비 및 기기의 수명 예측 등을 통하여 설비가 항상 정상 상태로 가동되고 안전 운전을 유지할 수 있도록 하는 데 목적이 있음

⑥ 설비의 특성 파악: 정비 계획을 수립하기 위해서는 제조 공정, 생산 설비와 제조 공정도에 대한 이해가 필요

⑦ 정비 계획에 따른 점검·정비
   ㉠ 설비 대장의 점검·정비 주기와 연간 정비 계획표 수립
   ㉡ 정비 업무 계획표에 따라 점검과 정비 실시
   ㉢ 설비 점검은 설비별 점검 기준서를 기초로 하여 실시: 점검 기준서 포함 사항

> 설비 구조도면, 명칭, 기능, 취급 방법, 기계요소 및 내구 수명, 작업 내용, 설비 기본 정보(설비 번호, 설비명, 설치 연월, 설치 장소), 설비 사진 또는 도면(일련번호와 함께 점검과 정비 대상인 기계요소의 번호, 명칭, 기능을 기재), 점검 부위명, 점검 기준, 점검 방법, 점검 주기, 조치 방법, 담당자명

② 설비의 일상 점검은 일간 또는 주간 주기로 실시, 결과를 설비 점검표에 기록
⑩ 설비의 정기 점검은 연간 정비 계획서에 따라 정기 정비와 같이 실시, 설비 점검표에 점검 결과를 기재하고 기록 보관

⑧ 설비 결함
  ㉠ 고장의 원인이 되는 설비 손상, 설비 효율이나 생산 효율을 저해하는 요인
  ㉡ 설비 효율 저해 요인에는 고장 로스, 작업 준비·조정 로스, 일시 정체 로스, 속도 로스, 불량·수정 로스, 초기수율 로스가 있음: 수시로 점검과 정비를 통해 설비 결함의 발생 빈도를 감소시켜야 함

⑨ 부품 교체: 부품 교체 주기표, 유지·보수 계획서, 그리고 장기 보전 계획표에 정해진 기간에 실시하고 예비품 관리 대장에 기록

(3) 설비·기구의 이력 관리 및 폐기

① 사용 조건과 설비 관리의 적절성에 따라 내구연한이 단축 또는 연장
② 설비 이력 관리를 통한 설비 가동률과 고장률 파악
③ 점검·정비 주기의 단축 또는 연장 여부 결정
④ 부품의 교체 시기, 설비의 정밀 진단과 폐기 시점 결정
⑤ 설비 가동 일지에는 설비 번호, 설비명, 설치 장소, 설치 연월과 같은 기본 항목 이외에 생산일 및 시간, 조업 시간, 정지 시간, 부하 시간, 가동 시간, 가동률 기록
⑥ 내구연한 종료 설비의 폐기
⑦ 설비 이력카드 양식의 구성은 다음과 같음

4. 내용물 및 원료관리

4.1 내용물 및 원료의 입고 기준

(1) 내용물 및 원료의 입고기준

① **제조업자는 원자재 공급자에 대한 관리감독 수행**
  ㉠ 원자재 공급업자에 대한 평판
  ㉡ 내용물 또는 원료 물질의 품질을 입증할 수 있는 검증 자료 제공 유무

② 원자재 용기 및 시험기록서의 필수적인 기재 사항

- 원자재 공급자가 정한 제품명
- 원자재 공급자명
- 수령일자
- 공급자가 부여한 제조번호 또는 관리번호

③ 내용물 또는 원료의 입고 기준 또는 확인 사항

- 구매요구서
- 원자재 공급업체 선정서 및 현품의 일치 유무
- 원자재 용기의 제조번호 - 원료 수령에 대한 절차서 확립
- 구매요구서, 인도문서, 인도물이 서로 일치
- 원료 선적 용기에 대하여 확실한 표기 오류, 용기 손상, 봉인 파손, 오염 등에 대한 육안 검사
- 품질성적서(원료규격서): 원료명, 밀봉 상태, 성상, 이물, 관능, 부적합기준 등

④ 원료입고 검사 순서

  ㉠ 입고차량검사: 청결상태, 시건장치, 타코메타(냉장, 냉동)

  ㉡ 원료의 육안검사

  ㉢ 원료의 수불일지 작성

입고관리

① 제조업자는 원자재 공급자에 대한 관리감독을 적절히 수행하며 입고관리를 철저히 이행함

  ㉠ 화장품의 제조에 사용되는 모든 원료의 부적절하고 위험한 사용, 혼합 또는 오염을 방지하기 위하여, 해당 물질의 검증, 확인, 보관, 취급, 및 사용을 보장할 수 있도록 절차가 수립되어 외부로부터 공급된 원료는 규정된 품질 합격판정기준을 충족시켜야 함

원료의 관리에 필요한 사항

• 중요도 분류	• 공급자 결정
• 발주, 입고, 식별·표시, 합격·불합격 판정, 보관, 불출	• 보관 환경 설정
• 사용기한 설정	• 정기적 재고관리
• 재평가	• 재보관

ⓒ 모든 원료는 화장품 책임판매업자가 정한 기준에 따라서 품질을 입증할 수 있는 검증자료를 공급자로부터 공급받아야 함
ⓒ 이러한 보증의 검증은 주기적으로 관리되어야 하며, 모든 원료는 사용 전에 관리되어야 함
② 원자재의 입고 시 구매 요구서, 원자재 공급업체 성적서 및 현품이 서로 일치하여야 하며 필요한 경우 운송 관련 자료를 추가적으로 확인할 수 있음

원료의 구매 시 고려 사항

- 요구사항을 만족하는 품목과 서비스를 지속적으로 공급할 수 있는 능력평가를 근거로 한 공급자의 체계적 선정과 승인
- 합격판정기준, 결함이나 일탈 발생 시의 조치 그리고 운송 조건에 대한 문서화된 기술 조항의 수립
- 협력이나 감사와 같은 회사와 공급자간의 관계 및 상호 작용의 정립

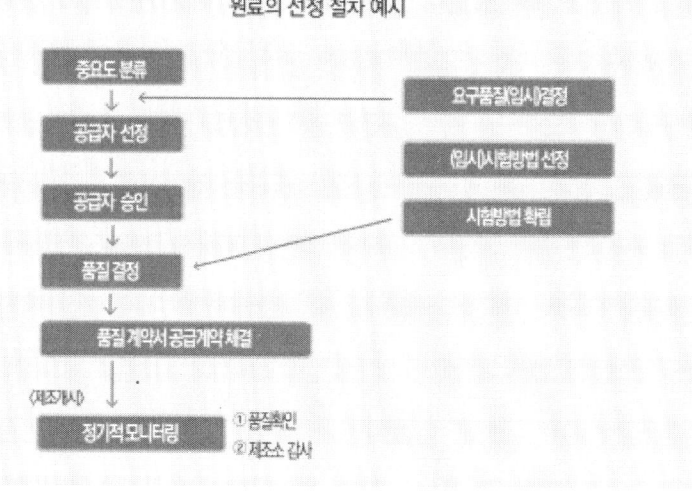

원료의 선정 절차 예시

③ 원자재 용기에 제조번호가 없는 경우에는 관리번호를 부여하여 보관하여야 함
  ㉠ 외부로부터 반입되는 모든 원료는 관리를 위해 표시를 하여야 하며, 필요한 경우 포장 외부를 깨끗이 청소
  ㉡ 한 번에 입고된 원료는 제조단위 별로 각각 구분하여 관리
④ 원자재 입고절차 중 육안확인 시 물품에 결함이 있을 경우 입고를 보류하고 격리보관 및 폐기하거나 원자재 공급업자에게 반송함
  ㉠ 확인, 검체채취, 규정 기준에 대한 검사 및 시험 및 그에 따른 승인된 자에 의한 불출 전까지는 어떠한 물질도 사용되어서는 안 된다는 것을 명시하는 원료 수령에 대한 절차서를 수립하여야 함 - 구매요구서, 인도문서, 인도물이 서로 일치해야 함
  ㉡ 원료 선적 용기에 대하여 확실한 표기 오류, 용기 손상, 봉인 파손, 오염 등에 대해 육안으로 검사함
  ㉢ 필요하다면, 운송 관련 자료에 대한 추가적인 검사를 수행함

⑤ 입고된 원자재는 "적합", "부적합", "검사 중" 등으로 상태를 표시하여야 하며 동일 수준의 보증이 가능한 다른 시스템이 있다면 대체할 수 있음
   ㉠ 입고된 원료는 검사 중, 적합, 부적합에 따라 각각의 구분된 공간에 별도로 보관되어야 함
   ㉡ 필요한 경우 부적합된 원료를 보관하는 공간은 잠금장치를 추가하여야 하며 자동화 창고와 같이 확실하게 구분하여 혼동을 방지할 수 있는 경우에는 해당 시스템을 통해 관리할 수 있음
   ㉢ 일단 적합판정이 내려지면, 원료보관소 내 적합한 보관장소로 이동
   ㉣ 품질이 부적합 되지 않도록 하기 위해 수취와 이송 중의 손상, 보관온도, 습도, 다른 제품과의 접근성을 고려함

⑤ 물품에 결함 시 조치 방법
   ㉠ 입고 보류
   ㉡ 격리보관
   ㉢ 폐기 또는 원자재 공급업자에게 반송

4.2 유통화장품의 안전관리 기준

(1) 유통화장품의 안전관리 기준

① 화장품 안전관리 등에 관한 규정: 화장품을 제조하면서 인위적으로 첨가하지 않았으나, 제조 또는 보관 과정 중 포장재로부터 이행되는 등 비의도적으로 유래된 사실이 객관적인 자료로 확인되고 기술적으로 완전한 제거가 불가능한 경우에 해당 물질의 검출 허용 한도

	기준
납	점토를 원료로 사용한 분말제품 : 50 $\mu g/g$ 이하, 그 밖의 제품 : 20 $\mu g/g$ 이하
니켈	눈 화장용 제품 : 35 $\mu g/g$ 이하, 색조화장용 제품 : 30 $\mu g/g$ 이하, 그 밖의 제품 : 10 $\mu g/g$ 이하
비소	10 $\mu g/g$ 이하
수은	1 $\mu g/g$ 이하
안티몬	10 $\mu g/g$ 이하
카드뮴	5 $\mu g/g$ 이하
디옥산	100 $\mu g/g$ 이하

	기준
메탄올	0.2(v/v)% 이하, 물휴지는 0.002%(v/v) 이하
포름알데하이드	2000 ㎍/g 이하, 물휴지는 20 ㎍/g 이하
프탈레이트류	총합으로서 100 ㎍/g 이하 (디부틸프탈레이트, 부틸벤질프탈레이트 및 디에칠헥실프탈레이트에 한함)

「화장품 안전기준 등에 관한 규정」의 사용할 수 없는 원료가 비의도적으로 검출 시 조치사항 : 「화장품법 시행규칙」에 따라 위해평가 후, 위해 여부를 결정

② 미생물의 한도

항목	기준
총호기성생균수	영·유아용 제품류 및 눈화장용 제품류: 500개/g(mL) 이하
물휴지	세균 및 진균수: 각각 100개/g(mL) 이하
기타화장품	1,000개/g(mL) 이하
병원성균	대장균(Escherichia coli), 녹농균(pseudomonas aeruginosa), 황색포도상구균(staphylococcus aureus): 불검출

③ 유통화장품의 내용량 기준

　㉠ 제품 3개 시험 결과 평균 내용량이 표기량의 97% 이상

　㉡ 예외 적용· 화장비누의 내용량 기준: 건조중량

　㉢ 상기 기준치를 벗어날 경우 제품 6개를 추가 시험하여 총 9개의 평균 내용량이 표기량에 대하여 97% 이상

　㉣ 그 밖의 특수한 제품: 대한민국약전 (식품의약품안전처 고시) 준수

④ 유통화장품 중 액상 제품의 pH기준

　㉠ 영·유아용 제품류(영·유아용 샴푸, 영·유아용 린스, 영·유아 인체 세정용 제품, 영·유아 목욕용 제품 제외), 눈 화장용 제품류, 색조 화장용 제품류, 두발용 제품류(샴푸, 린스 제외), 면도용 제품류(셰이빙 크림, 셰이빙 폼 제외), 기초화장용 제품류(클렌징 워터, 클렌징 오일, 클렌징 로션, 클렌징 크림 등 메이크업 리무버 제품 제외) 중 액, 로션, 크림 및 이와 유사한 제형의 액상제품의 pH기준은 3.0~9.0.

　㉡ 다만, 물을 포함하지 않는 제품과 사용한 후 곧바로 물로 씻어 내는 제품은 제외

⑤ 기능성화장품 중 기능성을 나타내는 주원료의 함량 기준
- 「화장품법」 및 같은 법 시행규칙에 따라 심사 또는 보고한 기준

⑥ 퍼머넌트웨이브용 및 헤어스트레이트너 제품의 안전관리기준「화장품 안전기준 등에 관한 규정」 (유통화장품의 안전관리 기준)참고

⑧ 유리알칼리 관리 기준- 0.1% 이하(화장 비누에 한함)

4.3 입고된 원료 및 내용물 관리 기준

(1) 입고된 원료 및 내용물의 관리 기준

① 입고된 원료 및 내용물의 품질관리 기준
  ㉠ 품질성적서(원료규격서) 확인: 밀봉 상태, 성상, 이물, 관능, 부적합기준 등
  ㉡ 보관조건 확인: 온도, 차광 등
  ㉢ 부적합관리일지 작성: 부적합기준이 기재된 품질성적서(원료규격서)에 근거한 부적합일지 작성
  ㉣ 원료 수불일지 작성: 원료명, 원료의 유형, 입고일, 입고 수량/중량, 사용량, 사용일, 재고량 등
  ㉤ 원료의 샘플링: 조도 540룩스 이상의 별도 공간에서 실시

② 입고된 원료의 관리
  ㉠ 입고된 원자재 상태(적합, 부적합, 검사 중 등) 표시
  ㉡ 입고된 원료는 검사 중, 적합, 부적합에 따라 각각의 구분된 공간에 별도 보관
  ㉢ 필요한 경우 부적합된 원료를 보관하는 공간은 잠금장치 추가

보관관리
① 보관 조건은 각각의 원료의 세부 요건에 따라 적절한 방식으로 정의(예: 냉장, 냉동보관)
② 원료가 재포장될 때, 새로운 용기에는 원래와 동일한 라벨링이 있어야 함
③ 원료의 경우, 원래 용기와 같은 물질 혹은 적용할 수 있는 다른 대체 물질로 만들어진 용기를 사용하는 것이 중요
  ㉠ 적절한 보관을 위한 고려사항은 다음과 같음
  ㉡ 보관 조건은 각각의 원료에 적합하여야 하고, 과도한 열기, 추위, 햇빛 또는 습기에 노출되어 변질되는 것을 방지할 수 있어야 함
  ㉢ 물질의 특징 및 특성에 맞도록 보관, 취급되어야 함

　　　　ⓐ 특수한 보관 조건은 적절하게 준수, 모니터링 되어야 함
　　　　ⓑ 원료의 용기는 밀폐되어, 청소와 검사가 용이하도록 충분한 간격으로, 바닥과 떨어진 곳에 보관되어야 함
　　　　ⓒ 원료가 재포장될 경우, 원래의 용기와 동일하게 표시되어야 함
　　　　ⓓ 원료의 관리는 허가되지 않거나, 불합격 판정을 받거나, 아니면 의심스러운 물질의 허가되지 않은 사용을 방지할 수 있어야 함(물리적 격리(quarantine)나 수동 컴퓨터 위치 제어 등의 방법)
　　④ 재고의 회전을 보증하기 위한 방법이 확립되어 있어야 함
　　⑤ 특별한 경우를 제외하고, 가장 오래된 재고가 제일 먼저 불출되도록 선입·선출
　　　　㉠ 재고의 신뢰성을 보증하고, 모든 중대한 모순을 조사하기 위해 주기적인 재고조사가 시행
　　　　㉡ 원료 및 포장재는 정기적으로 재고조사를 실시
　　　　㉢ 장기 재고품의 처분 및 선입선출 규칙의 확인이 목적
　　　　㉣ 중대한 위반품이 발견되었을 때에는 일탈처리

원료 보관 환경

- 출입제한: 원료 보관소의 출입제한
- 오염방지: 시설대응, 동선관리가 필요
- 방충·방서 대책
- 온도, 습도: 필요시 설정

---

　　⑥ 원료의 허용 가능한 보관 기한을 결정하기 위한 문서화된 시스템을 확립
　　⑦ 보관기한이 규정되어 있지 않은 원료는 품질부문에서 적절한 보관기한을 정할 수 있음
　　⑧ 이러한 시스템은 물질의 정해진 보관 기한이 지나면, 해당 물질을 재평가하여 사용 적합성을 결정하는 단계들을 포함해야 함
　　⑨ 원칙적으로 원료공급처의 사용기한을 준수하여 보관기한을 설정하여야 하며, 사용기한 내에서 자체적인 재시험 기간과 최대 보관기한을 설정·준수해야 함

- 재평가 방법을 확립해 두면 보관기한이 지난 원료를 재평가해서 사용할 수 있음
※ 원료의 최대보관기한을 설정하는 것이 바람직함

4.4 보관중인 원료 및 내용물 출고기준

(1) 원료의 보관기준

① 원자재, 반제품 및 벌크 제품은 품질에 나쁜 영향을 미치지 아니하는 조건에서 보관하여야 하며 보관기한을 설정하여야 함

② 원자재, 반제품 및 벌크 제품은 바닥과 벽에 닿지 아니하도록 보관하고, 선입선출에 의하여 출고할 수 있도록 보관하여야 함
③ 원자재, 시험 중인 제품 및 부적합품은 각각 구획된 장소에서 보관하여야 함(다만, 서로 혼동을 일으킬 우려가 없는 시스템에 의하여 보관되는 경우에는 그러하지 아니함)
④ 설정된 보관기한이 지나면 사용의 적절성을 결정하기 위해 재평가시스템을 확립하여야 하며, 동 시스템을 통해 보관기한이 경과한 경우 사용하지 않도록 규정하여야 함

원료 보관관리 항목
- 보관
- 보관용검체
- 합격·출하 판정
- 재고 관리
- 검체채취
- 제품 시험
- 출하
- 반품

(2) 원료의 출고 기준
① 선입선출 방식에서 고려 사항- 입고 및 출고 상황을 관리·기록해야 함
　㉠ 특별한 환경을 제외하고 재고품 순환은 오래된 것이 먼저 사용되도록 보증해야 함
　㉡ 나중에 입고된 물품이 사용기한이 짧은 경우 또는 특별한 사유가 발생할 경우, 먼저 입고된 물품보다 먼저 출고할 수 있음
② **출고할 원료 및 내용물의 보관 장소 및 조건**
　㉠ 지정된 보관 장소에 선입 선출이 가능하도록 식별표를 부착하여 입고 보관해야 함
　㉡ 보관 조건은 각각의 원료와 포장재에 적합하여야 하고, 과도한 열기, 추위, 햇빛 또는 습기에 노출되어 변질되는 것을 방지할 수 있어야 함
　㉢ 물질의 특징 및 특성에 맞도록 보관, 취급되어야 함
　㉣ 특수한 보관 조건은 적절하게 준수, 모니터링되어야 함
　㉤ 원료의 용기는 밀폐된 상태로, 청소와 검사가 용이하도록 충분한 간격으로 바닥과 떨어진 곳에 보관되어야 함- 원료가 재포장될 경우, 원래의 용기와 동일하게 표시되어야 함
　㉥ 원료의 관리는 허가되지 않거나, 불합격 판정을 받거나, 아니면 의심스러운 물질의 허가되지 않은 사용을 방지할 수 있어야 함(물리적 격리(quarantine)나 수

동 컴퓨터 위치 제어 등의 방법)
③ 원료 및 내용물의 출고 기준
   ㉠ 선입선출
   ㉡ 출고 절차 마련- 출고 관련 책임자 지정
   ㉢ 출고 문서화
   ㉣ 검체가 원료기준을 충족시킬 때 불출

출고기준
- 완제품은 시험결과 적합으로 판정되고 품질보증부서 책임자가 출고 승인한 것만을 출고하여야 함
- 불출된 원료만이 사용되고 있음을 확인하기 위한 적절한 시스템(물리적 시스템 또는 그의 대체시스템 즉 전자시스템 등)이 확립되어야 함
- 오직 승인된 자만이 원료의 불출 절차를 수행할 수 있음
- 뱃치에서 취한 검체가 모든 합격 기준에 부합할 때 뱃치가 불출될 수 있음
- 원료는 불출되기 전까지 사용을 금지하는 격리를 위해 특별한 절차가 이행되어야 함
- 출고는 선입선출방식으로 하되, 타당한 사유가 있는 경우에는 그러하지 아니할 수 있음
- 모든 보관소에서는 선입선출의 절차가 사용되어야 함
- 특별한 환경을 제외하고, 재고품 순환은 오래된 것이 먼저 사용되도록 보증해야 함
- 모든 물품은 원칙적으로 선입·선출 방법으로 출고해야 함
- 나중에 입고된 물품이 사용기한이 짧은 경우 먼저 입고된 물품보다 먼저 출고할 수 있음
- 선입선출을 하지 못하는 특별한 사유가 있을 경우, 적절하게 문서화된 절차에 따라 나중에 입고된 물품을 먼저 출고할 수 있음
- 출고할 제품은 원자재, 부적합품 및 반품된 제품과 구획된 장소에서 보관하여야 함.
- 서로 혼동을 일으킬 우려가 없는 시스템에 의하여 보관되는 경우에는 그러하지 아니할 수 있음
- 원료의 사용기한을 사례별로 결정하기 위해 적절한 시스템이 이행되어야 함
- 모든 완제품은 포장 및 유통을 위해 불출되기 전, 해당 제품이 규격서를 준수하고, 지정된 권한을 가진 자에 의해 승인된 것임을 확인하는 절차서가 수립되어야 함
- 절차서는 보관, 출하, 회수 시, 완제품의 품질을 유지할 수 있도록 보장해야 함

원료 관리 항목			
• 검체채취	• 보관용 검체	• 제품 시험	• 합격·출하 판정
• 출하	• 재고 관리	• 반품	

- 원료 관리를 충분히 실시하기 위해서는 원료에 관한 기초적인 검토 결과를 기재한 CGMP 문서, 각종 기록서, 관리 문서가 필요함

4.5 내용물 및 원료의 폐기기준

(1) 원료 및 내용물의 폐기 기준

① 원료 및 내용물의 폐기 기준
   ㉠ 품질에 문제가 있거나 회수·반품된 제품의 폐기 또는 재작업 여부는 품질보증 책임자에 의해 승인되어야 함
   ㉡ 재작업은 그 대상이 다음 각 호를 모두 만족한 경우에 할 수 있음
      가. 변질·변패 또는 병원미생물에 오염되지 아니한 경우
      나. 제조일로부터 1년이 경과하지 않았거나 사용기한이 1년 이상 남아있는 경우
   ㉢ 재입고할 수 없는 제품의 폐기처리규정을 작성하여야 하며 폐기 대상은 따로 보관하고 규정에 따라 신속하게 폐기하여야 함
   ㉣ 기준일탈 제품·원료와 포장재, 벌크제품과 완제품이 적합판정기준을 만족시키지 못할 경우
   ㉤ 재작업
      가. 뱃치 전체 또는 일부에 추가 처리(한 공정 이상의 작업을 추가하는 일)를 하여 부적합품을 적합품으로 다시 가공하는 일
      나. 재작업이란 적합판정기준을 벗어난 완제품 또는 벌크제품을 재처리하여 품질이 적합한 범위에 들어오도록 하는 작업을 의미
   ㉥ 기준일탈 제품이 발생했을 때
      가. 모두 문서에 남김
      나. 기준일탈이 된 완제품 또는 벌크제품은 재작업할 수 있음
      다. 폐기하는 것이 가장 바람직하며 재작업 여부는 품질보증 책임자에 의해 승인되어 진행
      라. 먼저 권한 소유자(부적합 제품의 제조 책임자)에 의한 원인 조사가 필요함. 재작업을 해도 제품 품질에 악영향을 미치지 않는 것을 예측함

② 원료 물질의 변질 변패를 위한 관능 검사
   ㉠ 감각기관(후각, 시각, 미각, 촉각 등)을 통하여 원료의 신선도 판정
   ㉡ 냄새의 발생(암모니아 냄새, 아민 냄새, 산패한 냄새, 알코올 냄새 등)
   ㉢ 색깔의 변화(변색, 퇴색, 광택 등)

ⓔ 성상의 변화(고형의 경우 액상화, 액상화의 경우 고형화 등)
ⓑ 이상한 맛이나 불쾌한 맛의 발생(신맛, 쓴맛, 자극적인 맛 등)

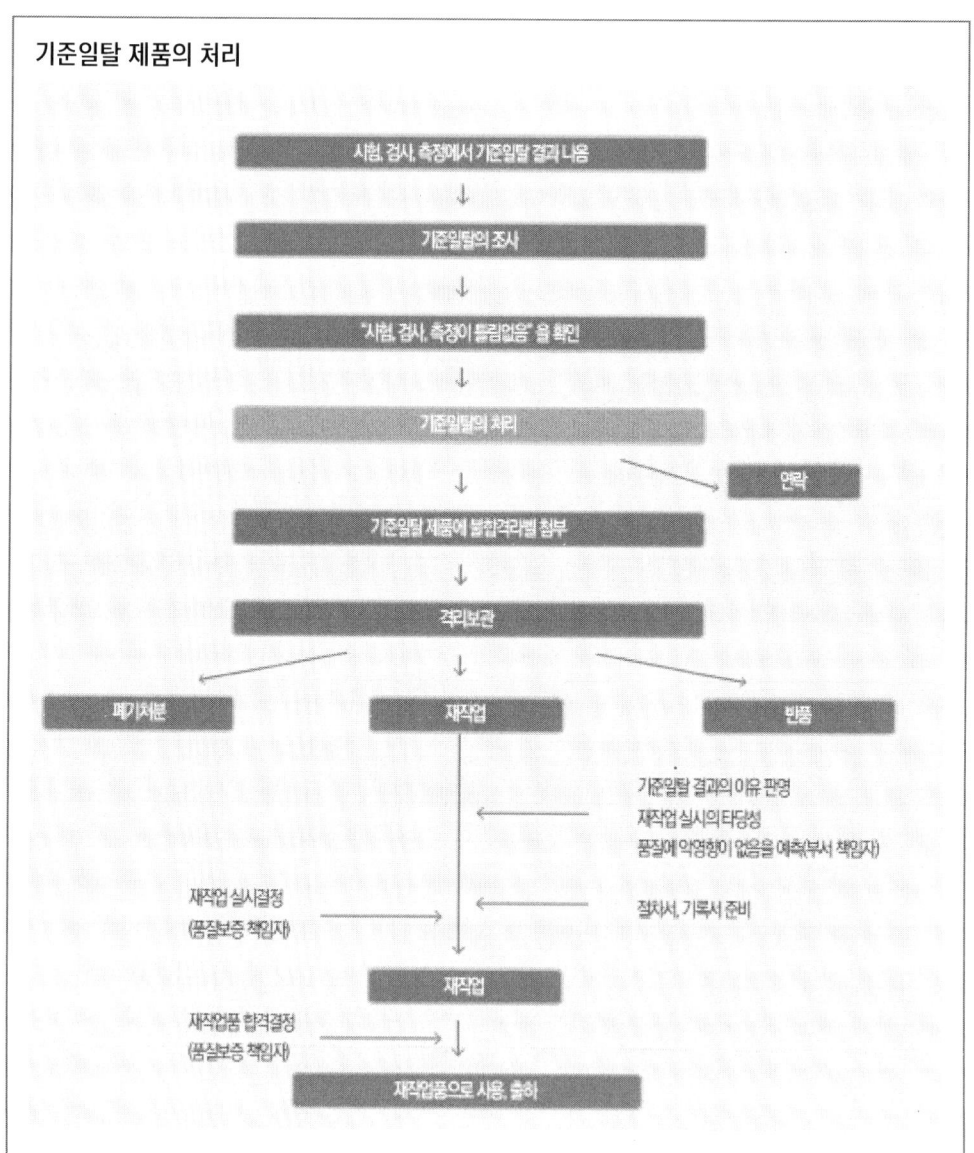

기준일탈 제품의 처리

① 재작업 처리의 실시는 품질보증 책임자가 결정함
② 재작업 실시의 제안을 하는 것은 제조 책임자일 것이나, 실시 결정은 품질보증 책임자가 함
③ 품질보증 책임자가 재작업의 결과에 책임을 짐
④ 제품이 변질·변패 또는 병원미생물에 오염되지 아니하였으며, 제조일로부터 1년이 경과하지 않았거나 사용기한이 1년 이상 남아있는 경우를 모두 만족할 때 재작업을 할 수 있음

⑤ 재작업은 해당 재작업의 절차를 상세하게 작성한 절차서를 준비해서 실시해야 함
⑥ 재작업 실시 시에는 발생한 모든 일들을 재작업 제조기록서에 기록함
⑦ 통상적인 제품 시험 시보다 많은 시험을 실시함. 제품 분석뿐만 아니라, 제품 안정성 시험을 실시하는 것이 바람직함
⑧ 제품 품질에 대한 좋지 않은 경시 안정성에 대한 악영향으로서 나타날 일이 많기 때문임
⑨ 재입고할 수 없는 제품의 폐기처리규정을 작성하여야 하며 폐기 대상은 따로 보관하고 규정에 따라 신속 폐기해야 함
⑩ 원료와 포장재, 벌크제품과 완제품이 적합판정기준을 만족시키지 못할 경우 "기준일탈 제품"으로 지칭함

4.6 내용물 및 원료의 사용기한 확인·판정

(1) 원료 및 내용물의 사용기한 확인 및 판정

① 원료 및 내용물의 사용기한 확인

㉠ 원칙적으로 원료공급처의 사용기한을 준수하여 보관기한을 설정하여야 하며, 사용기한 내에서 자체적인 재시험 기간과 최대 보관기한을 설정·준수해야 함

㉡ 사용기한이 정해지지 않은 원료(색소 등)는 자체적으로 사용기한을 정함

검체의 채취 및 보관

- "사용기한"이란 화장품이 제조된 날부터 적절한 보관 상태에서 제품이 고유의 특성을 간직한 채 소비자가 안정적으로 사용할 수 있는 최소한의 기한
- 검체의 채취 및 보관
  - 시험용 검체는 오염되거나 변질되지 아니하도록 채취하고, 채취한 후에는 원상태에 준하는 포장을 해야 하며, 검체가 채취되었음을 표시하여야 함
  - 시험용 검체의 용기에는 다음 사항을 기재하여야 함

| • 명칭 또는 확인코드 | • 제조번호 | • 검체채취 일자 |

- 완제품의 보관용 검체는 적절한 보관조건 하에 지정된 구역 내에서 제조단위별로 사용기한 경과 후 1년간 보관, 개봉 후 사용기간을 기재하는 경우에는 제조일로부터 3년간 보관하여야 함

② 원료 및 내용물의 사용기한 확인 판정
　　㉠ 표시 기재된 사용기한을 육안으로 확인
　　㉡ 사용기한 확인 일자 표기

4.7 내용물 및 원료의 개봉 후 사용기한 확인 판정

(1) 내용물 및 원료의 개봉 후 사용기한 확인·판정

① 원료 및 내용물의 사용기한 확인

원칙적으로 원료공급처의 개봉 후 사용기한을 준수하여 보관기한을 설정하여야 하며, 개봉 후 사용기한 내에서 자체적인 재시험 기간과 최대 보관기한을 설정·준수해야 함

제품의 보관 및 사용기간
- 원료의 허용 가능한 사용 기한을 결정하기 위한 문서화된 시스템을 확립해야 함
- 사용 기한이 규정되어 있지 않은 원료는 품질부문에서 적절한 사용 기한을 정할 수 있음
- 이러한 시스템은 물질의 정해진 사용 기한이 지나면, 해당 물질을 재평가하여 사용 적합성을 결정하는 단계들을 포함해야 함
- 이 경우에도 최대 사용기한을 설정하는 것이 바람직함
- 제품 보관 시 필요한 환경 항목을 아래에 제시함
- 보관 온도, 습도는 제품의 안정성 시험 결과를 참고로 해서 설정하며, 안정성 시험은 화장품의 보관 조건이나 사용기한과 밀접한 관계가 있음

> **제품의 보관 환경**
> - 출입 제한
> - 오염 방지 - 시설대응, 동선 관리가 필요
> - 방충·방서 대책
> - 온도·습도·차광
>   - 필요한 항목을 설정한다
>   - 안정성시험결과, 제품표준서 등을 토대로 제품마다 설정

---

② 원료 및 내용물의 개봉 후 사용기한 확인 판정
　　㉠ 표시 기재된 사용기한을 육안으로 확인
　　㉡ 개봉 후 사용기한 확인 일자 표기

4.8 내용물 및 원료의 변질 상태 확인

(1) 내용물 및 원료의 변질 상태(변색, 변취 등) 확인

① 원료 및 내용물의 품질 특성을 고려한 변질 상태 판단
- ㉠ 시험용 검체는 오염되거나 변질되지 아니하도록 채취하고, 채취한 후에는 원상태에 준하는 포장을 해야 하며, 검체가 채취되었음을 표시하여야 함
- ㉡ 시험용 검체의 용기에는 다음 사항을 기재하여야 함

| • 명칭 또는 확인코드 • 제조번호 • 검체채취 일자 |

- ㉢ 개봉마다 변질 및 오염이 발생할 가능성이 있기 때문에 여러 번 재보관과 재사용을 반복하는 것은 피함
- ㉣ 관능검사로 변질 상태를 확인하며 필요할 경우, 이화학적 검사를 실시함

4.9 내용물 및 원료의 폐기절차

(1) 원료 및 내용물의 폐기 기준

① 품질에 문제가 있거나 회수·반품된 제품의 폐기 또는 재작업 여부는 품질보증 책임자에 의해 승인
② **재작업**
- ㉠ 변질·변패 또는 병원미생물에 오염되지 아니한 경우
- ㉡ 제조일로부터 1년이 경과하지 않았거나 사용기한이 1년 이상 남아있는 경우 모두 만족할 때 재작업

(2) 기준 일탈 원료의 폐기 절차

① 시험, 검사, 측정에서 기준 일탈
② 기준 일탈의 조사
③ "시험, 검사, 측정이 틀림없음"을 확인
④ 기준 일탈의 처리- 기준 일탈
⑤ 참고제품에 불합격라벨 첨부
⑥ 격리 보관

⑦ 폐기 처분
⑧ 필요시 반품 처리

기준일탈 원료의 처리
- 원료가 적합판정기준을 만족시키지 못할 경우 "기준일탈 제품"으로 지칭함
- 기준일탈 제품이 발생했을 때는 미리 정한 절차를 따라 확실한 처리를 하고 실시한 내용을 모두 문서에 남김
- 기준일탈이 된 완제품 또는 벌크제품은 재작업할 수 있음
- 재작업이란 뱃치 전체 또는 일부에 추가 처리(한 공정 이상의 작업을 추가하는 일)를 하여 부적합품을 적합품으로 다시 가공하는 일을 말함
- 기준일탈 제품은 폐기하는 것이 가장 바람직함
- 폐기하면 큰 손해가 되므로 재작업을 고려해야 함
- 일단 부적합 제품의 재작업을 쉽게 허락할 수는 없음
- 먼저 권한 소유자에 의한 원인 조사가 필요함. 권한 소유자는 부적합 제품의 제조 책임자라고 할 수 있음
- 그 다음 재작업을 해도 제품 품질에 악영향을 미치지 않음을 예측해야 함

---

(3) 재작업의 절차

① 품질보증 책임자가 원인 조사 지시
② 재작업 전의 품질이나 공정의 적절함 등을 고려하여 품질에 악영향을 미치지 않는 것을 예측
③ 재작업 처리 실시 결정은 품질보증 책임자가 실시
④ 승인이 끝난 재작업 절차서 및 기록서에 따라 실시
⑤ 재작업 한 최종 제품 또는 벌크제품의 제조기록, 시험기록을 충분히 남김
⑥ 품질이 확인되고, 품질보증 책임자의 승인 없이는 다음 공정에 사용 및 출하할 수 없음

5. 포장재의 관리

5.1 포장재의 입고기준

(1) 포장재의 입고기준

> - 제조업자는 원자재 공급자에 대한 관리감독을 적절히 수행하여 입고관리가 철저히 이루어지도록 하여야 함
> - 원자재의 입고 시 구매 요구서, 원자재 공급업체 성적서 및 현품이 서로 일치하여야 한다. 필요한 경우 운송 관련 자료를 추가적으로 확인할 수 있음
> - 원자재 용기에 제조번호가 없는 경우에는 관리번호를 부여하여 보관하여야 함
> - 원자재 입고절차 중 육안확인 시 물품에 결함이 있을 경우 입고를 보류하고 격리보관 및 폐기하거나 원자재 공급업자에게 반송하여야 함
> - 입고된 원자재는 "적합", "부적합", "검사 중" 등으로 상태를 표시하여야 한다. 다만, 동일 수준의 보증이 가능한 다른 시스템이 있다면 대체할 수 있음
> - 원자재 용기 및 시험기록서의 필수적인 기재사항은 다음 각 호와 같음
>   1. 원자재 공급자가 정한 제품명
>   2. 원자재 공급자명
>   3. 수령일자
>   4. 공급자가 부여한 제조번호 또는 관리번호

① 화장품의 제조와 포장에 사용되는 모든 포장재는 해당 물질의 검증, 확인, 보관, 취급 및 사용을 보장할 수 있도록 절차를 수립, 외부로부터 공급된 포장재의 규정된 완제품 품질 합격 판정 기준을 충족시켜야 함

② 포장재 관리에 필요한 사항은 중요도 분류, 공급자 결정, 발주/입고/식별·표시/합격·불합격 판정/보관/불출, 보관환경 설정, 사용기한 설정, 정기적 재고관리, 재평가, 재보관 등

③ 모든 포장재는 화장품 제조(판매)업자가 정한 기준에 따라서 품질을 입증할 수 있는 검증자료를 공급자로부터 공급받아야 함

④ 이러한 보증의 검증은 주기적으로 관리되어야 하며, 모든 포장재는 사용 전에 관리되어야 함

⑤ 입고된 포장재는 검사 중, 적합, 부적합에 따라 각각의 구분된 공간에 별도로 보관되어야 함

⑥ 필요한 경우 부적합된 포장재를 보관하는 공간은 잠금장치를 추가
⑦ 다만 자동화창고와 같이 확실하게 구분하여 혼동을 방지할 수 있는 경우에는 해당 시스템을 통해 관리할 수 있음
⑧ 외부로부터 반입되는 모든 포장재는 관리를 위해 표시해야 하며 필요한 경우 포장 외부를 깨끗이 청소
⑨ 한 번에 입고된 포장재는 제조단위별로 각각 구분하여 관리- 적합판정이 내려지면, 포장재는 생산 장소로 이송
⑩ 품질이 부적합 되지 않도록 하기 위해 수취와 이송 중 관리 등 사전 관리가 필요
⑪ 확인, 검체채취, 규정 기준에 대한 검사 및 시험, 그에 따른 승인된 자에 의한 불출 전까지는 어떠한 물질도 사용되어서는 안 된다는 것을 명시하는 원료수령에 대한 절차서를 수립해야 함
⑫ 구매요구서, 인도문서, 인도물이 서로 일치해야 하며, 포장재 선적용기에 대해 확실한 표기오류, 용기손상, 봉인파손, 오염 등에 대해 육안으로 검사
⑬ 제품을 정확히 식별하고 혼동 위험을 없애기 위해 라벨링 해야 함
⑭ 포장재의 용기는 물질과 뱃치 정보를 확인할 수 있는 표시를 부착해야 함
⑮ 제품의 품질에 영향을 줄 수 있는 결함을 보이는 포장재는 결정이 완료될 때까지 보류상태로 있어야 함
⑯ 포장재의 확인 시, 인도문서와 포장에 표시된 품목제품명, (만약 공급자가 명명한 제품명과 다르다면) 제조 절차에 따른 품목제품명/해당 코드번호, CAS번호(적용가능한 경우), 수령일자와 수령확인번호, 공급자명, 공급자가 부여한 뱃치 정보, 만약 다르다면 수령 시 주어진 뱃치 정보, 기록된 양 등을 검토

(2) 포장재의 입고관리

① **포장재의 입고관리**
   ㉠ 시험성적서 확인: 포장재 규격서에 따른 용기 종류 및 재질을 파악·점검
   ㉡ 관능 검사: 재질, 용량, 치수, 외관, 인쇄내용, 이물질오염 등 위생상태 점검
   ㉢ 유통기한 확인
② **포장재 관리에 필요한 사항**
   • 중요도 분류

- 공급자 결정
- 발주
- 입고
- 식별·표시
- 합격·불합격 판정
- 보관
- 불출
- 보관환경 설정
- 사용기한 설정
- 정기적 재고관리
- 재평가
- 재보관

5.2 입고된 포장재 관리기준

(1) 입고된 포장재 관리 기준

① **포장재의 보관 조건**
   ㉠ 품질에 나쁜 영향을 미치지 아니하는 조건에서 보관하여야 하며 보관기한을 설정하여야 함
   ㉡ 바닥과 벽에 닿지 아니하도록 보관하고, 선입선출에 의하여 출고할 수 있도록 보관하여야 함
   ㉢ 시험 중인 제품 및 부적합품은 각각 구획된 장소에서 보관하여야 함(다만, 서로 혼동을 일으킬 우려가 없는 시스템에 의하여 보관되는 경우에는 그러하지 아니함)
   ㉣ 설정된 보관기한이 지나면 사용의 적절성을 결정하기 위해 재평가시스템을 확립하여야 하며, 동 시스템을 통해 보관기한이 경과한 경우 사용하지 않도록 규정하여야 함

> **포장재의 적절한 보관을 위해 다음 사항을 고려해야 함**
> - 보관조건은 각각의 포장재에 적합해야 하고, 과도한 열기, 추위, 햇빛 또는 습기에 노출되어 변질되는 것을 방지할 수 있어야 함
> - 물건의 특징 및 특성에 맞도록 보관·취급하며, 특수한 보관조건은 적절하게 준수·모니터링 되어야 함
> - 포장재의 용기는 밀폐되어, 청소와 검사가 용이하도록 충분한 간격으로 바닥과 떨어진 곳에 보관되어야 함
> - 포장재가 재포장될 경우 원래의 용기와 동일하게 표시되어야 함
> - 포장재의 관리는 허가되지 않거나, 불합격 판정을 받거나 아니면 의심스러운 물질의 허가되지 않은 사용을 방지할 수 있어야 함(물리적 격리나 수동컴퓨터 위치제어 등의 방법)

② 포장재의 품질관리 기준
  ㉠ 해당 업소가 설정한 기준 규격: 업소에서 자체적으로 포장재에 대한 기준 규격을 설정하여야 함
  ㉡ 1차 포장 용기의 청결성 확보: 당 업소 자체 세척 또는 용기 공급업자 제공
  ㉢ 세척 방법에 대한 유효성 및 정기적 점검 확인
  ㉣ 작업 시 확인 및 점검: 포장 작업 전에 이물질의 혼입이 없도록 작업구역 정리가 필요함
  ㉤ 완제품에는 포장재에 제조번호 부여

5.3 보관중인 포장재 출고기준

(1) 포장재의 출고 기준

① 보관중인 포장재의 출고 기준
  ㉠ 작업에 필요한 절차서 및 기록서 비치: 선입선출 방식의 출고와 이를 확인할 수 있는 체계 수립
  ㉡ 승인된 자만이 포장재 불출(출고) 절차 수행

> - 불출된 포장재만이 사용되고 있음을 확인하기 위한 적절한 시스템(물리적 시스템 또는 그의 대체시스템 즉 전자시스템 등)이 확립되어야 함
> - 오직 승인된 자만이 포장재의 불출절차를 수행할 수 있음
> - 뱃치에서 취한 검체가 모든 합격 기준에 부합할 때 뱃치가 불출될 수 있음

> - 포장재는 불출되기 전까지 사용을 금지하는 격리를 위해 특별한 절차가 이행되어야 함
> - 마지막으로 모든 보관소에서는 선입선출의 절차가 사용되어야 함

② 포장 작업에 대한 기준
   ㉠ 포장 작업에 관한 문서화된 절차를 수립하고 유지하여야 함
   ㉡ 포장 작업은 다음 각 호의 사항을 포함하고 있는 포장지시서에 의해 수행되어야 함 : 제품명, 포장 설비명, 포장재 리스트, 상세한 포장공정, 포장생산수량
   ㉢ 포장 작업을 시작하기 전에 포장 작업 관련 문서의 완비 여부, 포장 설비의 청결 및 작동여부 등을 점검해야 함

> **보관 및 출고**
> - 완제품은 적절한 조건하의 정해진 장소에서 보관하여야 하며, 주기적으로 재고 점검을 수행해야 함
> - 완제품은 시험결과 적합으로 판정되고 품질보증부서 책임자가 출고 승인한 것만을 출고하여야 함
> - 출고는 선입선출방식으로 하되, 타당한 사유가 있는 경우에는 그러지 아니할 수 있음
> - 출고할 제품은 원자재, 부적합품 및 반품된 제품과 구획된 장소에서 보관하여야 한다. 다만 서로 혼동을 일으킬 우려가 없는 시스템에 의하여 보관되는 경우에는 그러하지 아니할 수 있음

5.4 포장재의 폐기기준

(1) 포장재의 폐기 기준 및 관리

① 보관기간, 유효기간 경과 시 업소 자체 규정에 따라 폐기
② 포장 중 불량품 발견 시 정상 제품과 구분하여 불량 포장재 인수·인계 또는 별도 장소로 이송
③ 불량 포장재의 부적합처리: 창고 이송 후 반품 또는 폐기 처리
④ 해당 업체에 시정 요구 등 필요 조치

(2) 포장재의 기준 일탈 및 재작업

① 기준 일탈 제품: 포장재가 적합판정기준을 만족시키지 못할 경우를 지칭
② 기준일탈 제품 발생 시: 미리 정한 절차를 따라 확실한 처리를 하고 실시한 내용을

모두 문서에 남김
③ 재작업: 적합판정기준을 벗어난 완제품 또는 벌크제품을 재처리하여 품질이 적합한 범위에 들어오도록 하는 작업
④ 재작업 처리의 실시: 품질보증 책임자가 결정함. 재작업은 해당 재작업 절차를 상세하게 작성한 절차서를 준비해 실시하고, 재작업 실시 시 발생한 모든 일들을 재작업 제조기록서에 기록함

> **폐기처리**
> - 품질에 문제가 있거나 회수·반품된 제품의 폐기 또는 재작업 여부는 품질보증 책임자에 의해 승인되어야 함
> - 재작업은 그 대상이 다음 각 호를 모두 만족한 경우에 할 수 있음
>   1. 변질·변패 또는 병원미생물에 오염되지 아니한 경우
>   2. 제조일로부터 1년이 경과하지 않았거나 사용기한이 1년 이상 남아있는 경우
> - 재입고할 수 없는 제품의 폐기처리규정을 작성하여야 하며 폐기 대상은 따로 보관하고 규정에 따라 신속하게 폐기하여야 함

5.5 포장재의(개봉 후)사용기한 확인·판정

(1) 화장품 포장재의 (개봉 후) 사용기한 표기
① 사용기한 및 보관기간을 결정하기 위한 문서화된 시스템 확립
  ㉠ 사용기한을 준수하는 보관기간 설정
  ㉡ 보관기간 경과 시 재평가: 해당 업소에서 자체적으로 재평가시스템 확립
  ㉢ 사용기한 내에 자체적인 재시험 기간 설정 및 준수

5.6 포장재의 변질상태확인

(1) 포장재의 변질
① **포장재의 변질 상태 확인**
  ㉠ 소재별 특성을 이해한 변질 상태 예측 확인
  ㉡ 관능검사, 필요 시 이화학적 검사

ⓒ 포장재 샘플링을 통한 엄격한 관리
② **포장재의 변질 예방**
    ㉠ 소재별 특성 이해: 유리, 플라스틱, 금속, 종이 등
    ㉡ 보관 방법, 보관 조건, 보관 환경, 보관 기간 등에 대한 숙지
    ㉢ 온도, 습도 등 물리적 환경의 적합도 숙지
    ㉣ 벌레 및 쥐에 대비한 보관 장소- 포장재 보관 창고 출입자 관리를 통한 오염 방지
    ※ 참고자료 : 참고:고민하기

5.7 포장재의 폐기절차

(1) 포장재의 폐기 기준 및 절차
① **포장재의 폐기 기준**
    ㉠ 기준 일탈의 발생
    ㉡ 기준 일탈의 조사
    ㉢ 기준 일탈의 처리
    ㉣ 폐기 처분
② **포장재의 폐기 절차**
    ㉠ 기준 일탈 포장재에 부적합 라벨 부착
    ㉡ 격리 보관
    ㉢ 폐기물 수거함에 분리수거 카드 부착
    ㉣ 폐기물 보관소로 운반하여 분리수거 확인
    ㉤ 폐기물 대장 기록
    ㉥ 인계

포장재의 폐기절차
- 포장재, 벌크제품과 완제품이 적합판정기준을 만족시키지 못할 경우 "기준일탈 제품"으로 지칭함
- 기준일탈 제품이 발생했을 때는 미리 정한 절차를 따라 확실한 처리를 하고 실시 한 내용을 모두 문서에 남김
- 기준일탈인 포장재는 재작업할 수 있음
- 재작업이란 뱃치 전체 또는 일부에 추가 처리(한 공정 이상의 작업을 추가하는 일)를 하여 부적합품을 적합품으로 다시 가공하는 일을 말함
- 기준일탈 제품은 폐기하는 것이 가장 바람직함
- 폐기하면 큰 손해가 되므로 재작업 고려할 수 있음
- 일단 부적합 제품의 재작업을 쉽게 허락할 수는 없음
- 먼저 권한 소유자에 의한 원인 조사가 필요함
- 권한 소유자는 부적합 제품의 제조 책임자라고 할 수 있음
- 재작업을 해도 제품 품질에 악영향을 미치지 않는 것을 예측해야 함
- 재작업 처리의 실시는 품질보증 책임자가 결정함
- 재작업 실시의 제안을 하는 것은 제조 책임자일 것이나, 실시 결정은 품질보증 책임자가 함
- 품질보증 책임자가 재작업의 결과에 책임을 짐
- 재작업은 해당 재작업의 절차를 상세하게 작성한 절차서를 준비해서 실시함
- 재작업 실시 시에는 발생한 모든 일들을 재작업 제조기록서에 기록함
- 통상적인 제품 시험 시보다 많은 시험을 실시함
- 제품 분석뿐만 아니라, 제품 안정성 시험을 실시하는 것이 바람직함
- 제품 품질에 대한 좋지 않은 경시 안정성에 대한 악영향으로서 나타날 일이 많기 때문임

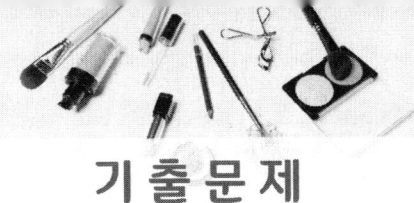

기출문제

1. 「우수화장품 제조 및 품질관리기준(CGMP)」에서 정하고 있는 완제품의 보관용 검체에 대한 사항으로 적절하지 않은 것은?
   ① 보관용 검체는 재시험이나 고객불만 사항의 해결을 위하여 사용한다.
   ② 제품을 그대로 보관하며, 각 뱃치를 대표하는 검체를 보관한다.
   ③ 일반적으로는 각 뱃치별로 제품 시험을 1번 실시할 수 있는 양을 보관한다.
   ④ 제품이 가장 안정한 조건에서 보관한다.
   ⑤ 사용기한 경과 후 1년간 또는 개봉 후 사용기간을 기재하는 경우에는 제조일로부터 3년간 보관한다.

2. 우수화장품 제조 및 품질관리기준(CGMP)에 따라 화장품을 제조하는 시설에 대한 사항으로 적절하지 않은 것은?
   ① 환기가 잘 되고 청결할 것.
   ② 수세실과 화장실은 접근이 쉬워야 하며 생산구역 내에 설치할 것.
   ③ 외부와 연결된 창문은 가능한 열리지 않도록 할 것.
   ④ 바닥, 벽, 천장은 가능한 청소하기 쉽게 매끄러운 표면을 지닐 것.
   ⑤ 바닥, 벽, 천장은 소독제 등의 부식성에 저항력이 있을 것.

3. 우수화장품 제조 및 품질관리 기준에 설명하고 있는 일탈의 처리순서가 적당한 것은?

   ㉠ 일탈의 발견 및 초기평가
   ㉡ 즉각적인 수정조치
   ㉢ SOP(표준작업지침서)에 따른 조사, 원인분석 및 예방조치
   ㉣ 후속조치/종결
   ㉤ 문서작성/문서추적 및 경향분석

   ① ㉠-㉡-㉢-㉣-㉤
   ② ㉠-㉡-㉢-㉤-㉣
   ③ ㉠-㉢-㉡-㉣-㉤
   ④ ㉠-㉢-㉡-㉤-㉣
   ⑤ ㉠-㉣-㉢-㉡-㉤

4. 우수화장품 제조 및 품질관리기준(CGMP)에 명시된 청정도 등급에 대한 설명이다. 옳지 않은 것은?

   ① Clean bench: 20회/hr 이상 또는 차압관리, 낙하균 10개/hr 또는 부유균 20개/hr
   ② 칭량실: 10회/hr 이상 또는 차압관리, 낙하균 30개/hr 또는 부유균 200개
   ③ 충진실: 10회/hr 이상 또는 차압관리, 낙하균 30개/hr 또는 부유균 200개
   ④ 포장실: 10회/hr 이상 또는 차압관리, 낙하균 30개/hr 또는 부유균 200개
   ⑤ 원료보관실: 화기장치

5. 식품의약품안전처고시 「화장품 안전기준 등에 관한 규정」의 유통화장품 안전관리 시험방법에 따라 다음은 무슨 시험법인가?

   > 시판 배지는 배치마다 시험하며, 조제한 배지는 조제한 배치마다 시험한다. 검체의 유·무하에서 총호기성 생균수시험법에 따라 제조된 검액·대조액에 시험균주를 각각 100cfu 이하가 되도록 접종하여 규정된 총호기생성균수시험법에 따라 배양할 때 검액에서 회수한 균수가 대조액에서 회수한 균수의 1/2 이상이어야 한다. 검체 중 보존제 등의 항균활성으로 이해 증식이 저해되는 경우(검액에서 회수한 균수가 대조액에서 회수한 균수의 1/2 미만인 경우)에는 결과의 유효성을 확보하기 위하여 총호기성 생균시험법을 변경해야 한다. 항균활성을 중화하기 위하여 희석 및 중화제를 사용할 수 있다. 또한, 시험에 사용된 배지 및 희석액 또는 시험 조작상의 무균상태를 확인하기 위하여 완충식염펩톤수(pH 7.0)를 재조호 하여 총호기성 생균수시험을 실시할 때 미생물의 성자이 나타나서는 안된다.

   ① 대장균 검출 시험법   ② 농녹균 검출 시험법
   ③ 황색초도상구균 검출 시험법   ④ 세균 및 진균 수
   ⑤ 배지성능 및 시험법 적합성 시험

6. 「화장품법 시행규칙」 제19조에 따른 화장품 포장의 표시기준 및 표시방법에 대한 설명으로 옳은 것은?

   ① 화장품의 1차 포장 또는 2차 포장의 무게가 포함되지 않은 용량또는 중량을 기재·표시해야 한다. 이 경우 화장 비누(고체 형태의 세안용 비누를 말한다.)의 경우에는 건조 중량만을 기재·표시해야 한다.
   ② 화장품 제조에 사용된 성분을 표시할 시 글자의 크기는 9포인트 이상으로 한다.
   ③ 화장품 제조에 사용된 함량이 많은 것부터 기재·표시한다. 다만, 2퍼센트 이하로 사용된 성분, 착향제 또는 착색제는 순서에 상관없이 기재·표시할 수 있다.
   ④ 50ml 또는 50g을 초과하는 화장품은 전성분 표시를 해야한다.

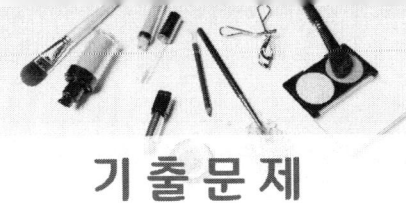

⑤ 안정화제, 보존제 등 원료 자체에 들어있는 부수성분으로서 그 효과가 나타나게 하는 양보다 적은 양이 들어있는 성분이라도 반드시 기재·표시해야 한다.

7. 「화장품법 시행규칙」제19조에 따라 내용량이 50ml또는 50g초과인 경우, 제품의 포장에 반드시 표기해야하는 내용 중 올바르지 않은 것을 고르시오.
   ① 인체세포조직 배양액의 함량
   ② 기능성화장품의 경우 심사받거나 보고한 효능·효과, 용법·용량
   ③ 성분명을 제품의 명칭의 일부로 사용한 경우 그 성분명과 함량
   ④ 사용기준이 지정 고시된 원료 중 보존제의 함량
   ⑤ 수입화장품인 경우 제조국의 명칭, 제조회사명, 소재지

8. 「화장품 안전기준 등에 관한 규정」에 따른 인체 세포·조직 배양액 제조 배양시설 및 환경의 관리에 관한 사항으로 옳은 것은?
   ① Temperature range: 74±8°F(18.8~27.7℃)
   ② Pre-fillter
   ③ 기압 20pa
   ④ 시간 당 환기횟수 30~40
   ⑤ 인체 세포 조직 배양액을 제조하는 배양시설은 청정등급 1A 이상의 구역에 설치하여야 한다.

9. 「우수화장품 제조 및 품질관리기준(CGMP)」제17조에 따른 내용물 공정 관리에 대한 설명으로 적절하지 않은 것은?
   ① 제조 공정 단계별로 적절한 관리기준이 규정되어야 하며 그에 미치지 못한 모든 결과는 보고되고 조치가 이루어져야 한다.
   ② 벌크제품의 최대 보관기한을 설정하여야 하며, 그 기한과 가까워진 반제품은 완제품으로 제조하기 전에 품질 이상과 변질 여부 등을 확인해야 한다.
   ③ 벌크 제품의 충전 공정 후 벌크가 사용하지 않은 상태로 남아 있고 차후 다시 사용할 것이라면 밀봉하여 식별 정보를 표시해야 한다.
   ④ 여러번 자주 사용하는 벌크 제품의 경우 가능한 많은 양을 한꺼번에 보관통에 담아 보관한다.
   ⑤ 남은 벌크는 재보관하고 재사용 할 수 있다.

10. <보기>는 「우수화장품 제조 및 품질관리기준(CGMP)」 기준일탈과 검체의 채취에 대한 내용이다. (   )안에 들어갈 용어로 옳은 것은?

<보기>
ㄱ. 기준일탈이 된 경우는 규정에 따라 책임자에게 보고한 후 조사하여야 한다. 조사결과는 책임자에 의해 일탈, 부적합, (㉠)를 명확히 판정하여야 한다.
ㄴ. 시험용 검체의 용기에는 명칭 또는 (㉡), 제조번호 또는 제조단위, 검체채취 날짜, 검체채취 지점을 기재하여야 한다.

	㉠			㉠	
①	검사중	확인코드	②	적합	확인코드
③	보류	확인코드	④	보류	시험번호
⑤	검사중	시험번호			

11. 「우수화장품 제조 및 품질관리기준」 원자재 관리에 관한 내용이다. (   )안에 들어갈 내용이 해당 법에 기재된 법률 용어로 옳게 짝지어진 것은?

<보기>
• 원자재의 입고 시 (㉠), 원자재 공급업체 성적서 및 현품이 서로 일치하여야 한다. 필요한 경우 운송 관련 자료를 추가적으로 확인할 수 있다.
• 설정된 보관기한이 지나면 사용의 적절성을 결정하기 위해 (㉡)을 확립하여야 하며, 이를 통해 보관기한이 경과한 경우 사용하지 않도록 규정하여야 한다.

	㉠	㉡
①	구매요구서	재평가시스템
②	구매요구서	재시험시스템
③	거래명세서	재시험시스템
④	거래명세서	재확인시스템
⑤	발주확인서	재평가시스템

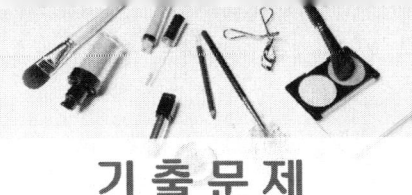

기출문제

12. 다음중 화장품제조에 사용되는 용어의 정의로 옳지 않은 것은?

① "일탈"이란 규정된 합격 판정 기준에 일치하지 않는 검사, 측정 또는 시험결과를 말한다.
② "청소"란 화학적인 방법, 기계적인 방법, 온도, 적용시간과 이러한 복합된 요인에 의해 청정도를 유지하고 일반적으로 표면에서 눈에 보이는 먼지를 분리, 제거하여 외관을 유지하는 모든 작업을 말한다.
③ "유지관리"란 적절한 작업 환경에서 건물과 설비가 유지되도록 정기적·비정기적인 지원 및 검증 작업을 말한다.
④ "교정"이란 규정된 조건 하에서 측정기기나 측정시스템에 의해 표시되는 값과 표준기기의 참값을 비교하여 이들의 오차가 허용범위 내에 있음을 확인하고, 허용범위를 벗어나는 경우 허용범위 내에 들도록 조정하는 것을 말한다.
⑤ "수탁자"는 직원, 회사 또는 조직을 대신하여 작업을 수행하는 사람, 회사, 또는 외부 조직을 말한다.

13. 화장품 작업장의 미생물 관리를 위한 낙하균 측정법에 대한 설명이다. ( )안에 들어갈 내용으로 옳은 것으로 짝지어진 것은?

<보기>

낙하균 측정 위치마다 세균용 배지와 진균용 배지를 1개씩 놓고 배양접시의 뚜껑을 열어 배지에 낙하균이 떨어지도록 한다. 위치별로 정해진 노출시간이 지나면, 배양접시의 뚜껑을 닫아 배양기에서 배양, 일반적으로 세균용 배지는 (㉠)℃, (㉡)시간 이상, 진균용 배지는 (㉢)℃, (㉣)일 이상 배양, 배양 중에 확산균의 증식에 의해 균수를 측정할 수 없는 경우가 있으므로 매일 관찰하고 균수의 변동을 기록한다. 배양 종료 후 세균 및 진균의 평판 마다 집락수를 측정하고, 사용한 배양접시 수로 나누어 평균 집락수를 구하고 단위시간 당 집락수를 산출하여 균수로 한다.

	㉠	㉡	㉢	㉣
①	30~35	24	20~25	3
②	30~35	48	20~25	5
③	30~45	24	20~35	3
④	30~45	48	30~45	5
⑤	30~45	24	30~45	3

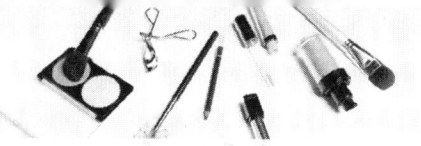

14. 작업장내 직원의 소독을 위한 손 소독제의 종류로 옳은 것은?

① 알코올 70%, 클로르헥시딘디글루코네이트, 차아염소산나트륨
② 아이오다인과 아이오도퍼, 클로록시레놀, 4급암모늄화합물
③ 클로르헥시딘디글루코네이트, 4급암모늄화합물
④ 클로록시레놀, 일반비누, 차아염소산나트륨
⑤ 헥사클로로펜, 트리클로산, 페녹시에탄올

15. 화장품제조 설비의 세척 및 소독 원칙 중 옳은 것으로 짝지어진 것은?

<보기>

ㄱ. 설비 등은 제품의 오염을 방지하고 배수가 용이하도록 설계, 설치하며, 제품 및 청소 소독제와 화학반응을 일으키지 않는 스테인리스재질을 사용한다.
ㄴ. 제품과 설비가 오염되지 않도록 배관 및 배수관을 설치하며, 배수관은 역류되지 않아야 하고, 청결을 유지할 것.
ㄷ. 천정 주위의 대들보, 파이프, 덕트 등은 가급적 노출되지 않도록 설계하고, 피치못할 경우 파이프는 벽에 붙여서 안전하게 받침대 등으로 고정한다.
ㄹ. 세정제는 안전성이 높아야 하며, 세정력이 우수하며 헹굼이 용이하고, 기구 및 장치의 재질에 부식성이 없는 염산을 희석하여 사용한다.
ㅁ. 청소, 소독 시에는 틈새까지 세밀하게 관리해야 하며 물청소 후 반드시 물기를 제거하여야 한다. 청소는 위쪽에서 아래쪽으로 안쪽에서 바깥쪽으로 청소를 해야 한다.
ㅂ. 사용하지 않는 연결 호스와 부속품은 청소 등 위생관리를 하며, 자연건조를 하여 청결에 주의해야 한다.
ㅅ. 세척시 온수 또는 증기로 세척하는 것이 가장 바람직하지만 브러시 또는 수세미등을 사용하여 세척하여도 된다.
ㅇ. 소독제를 선택할 때에는 사용농도에 독성이 없고 제품이나 설비 기구 등에 반응을 하지 않으며, 불쾌한 냄새가 남지 않아야 하고 10분 이내에도 효과를 볼 수 있는 광범위한 항균기능을 가져야 한다.

① ㄱ, ㅁ, ㅅ
② ㄱ, ㅁ, ㅇ
③ ㄴ, ㅁ, ㅅ
④ ㄷ, ㄹ, ㅁ
⑤ ㄷ, ㄹ, ㅇ

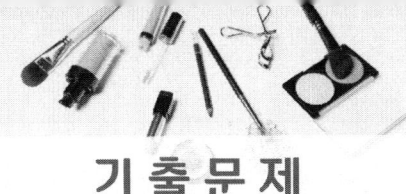

기출문제

제3과목 유통화장품 안전관리   **225**

16. 「우수화장품 제조 및 품질관리기준[CGMP]」에 따른 설비에 대한 설명으로 옳은 것을 고르시오.

   ① 게이지와 미터는 온도, 압력, 흐름, pH, 점도, 속도, 부피 등을 측정 및 또는 기록하기 위해 사용되는 기구이며 설계 고려 대상은 설비의 작업 부분과 제품이 접촉하는 것을 최대화하여 설비가 제대로 움직이지 않게 해야한다.
   ② 탱크의 구성 재징은 구리, 알루미늄 등으로 한다.
   ③ 이송파이프는 메인 파이프에서 두 번째 라인으로 흘러가도록 밸브를 사용할 때 밸브는 데드렉(dead leg)을 방지하기 위해 주 흐름에 가능한 한 가깝게 위치해야하며, 이송파이프는 이음새로 연결되어서는 안된다.
   ④ 펌프는 제품을 혼합하기 위해 사용되며, 기어는 점성이 있는 액체에 사용된다.
   ⑤ 믹서를 고르는 방법 중 일반적인 접근은 실제 생산 크기의 뱃치 생산 전에 시험적인 정률감소(scale-down) 기준을 사용하는, 뱃치들을 제조하는 것이다.

17. 「우수화장품 제조 및 품질관리기준[CGMP]」 제22조에 따른 기준일탈 제품의 처리 순서를 고르시오.

ㄱ. "시험, 검사, 측정이 틀림없음"을 확인	ㄴ. 기준일탈의 처리
ㄷ. 시험, 검사, 측정에서 기준일탈 결과 나옴	ㄹ. 격리보관
ㅁ. 기준일탈 제품에 불합격라벨 첨부	ㅂ. 기준일탈의 조사

   ① ㄷ-ㄱ-ㅂ-ㄹ-ㄴ-ㅁ
   ② ㄷ-ㄱ-ㅂ-ㄴ-ㄹ-ㅁ
   ③ ㄷ-ㅂ-ㄱ-ㄴ-ㅁ-ㄹ
   ④ ㄷ-ㅂ-ㄱ-ㄴ-ㄹ-ㅁ
   ⑤ ㄷ-ㅂ-ㄱ-ㄹ-ㄴ-ㅁ

18. 「우수화장품 제조 및 품질관리기준(CGMP)」 제8조에 따른 작업실 시설기준으로 옳은 것을 고르시오.

	청정도등급	해당작업실	청정공기순환	관리기준
①	1	Clean bench	20회/hr 이상 또는 차압관리	부유균: 10개/m^3 또는 낙하균: 20개/hr
②	2	일반실험실	10회/hr 이상 또는 차압관리	부유균:200개/m^3 또는 낙하균:30개/hr
③	2	내용물 보관소	10회/hr 이상 또는 차압관리	부유균: 200개/m^3 또는 낙하균:300개/hr
④	3	원료 보관소	차압관리	갱의, 포장재의 외부청소 후 반입
⑤	4	갱의실	차압관리	—

19. 다음은 포장재 소재별 특성을 나타낸 것이다. (가), (나)에 들어갈 소재의 종류를 고르시오.

(가) 반투명, 광택, 내약품성 우수, 내충격성 우수, 잘 부러지지 않음, 원터치 캡에 사용
(나) 내충격성 양호, 금속 느낌을 주기 위한 도금소재로 사용, 향료, 알코올에 약함

	(가)			(나)	
①	PP	ABS 수지	②	AS 수지	PS
③	PET	HDPE	④	PVC	PP
⑤	HDPE	PVC			

기출문제

20. 다음 〈보기〉는 우수화장품 제조 및 품질관리기준(CGMP) 적합판정을 받은 제조업소의 직원A와 신입 사원 B의 대화이다. 밑줄 친 것 중「우수화장품 제조 및 품질관리기준(CGMP)」및「화장품 위해평가 가이드라인」에 따라 옳은 것을 고르시오.

〈보기〉
A: B님, 저희 회사에 입사하기 전에도 다른 화장품 제조업소에서 일하셨다고 하셨죠?
B: 네, ① 현행법상 다른 모든 화장품 제조업소와 마찬가지로 제가 다니던 제조업소도 식품의약품안전처장으로부터 우수화장품 제조 및 품질관리기준 적합판정을 받았습니다.
A: 그렇다면 우수화장품 제조 및 품질관리기준에 대하여 잘 아시겠군요. 하지만 저희 교육규정에 따라 B님은 CGMP 교육을 정기적으로 받으셔야 합니다.
B: 네, 알겠습니다.
A: 혹시 현재 피부에 회상이 있거나 질병에 걸리셨습니까? ② 피부에 회상이 있거나 질병에 걸렸다면 1차포장업무는 불가능 하지만 2차포장업무는 가능합니다.
B: 아니요, 저는 현재 피부에 외상도 없고 건강한 상태입니다.
A: 그렇다면 오늘 충진 업무를 하실 수 있겠군요. ③ 작업장에 입실하기에 앞서 손세정을 해야합니다. 손을 대상으로 하는 세정제품으로는 고형 타입의 비누와 액상타입의 핸드 워시로 구성되어 있습니다. 각 화장실 및 수세실에 배치하였으므로 참고하세요.
B: 비누를 손에 충분히 묻히고 흐르는 물에 손을 구석구석 깨끗이 닦았습니다. 이제 입실하면 되죠?
A: 아니요, ④ 손세정 후 반드시 종이 타월로 손을 건조시켜야 합니다. 작업모, 작업복, 작업화를 제대로 착용하셨는지 점검하겠습니다. ⑤ 3급지 작업실의 상부 작업자는 반드시 방진복을 착용하고 작업장 입실하여야 합니다.

정답
1. ② 2. ② 3. ① 4. ⑤ 5. ④ 6. ④ 7. ④ 8. ① 9. ④ 10. ③
11. ① 12. ① 13. ② 14. ④ 15. ① 16. ④ 17. ② 18. ③ 19. ① 20. ④

제4과목

맞춤형화장품의 이해

1. 맞춤형화장품 개요

1.1 맞춤형화장품 정의

(1) 맞춤형화장품의 정의

① 제조 또는 수입된 화장품의 내용물에 다른 화장품의 내용물이나 식품의약품안전처장이 정하는 원료를 추가하여 혼합한 화장품
② 제조 또는 수입된 화장품의 내용물을 소분(小分)한 화장품. 다만, 고형(固形) 비누 등 총리령으로 정하는 화장품의 내용물을 단순 소분한 화장품은 제외함

(2) 맞춤형화장품 조제관리사의 역할과 책임

세부사항	세부내용
맞춤형화장품내 혼합 및 소분 대상	• 원료: 맞춤형화장품에 사용 가능한 원료 • 내용물: 제조 또는 수입된 화장품의 내용물 * 원료와 원료를 혼합하는 것은 맞춤형화장품 혼합이 아닌 화장품 제조에 해당
맞춤형화장품 혼합 및 소분 범위	• 내용물과 내용물의 혼합 • 내용물과 특성원료의 혼합 • 내용물의 소분
맞춤형화장품 내용물 관리	• 유통화장품 안전관리 기준에 적합해야 함 • 맞춤형화장품 혼합에 사용할 수 없는 원료에 해당하지 않아야 함
맞춤형화장품 판매 영업 범위	• 제조 또는 수입된 화장품의 내용물에 다른 화장품의 내용물이나 식품의약품안전처장이 정하여 고시하는 원료를 추가하여 혼합한 화장품을 판매하는 영업 • 제조 또는 수입된 화장품의 내용물을 소분(小分)한 화장품을 판매하는 영업
맞춤형화장품 조제관리사의 자격, 역할 및 책임	• 맞춤형화장품조제관리사가 되려는 사람은 화장품과 원료 등에 대하여 식품의약품안전처장이 실시하는 자격시험에 합격하여야 함 • 식품의약품안전처장은 맞춤형화장품조제관리사가 거짓이나 그 밖의 부정한 방법으로 시험에 합격한 경우에는 자격을 취소하여야 하며, 자격이 취소된 사람은 취소된 날부터 3년간 자격시험에 응시할 수 없음

1.2 맞춤형화장품 주요규정

(1) 맞춤형화장품 판매업의 신고

① 맞춤형화장품판매업을 하려는 자는 총리령으로 정하는 바에 따라 식품의약품안전

처장에게 신고하여야 한다. 신고한 사항 중 총리령으로 정하는 사항을 변경할 때에도 또한 같다.② 맞춤형화장품판매업을 신고한 자(이하 "맞춤형화장품판매업자"라 한다)는 총리령으로 정하는 바에 따라 맞춤형화장품의 혼합·소분 업무에 종사하는 자(이하 "맞춤형화장품조제관리사"라 한다)를 두어야 한다

(2) 맞춤형화장품 판매업자의 준수사항

혼합·소분 안전관리기준	① 혼합·소분 전에 혼합·소분에 사용되는 내용물 또는 원료에 대한 품질성적서를 확인할 것 ② 혼합·소분 전에 손을 소독하거나 세정할 것. 다만, 혼합·소분 시 일회용 장갑을 착용하는 경우에는 그렇지 않다. ③ 혼합·소분 전에 혼합·소분된 제품을 담을 포장용기의 오염 여부를 확인할 것. ④ 혼합·소분에 사용되는 장비 또는 기구 등은 사용 전에 그 위생 상태를 점검하고, 사용 후에는 오염이 없도록 세척할 것. 그 밖에 가목부터 라목까지의 사항과 유사한 것으로서 혼합·소분의 안전을 위해 식품의약품안전처장이 정하여 고시하는 사항을 준수할 것
맞춤형화장품 판매내역서 관리	다음사항이 포함된 맞춤형화장품 판매내역서(전자문서로 된 판매내역서를 포함한다)를 작성·보관할 것 ① 제조번호 ② 사용기한 또는 개봉 후 사용기간 ③ 판매일자 및 판매량
원료 및 내용물의 입고, 사용, 폐기내역 관리	• 원료 및 내용물의 입고, 사용, 폐기 내역 등에 대하여 기록 관리해야 함
부작용 발생 사례보고	① 맞춤형화장품 사용과 관련된 부작용 발생 사례에 대해서는 지체 없이 식품의약품안전처장에게 보고해야 함 ☞ 맞춤형화장품의 부작용 사례 보고(「화장품 안전성 정보관리 규정」에 따른 절차 준용) • 맞춤형화장품 사용과 관련된 중대한 유해사례 등 부작용 발생 시 그 정보를 알게 된 날로부터 15일 이내 식품의약품안전처 홈페이지를 통해 보고하거나 우편·팩스·정보통신망 등의 방법으로 보고해야 한다. ① 중대한 유해사례 또는 이와 관련하여 식품의약품안전처장이 보고를 지시한 경우: 「화장품 안전성 정보관리 규정 (식약처 고시)」 서식 ② 판매중지나 회수에 준하는 외국정부의 조치 또는 이와 관련하여 식품의약품안전처장이 보고를 지시한 경우 : 「화장품 안전성 정보관리 규정(식약처 고시)」 별지 제2호 서식
원료 목록 및 생산 실적 관리	• 맞춤형화장품의 원료목록 및 생산실적 등을 기록·보관하여 관리해야 함

2. 피부 및 모발 생리구조

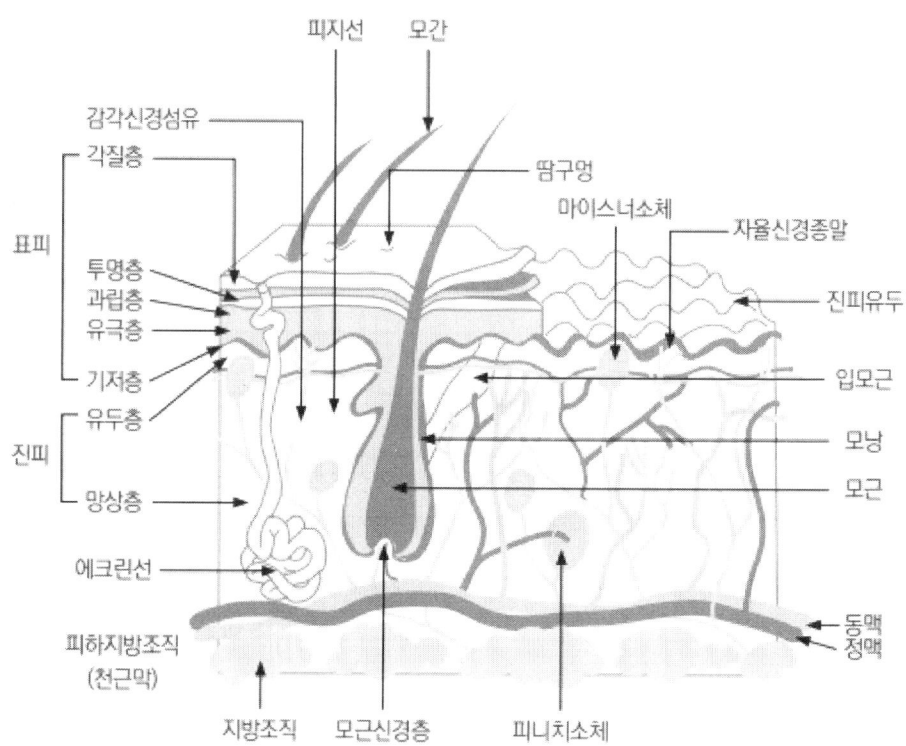

2.1 피부의 생리구조

(1) 피부의 구조

① **피부의 정의**: 피부는 신체의 표면을 덮고 있으며 외부 환경과 신체의 경계를 담당하고 있는 기관

② **표피(epidermis)**
- 가장 얇은 바깥쪽 층의 지속적으로 새롭게 생성되는 피부구조물
- 두께는 0.04 mm(눈꺼풀)에서 1.6 mm(손바닥)까지 부위별로 두께의 차이가 있음
- 각질형성세포 외에도 멜라닌형성세포(melanocytes), 랑게르한스세포(langerhans cells) 및 머켈세포(merkel cells) 등의 세포로 구성

③ **진피(dermis)**
- 표피 아래에 존재하는 층

- 콜라겐 및 엘라스틴 등의 섬유성 단백질이 구성된 세포외기질(ECM, extracellular matrix)과 이의 합성과 생산을 담당하는 진피섬유아세포(dermal fibroblasts)가 존재
- 추가적으로 혈관, 땀샘, 피지샘, 신경 말단 등이 존재
- 두께는 표피의 15 ~ 40배로, 등과 같이 가장 두꺼운 부위는 5 mm

④ 피하지방층(hypodermis)
- 피부의 가장 깊은 층
- 지방세포가 분포하여, 피하지방층을 구성- 열손실을 방어하고 충격을 흡수하여 몸을 보호하며 영양저장소의 기능을 담당

(2) 피부의 기능

① 일반적인 피부 특징
- 성인의 피부 무게는 약 5 kg 이상(전체 몸무게의 약 15% 차지)이며, 피부는 평균 표면적이 약 2 ㎡로 가장 큰 신체 기관 중 하나임
- 피부는 근육, 내부 장기, 혈관과 신경 등 내부 주요 신체 기관을 외부의 나쁜 환경으로부터 보호하는 역할을 함
- 피부에서 자라나는 털과 손·발톱 또한 이 역할을 돕고 있음

② 피부의 생리학적 기능
- 피부는 위치학적 특성 및 생리학적 특성으로 인해 다음의 5가지 생리학적 기능을 가짐

> ㉠ 보호 기능
> - 대부분 피부 두께는 6 mm 이하에 불과하지만 탄탄한 보호막 역할을 함
> - 피부 최외각 표면을 구성하는 주요 성분은 거친 섬유성 단백질인 케라틴이고, 털과 손톱에도 이 성분이 포함되어 있음
> - 건강한 피부는 과도한 수분 손실을 막아주고, 외부 미생물과 유해물질을 막아낼 수 있는 매우 효율적인 장벽임
> - 피부에 상처가 생기면 평소 피부에 서식하는 미생물이 이 피부 상처를 통해 혈류로 침투할 수 있음
> - 피지는 피지선에서 분비되는 기름기 있는 액체로, 피부를 유연하게 해주고 방수 기능을 함
> - 우리가 목욕을 할 때 스펀지처럼 물을 흡수하지 않는 이유는 피부의 방수 효과 때문임
> ㉡ 감각 기능
> - 우리가 피부를 통해 느끼는 감각은 피부의 진피층에 있는 압력, 진동, 열, 추위, 통증에 대한 수

용체를 통해 이루어짐
　・ 매 초마다 외부로부터 들어오는 수백만 개의 신호는 이 수용체에서 감지되어 뇌로 전달됨
ⓒ 체온 조절 기능
　・ 피부 내 모세혈관의 확장과 수축에 의한 피부 혈류량의 변화 및 발한작용에 의해 피부의 체온을 조절
　・ 피부 혈관은 땀샘(특히, 에크린선)과 함께 자율신경에 의해 지배됨
　・ 온도가 낮으면 신경활동이 낮아져 혈관수축이 유발되어 혈관에서 피부를 통한 열 발산 방지 효과가 나타남
　・ 온도가 높으면 신경활동이 높아져 혈관이 확장되며 땀샘이 활성화되어 열 발산 효과가 나타남
ⓓ 흡수 작용
　・ 피부를 통하여 여러 가지 물질들이 체내로 흡수 가능
　・ 흡수 경로는 표피를 통한 흡수와 모낭의 피지선으로의 흡수
　・ 지용성 물질과 수용성 물질에 있어 피부 흡수에 대한 차이 발생
　・ 피부의 다양한 상태 변화에 따라 물질의 피부 흡수력은 달라짐
ⓔ 기타 작용
　・ 피부는 감정전달기관으로 작용
　・ 현재 감정(기분)에 따라 홍조, 창백, 털의 역립 등이 피부에 나타남
　・ 피부의 생합성 기능(자외선에 의한 비타민D의 합성은 피부에서 나타남)

(3) 피부색

① 신체 피부의 색은 멜라닌 색소, 카로티노이드 색소, 헤모글로빈에 의하여 결정될 수 있음

② 멜라닌 색소
- 신체 피부색을 결정하는 가장 큰 인자로 유멜라닌(eumelanin)과 페오멜라닌(pheomelanin)으로 구별됨
- 색소합성세포인 멜라닌형성세포에서 합성- 인종에 따라 멜라닌형성세포의 양적인 차이는 없으나, 멜라닌 생성능 및 합성된 멜라닌 세부 종류에 차이가 있음

(4) 표피

① 표피의 분화
- 표피는 각화됨에 따라 기저층(stratum basale), 유극층(stratum spinusum), 과립층(stratum granulosum), 투명층(stratum lucidum), 각질층(stratum corneum)으로 모양이 변하게 되며, 이들 세포들은 모두 각질을 형성하는 과정에서 만들어진 세

포이므로 각질형성세포(keratinocyte)라고 부름
- 각질형성세포에서의 분화 과정은

    가. 세포의 분열 과정

    나. 유극세포에서의 합성, 정비 과정

    다. 과립세포에서의 자기분해 과정

    라. 각질세포에서의 재구축 과정

    4단계에 걸쳐서 일어나며 분화의 마지막 단계로 각질층이 형성됨. 이와 같은 과정을 각화(keratinization) 과정이라 함

② **피부장벽**
- 각질층은 외부물질의 침입을 막는 피부장벽의 역할을 하게 됨
- 각질층의 기능: 외부 방어 및 피부 보습 유지- 표피의 층구조는 기저층의 줄기세포(keratinocyte stem cell)에서 유래한 각질형성세포가 유극층, 과립층, 투명층으로 분화하면서 죽은각질세포(corneocyte)로 분화하여 최종적으로 피부장벽(skin barrier)을 형성하는 과정과 연결하여 이해해야 함
- 각질층의 pH: 4.5 ~ 5.5 정도로 약산성
- 각질층 구조의 이상은 피부장벽기능의 약화를 초래하여 다양한 피부 질환 및 피부 노화를 유발할 수 있음
- 각질층의 구조

③ **보습인자**
- 피부의 습도 유지는 건강한 피부를 유지하기 위한 기본 조건이며, 각질층은 자연보습인자(NMF, natural moisturizing factor)와 각질세포 사이에 존재하는 지질층 및 피지선으로부터 분비되는 피지에 의해 수분을 유지함
- 세포간지질의 주성분은 세라마이드(ceramide), 자유지방산(free fatty acid), 콜레스테롤(cholesterol)의 혼합으로 이루어짐. 양적으로 세라마이드가 50%, 콜레스테롤 25%, 자유지방산 15%의 순임. 천연지질성분과 동일한 배합비의 지질은 각질층의 장벽 기능을 회복시키고 유지시키는 데 중요함
- 피부장벽이 파괴되면, 초기에 표피 상층 세포의 층판과립이 즉각 방출되고, 이어서 콜레스테롤과 지방산의 합성이 촉진됨. 한편 세라마이드의 합성과 표피의 DNA 합성은 이후에 일어나며 피부장벽이 회복될 뿐만 아니라 표피가 비후됨

- 정상적인 지질층의 구성은 각질세포의 정상적인 분열, 분화와 밀접한 관계가 있음
- 자연보습인자(NMF)를 구성하는 수용성의 아미노산(amino acid)은 필라그린(filaggrin)이 각질층세포의 하층으로부터 표층으로 이동함에 따라서 각질층 내의 백분해효소에 의해 분해된 것임
- 필라그린(filaggrin)은 각질층 상층에 이르는 과정에서 아미노펩티데이스(aminopeptidase), 카복시펩티데이스(carboxypeptidase) 등의 활동에 의해서 최종적으로 아미노산으로 분해됨

④ TEWL(transepidermal water loss)
- 경피수분손실량(TEWL, transepidermal water loss)이란 피부 표면에서 증발되는 수분량을 나타내는 것으로 건조한 피부나 손상된 피부는 정상인에 비해 높은 값을 보임
- 이는 피부장벽기능(skin barrier function)의 이상을 나타내는 것으로 과도한 수분량의 손실로 피부의 건조를 유발함. 피부노화와 표피의 변화
- 인체의 피부 표면에서는 노화된 각질세포가 계속 떨어져 나가고 있으며 노화된 피부에서는 각질층이 떨어지는 데 더 많은 시간이 걸리므로 각질층이 두꺼워지게 됨
- 각질형성세포의 기능 저하는 죽은 세포를 더욱 늘어나게 하며 잔주름과 피부 거칠어짐의 원인이 됨

⑤ 피부 색소형성
- 멜라닌형성세포(melanocyte)는 표피에 존재하는 세포의 약 5%를 차지하고 있으며 대부분 기저층에 위치함
- 멜라닌형성세포 내 멜라노좀(melanosome)에서 만들어진 멜라닌은 세포돌기를 통하여 각질형성세포로 전달됨
- 멜라닌형성세포는 긴 수지상 돌기를 가진 가늘고 길쭉한 형태를 하고 있으며, 주위의 각질형성세포 사이로 뻗어있음
- 각질형성세포로 전달된 멜라닌이 가득 차 있는 멜라노좀은 표피의 기저층 위 부분으로 확산되어 자외선에 의해 기저층의 세포가 손상되는 것을 막아줌
- 멜라닌은 자외선을 흡수하거나 산란시켜 자외선으로부터 피부가 손상을 입는 것을 방지하는 데 큰 역할을 함- 멜라닌이 함유된 각질형성세포는 점점 각질층으로 이동되며 최종적으로 각질층에서 탈락되어 떨어져 나감

⑥ 멜라닌 합성과정
- 멜라닌은 멜라노좀에서 합성되며 티로신(tyrosine)을 시작물질로 유멜라닌(eumelanin, brownish black)과 페오멜라닌(pheoomelanin, reddish yellow)으로 만들어짐

(5) 진피

① 진피의 구조
- 진피는 표피와 피하지방층 사이에 위치하며 피부의 90% 이상을 차지하며 표피두께의 10~40배 정도임
- 진피는 점탄성을 갖는 탄력적인 조직으로 무정형의 기질(ground substance)과 교원섬유(collagen fiber), 탄력섬유(elastic fiber)등의 섬유성 단백질로 구성됨
- 혈관계나 림프계 등이 복잡하게 얽혀 있는 형태를 띄며 표피에 영양분을 공급하여 표피를 지지하고 강인성에 의해 피부의 다른 조직들을 유지하고 보호해 주는 역할을 함
- 진피층은 경계가 확실하지 않으나 두 층으로 구분할 수 있는데, 표피의 윗부분에 위치한 유두진피(papillary dermis)와 망상진피(reticular dermis)로 나눌 수 있음
- 진피에 존재하는 세포는 결합조직 내에 널리 분포된 섬유아세포(fibroblast)가 주종을 이루는데 이들 섬유아세포는 세포외기질(ECM, extracellular matrix)인 교원섬유(콜라겐)와 탄력섬유(엘라스틴) 그리고 여러 다양한 기질을 만드는 역할을 함
- 진피에는 섬유아세포 외에 대식세포(macrophage), 비만세포(mast cell)가 존재함
- 피부노화와 진피의 변화·콜라겐 감소·탄력섬유의 변성·당아미노글라이칸(glycosaminoglycan) 감소·피부혈관의 면적 감소

(6) 피하지방

① 피하지방층
- 피하지방층은 진피에서 내려온 섬유가 엉성하게 결합되어 형성된 망상조직으로 그 사이사이에 벌집모양으로 많은 수의 지방세포들이 자리잡고 있음
- 이 지방세포들은 피하지방을 생산하여 몸을 따뜻하게 보호하고 수분을 조절하는 기능과 함께 탄력성을 유지하여 외부의 충격으로부터 몸을 보호하는 기능을 함

(7) 화장품 부작용과 피부의 특성
① 피부자극
  ㉠ 피부 자극 발생 기전
    • 접촉 피부염은 피부에 자극을 줄 수 있는 화학물질이나 물리적 자극물질에 일정 농도 이상으로 일정시간 이상 노출이 되면 모든 사람에게 일어날 수 있는 피부염
    • 접촉 피부염은 알레르기 접촉 피부염에 비해서 그 발생 빈도가 높지만 증상이 비교적 가볍고 일과성
  ㉡ 피부 자극 물질
    • 세정제나 비누 등이 흔한 원인 물질이며 직업에 따라서 공업용 용제와 불산, 시멘트, 크롬산, 페놀, 아세톤, 알콜 등이 원인물질로 작용을 하며 이 외에 나무나 원예작물, 섬유유리, 인조섬유 등 다양한 물질이 자극접촉 피부염을 일으킬 수 있음
③ 알레르기
  ㉠ 피부 감작성
    • 알레르기(allergy)란 용어는 1906년 프랑스 학자인 폰 피케르가 처음으로 사용한 것으로, 대부분의 사람에게는 아무런 반응을 나타내지 않는 외부 물질에 대해 인체의 면역 기전이 보통보다도 과민한 반응을 나타낼 때 유발되는 증상을 총칭하는 용어
    • 알레르기를 일으키는 것은 항원(알레르겐)임.
    • 피부 감작성(알레르기성 접촉 피부염)이란 어떤 물질에 대해 면역학적으로 매개되는 피부 반응임. 지연성 접촉 과민반응으로서 이전의 노출에 의해 활성화된 면역체계에 의한 알레르기성 반응
  ㉡ 피부 감작성 원인 물질
    • 「화장품 사용 시의 주의사항 및 알레르기 유발성분 표시에 관한 규정」, 「화장품의 함유 성분별 사용 시의 주의사항 및 착향제의 구성성분중 알레르기 유발성분」에 명시됨

2.2 모발의 생리구조

(1) 모발의 구조

① 모발과 모낭
- 모발은 피부 내부에 위치한 모근(hair root)과 주로 피부 외부에 위치한 모간(hair shaft)으로 구분됨
- 모근에 모낭(hair follicle)과 모유두(hair papilla)가 있으며, 모발(hair)은 모낭(hair follicle)에 둘러싸여 있음
- 모근은 태아의 9 ~ 12주경에 형성되며, 몸 전체의 모낭의 수는 출생 때부터 죽을 때까지 큰 변화가 없는 것으로 알려져 있음. 몸 전체에는 400 ~ 500만 개 정도 존재하고, 두발에는 평균 10만여 개 정도 존재

② 모근부(hair root)- 모구부(hair bulb)
- 모유두(hair papilla)
- 내모근초(inner root sheath)와 외모근초(outer root sheath)
- 모모세포(germinal matrix)

> **모근부(hair root)**
>
> (그림: 모근부의 구조 - 땀샘, 모간부, 모공, 표피, 진피, 모근부, 피지액, 입모근, 피지백, 모낭, 피하조직, 모구, 피하지방, 모유두, 모세혈관, 모모세포)
>
> - 모구부(hair bulb) : 모근부의 아랫부분으로 구근 모양을 모구라 부르며 두발을 생장시키는 데 있어 중요한 부분이다. 모구부의 아래 부분은 오목하게 진피의 결합 조직(connective tissue)에 묻혀 있고, 이 움푹 패인 부분에는 진피세포층에서 나온 모유두가 들어있다.

- 모유두(hair papilla) : 모근의 최하층에 위치하며, 세포가 빈틈없이 짜여있는 모유두는 모세혈관이 엉켜 있으며 이로부터 두발을 성장시키는 영양분과 산소를 운반하고 있다. 이 영양분을 받아 분열하고 있는 세포는 모모세포로, 이는 모유두와 접하고 있는 부분을 둘러싸고 있듯이 존재하고 있다. 여기서 분열된 세포(cell division)가 각화하면서 위쪽으로 두발을 만들면서 두피 밖으로 밀려나온다.
- 내모근초(inner root sheath)와 외모근초(outer root sheath) : 내모근초는 내측의 두발 주머니로서 외피에 접하고 있는 표피의 각질층인 초표피(sheath cuticle)와 과립층의 헉슬리층(huxley's layer), 유극층의 헨레층(henle's layer)으로 구성되고 외모근초는 표피층의 가장 안쪽인 기저층에 접하고 있다. 즉 내모근초와 외모근초는 모구부에서 발생한 두발을 완전히 각화가 종결될 때까지 보호하고, 표피까지 운송하는 역할을 하고 있다. 내모근초와 외모근초도 모구부 부근에서 세포분열에 의해 만들어지고 두발의 육성과 함께 모유두와 분리된 휴지기 상태가 되면 외모근초(소)는 입모근 근처(모구의 1/3 지점)까지 위로 밀려 올라간다. 내모근초는 두발을 표피까지 운송하여 역할을 다한 후에는 비듬이 되어 두피에서 떨어진다.
- 모모세포(germinal matrix) : 모유두(毛乳頭) 조직 내에 있으면서 두발을 만들어 내는 세포이다. 모낭(毛囊) 밑에 있는 모유두에 흐르는 모세 혈관으로부터 영양분을 흡수하고 분열·증식하여 두발을 형성한다. 모모세포는 모유두에 접하고 있는 부분으로서 이미 두발을 구성하는역할이 결정된다. 결국 모유두의 정점 부분에서는 모수질이 된 세포가 분열하고, 그 아래 부분으로부터는 모피질이 된 세포가 가장 아래 외측으로는 모표피가 된 세포가 분열하여 위로 밀리고 있다. 두발의 색을 결정하는 멜라닌 색소는 모피질을 만드는 모모세포로부터 별도의 색소 세포인 멜라노사이트(melanocyte)에 의해 생성된다. 이 멜라노사이트에서 멜라닌 색소를 분비하는데, 이 색소의 양과 특성에 따라서 두발의 색이 결정된다.

③ 모간부(hair shaft)

- 모표피(cuticle)·에피큐티클(epicuticle)·엑소큐티클(exocuticle)·엔도큐티클(endocuticle)
- 모피질(cortex)
- 모수질(medulla)

모간부(hair shaft)
- 모표피(cuticle) : 모간의 가장 외측 부분으로 비늘 형태로 겹쳐져 있으며 두발 내부의 모피질을 감싸고 있는 화학적 저항성이 강한 층이다. 모표피는 판상으로 둘러싸인 형태의 세포로 되어 있으며, 이 각 세포는 두께 약 0.5 ~ 1.0㎛, 길이 80 ~ 100㎛이다. 일반적으로 두발의 모표피는 5 ~ 15층이며 20층인 것도 있다. 모표피는 색깔이 없는 투명층이며 전체 두발의 10 ~ 15%를 차지하며 두꺼울수록 두발은 단단하고 저항성이 높다. 물리적 자극으로 모표피의 손상, 박리, 탈락 등이 발생되면 모피질의 손상을 주게 된다. 표피층의 세포를 살펴보면 3개의 층으로 보이며 다음과 같이 구성되어 있다.

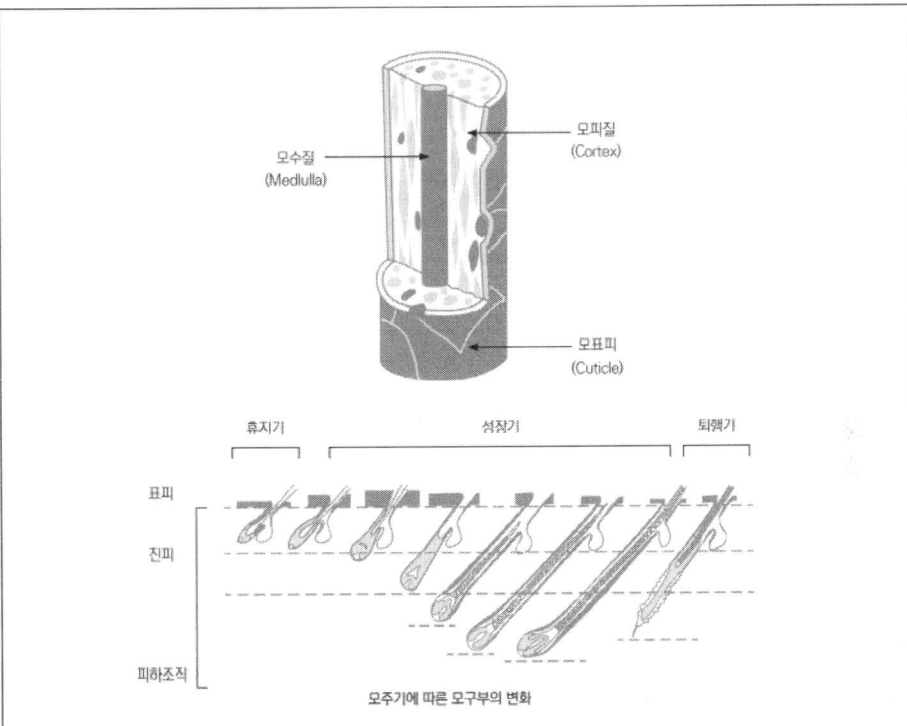

모주기에 따른 모구부의 변화

- ⊙ 에피큐티클(epicuticle)가장 바깥층이며 두께 100Å 정도의 얇은 막으로, 수증기는 통하지만 물은 통과하지 못하는 구조로 딱딱하고 부서지기 쉽기 때문에 물리적인 자극에 약하다. 이 층은 아미노산 중 시스틴의 함유량이 많으며, 각질 용해성 또는 단백질 용해성의 약품(친유성, 알칼리 용액)에 대한 저항성이 가장 강한 성질을 나타낸다.
- ⓒ 엑소큐티클(exocuticle)연한 케라틴 층으로 시스틴이 많이 포함되어 있고, 퍼머넌트 웨이브와 같이 시스틴 결합을 절단하는 약품의 작용을 받기 쉬운 층이다.
- ⓒ 엔도큐티클(endocuticle)가장 안쪽에 있는 층으로 시스틴 함유량이 적으며, 친수성이며 알칼리에 약하다. 이층의 내측면은 양면접착 테이프와 같은 세포막복합체(CMC, cell membrane complex)로 인접한 모표피를 밀착시키고 있다
- 모피질(cortex) : 모피질은 피질세포(케라틴 단백질)와 세포 간 결합물질(말단결합·펩티드)로 구성되어 있다. 각화된 케라틴 피질세포가 두발의 길이 방향(섬유질)으로 비교적 규칙적으로 나열된 세포집단으로 두발 대부분(85 ~ 90%)을 차지하고 있다. 피질에는 두발의 응집력과 두발 색상을 결정하는 멜라닌 색소가 존재한다. 이 멜라닌 색소에 의해 머리카락의 색상이 결정되며, 친수성이고 염모제 등 화학약품에 의해 손상받기 쉽다. 피질세포 사이에 간층물질(matrix)로 채워져 있는 구조이다. 모피질은 물과 쉽게 친화하는 친수성으로 펌, 염색시에는 모피질을 활용한다.
- 모수질(medulla) : 모수질은 두발의 중심 부근에 공동(속이 비어있는 상태) 부위로, 죽은 세포들이 두발의 길이 방향으로 불연속적으로 다각형의세포들의 형상으로 존재한다. 수질세포는 핵의 잔사인 둥근 점들을 간혹 포함하고 있으나 이의 기능은 잘 알려져 있지 않다.굵은 두발은 수질이

> 있으나 가는 두발은 수질이 없는 것도 있다. 모축에 따라 연속 또는 불연속으로 존재한다. 또한 틈이 있어 탈수화의 과정에서 수축하여 두발에 따라 크기가 작은 공동을 남긴다. 이 공동은 한랭지 서식의 동물에는 털의 약 50%를 차지하여 보온(공기를 함유)의 역할을 한다. 일반적으로 모수질이 많은 두발은 웨이브 펌이 잘 되고, 모수질이 적은 두발은 웨이브 형성이 잘 안 되는 경향이 있다

③ 모발의 생성 및 주기

㉠ 성장기(anagen stage) : 머리카락의 모근은 2 ~ 3년(또는 3 ~ 4년)동안 성장함. 자라나는 속도는 0.2 ~ 0.5 mm/일, 1 ~ 1.5 cm/월 정도임. 성장기 동안 모근은 피하지방층까지 밑으로 내려가 튼튼하게 자리잡음. 모유두에 있는 모모세포는 신속하게 유사분열을 진행시킴. 모발의 성장기 단계는 딱딱한 케라틴이 모낭 안에서 만들어지고 성장기의 수명은 3 ~ 6 년이며 전체 모발(10 ~ 15만 모)의 약 88%를 차지하고 한 달에 1.2 ~ 1.5 cm 정도 자람

㉡ 퇴행기(catagen stage) : 성장기 이후 2 ~ 3주 기간이며 모낭이 위축되기 시작하고 모근이 점점 노화되는 시기에 해당함. 성장기가 끝나고 모발의 형태를 유지하면서 대사과정이 느려지는 시기로 천천히 성장하며, 세포분열은 정지함. 이 단계에서는 케라틴을 만들어 내지는 않으며, 퇴행기의 수명은 2 ~ 3 주이고 전체 모발의 약 1%가 이 시기에 해당됨

㉢ 휴지기(telogen stage) : 2 ~ 3개월의 기간이며 모근이 각질화되고(죽어가며) 모발이 더이상 자라지 않음. 모유두가 위축되며 모낭은 차츰 수축되고 모근은 위쪽으로 밀려올라가 빠지며 모낭의 깊이는 1/3로 되어 있음. 휴지기 단계에서 모모세포가 활동을 시작하면 새로운 모발로 대체됨. 수명은 3 ~ 4 개월이고 전체 모발의 약 11%가 이 시기에 해당되며, 이 시기의 모발은 강한 브러싱으로도 쉽게 빠짐

(2) 두피의 구조와 생리

① 두피의 구조

- 두피는 피부의 일부분으로 비슷한 구조를 가지고 있으나 특징적으로 다른 부분의 모낭보다 복잡하고 피지선이 많으며, 신체를 감싸는 다른 외피보다 혈관과 모낭이 많이 분포되어 있음- 진피층에는 모세혈관이 분포되어 있어 두부의 외상에 의해 출혈이 발생하며, 조밀한 신경분포를 통해 머리카락을 통한 감각을 느낄 수 있

게 함
- 두피는 세 개의 층으로 구성되어 있으며, 동맥, 정맥, 신경들이 분포한 외피와 두개골을 둘러싼 근육과 연결된 신경조직인 두개피, 얇고 지방층이 없고 이완된 두개 피하조직으로 이루어짐

② 두피의 기능
- 보호: 멜라닌 색소와 표피는 광선으로부터 두피를 보호하고 두피가 건조되지 않도록 하며, 표면이 산성막으로 되어있어 외부 감염과 미생물의 침입으로부터 두피를 보호함. 각질층, 피하조직, 결합조직으로 인해 외부 마찰에 대응하고 외부 환경으로부터 두피 내부를 보호하는 역할을 수행함
- 호흡: 인체의 1 ~ 3% 정도는 폐가 아닌 피부를 통해 호흡함. 두피에 각질이나 노폐물이 쌓이면 두피의 모공을 막아 피부의 호흡을 저해할 수 있음
- 분비와 배설: 한선에서는 땀을 배출하여 체온 조절을 하며, 피지선에서는 피지를 분비하여 수분 증발과 세균을 감염으로부터 막아 줌
- 체온 유지: 입모근에서는 수축과 이완을 통해 모공을 개폐하여 체온을 유지하고, 모세혈관의 혈류량을 조절하여 체온을 조절함

(3) 탈모

① 탈모의 증상과 종류
- ㉠ 남성형 탈모증 : 남자 성인의 탈모는 집단으로 머리털이 빠져 대머리가 되는 것이 특징임. 안면과 두피의 경계선이 점점 뒤로 물러나고 이마가 넓어지며 정수리 쪽의 굵은 머리가 점점 빠져서 대머리가 됨. 반들거리는 두피는 모근이 소실되어 새 머리카락이 나오기 어렵기 때문에 탈모 현상을 일찍 발견하여 탈모 증상완화하는 것이 최선의 방법임. 남성형 탈모증은 남성호르몬의 일종인 DHT(Dihydrotestosterone)라는 호르몬이 원인이 되어 나타남
- ㉡ 여성 탈모증 : 여성 탈모 또한 남성과 같이 유전과 남성호르몬에 대한 모낭 세포의 반응이 주된 원인임. 전체적으로 머리숱이 적어지고 가늘어지며 특히 정수리 부분이 많이 빠져 두피가 훤히 들여다보임. 여성의 경우 남성호르몬은 신장 옆에 위치한 부신에서 분비되며 난소에서도 모발에 영향을 미치는 호르몬을 분비함. 그래서 부신이나 난소의 비정상 과다 분비나 남성호르몬 작용이 있는 약

물 복용이 탈모의 원인이 되는 경우가 있음
　ⓒ 원형 탈모증 : 대부분 스트레스에 의한 것으로 하나 혹은 여러 개의 원형으로 보통 두피(혹은 신체의 다른 부위)에 탈모가 일어남. 일종의 일과성 탈모질환으로 활발히 성장하는 모낭에 염증을 유발함. 유전적 소인, 알레르기, 자가 면역성 소인과 정신적인 스트레스를 포함하는 복합적인 요인들에 의해서 발생하는 것으로 사료됨- 기타 지루성 탈모증, 산후 휴지기 탈모증, 노인성 탈모증 등

② 탈모의 원인
　㉠ 유전 : 탈모를 일으키는 유전자는 상염색체성 유전을 하는 것으로 알려져 있음. 대머리 유전인자가 많을수록 대머리가 될 가능성이 높아지며 어머니 쪽의 유전자가 더 중요한 의미를 가짐
　㉡ 호르몬 : 모발과 관계 있는 호르몬은 뇌하수체, 갑상선, 부신피질, 난소나 고환에서 분비되는 호르몬임. 그 중에서도 남성호르몬에 의하여 발생하는 남성형 탈모증이 탈모의 대부분을 차지함
　㉢ 스트레스 : 스트레스가 쌓이면 자율신경 부조화로 모발의 발육이 저해됨
　㉣ 식생활 습관 : 동물성 지방의 과다섭취는 혈중 콜레스테롤을 증가시켜 모근의 영양공급을 악화시킴. 다이어트로 인해 단백질, 미네랄 등이 결핍된 경우 탈모가 촉진됨
　㉤ 모발 공해 : 파마, 드라이, 염색, 대기오염 등으로 인하여 열과 알칼리에 약한 모발 성분이 손상됨
　㉥ 기타 : 지루성 피부염, 건선, 아토피와 같은 피부질환 또는 항암제 치료, 방사선 요법, 염증성 질환 등에 의해 탈모가 나타날 수 있음

(4) 비듬

① 비듬의 증상
　㉠ 비듬은 두피에서 탈락된 세포가 벗겨져 나온 쌀겨 모양의 표피 탈락물
　㉡ 두피에 국한된 대표적인 동반 증상은 가려움증이고, 증상이 심해지면 뺨, 코, 이마에 각질을 동반한 구진성 발진이 나타나거나, 바깥귀길의 심한 가려움증을 동반한 비늘이 발생하는 등 지루성 피부염의 증상이 발생함

② 비듬의 원인
- ㉠ 비듬이 생기는 원인은 여러 가지이며, 두피 피지선의 과다 분비, 호르몬의 불균형, 두피 세포의 과다 증식 등이 있음
- ㉡ 말라쎄지아라는 진균류가 방출하는 분비물이 표피층을 자극하여 비듬이 발생하기도 함. 이외에 스트레스, 과도한 다이어트 등이 비듬 발생의 원인이 된다는 연구 결과가 있음

(5) 탈모증상완화제품

① 탈모 증상 완화 기능성 성분

「기능성화장품 기준 및 시험방법」 [탈모 증상의 완화에 도움을 주는 기능성화장품]

2.3 피부 모발 상태 분석

(1) 피부분석법의 종류

① 피부 보습도 분석
- ㉠ 각질 수분량 측정
- ㉡ Transepidermal Water Loss(TEWL), 경피수분손실량 측정

② 피부 주름 분석
- ㉠ Replica 분석법
- ㉡ 피부 표면 형태 측정

③ 피부 탄력 분석

탄력 측정기를 이용한 측정법

④ 피부 색소 침착 분석
- ㉠ 피부 색소 측정기를 이용한 측정
- ㉡ UV광을 이용한 측정

(2) 모발상태분석법

① 모발분석법

모발의 상태 분석 : 모발의 굵기, 손상 정도, 탈염, 탈색 등 분석

② 탈모, 두피분석법
- ㉠ 탈모 상태 분석: 남성형 탈모, 여성 탈모, 원형 탈모, 스트레스성 탈모 등
- ㉡ 두피 상태 분석: 두피의 홍반, 지루성 두피 상태 등에 대한 분석

3. 관능평가 방법과 절차

3.1 관능평가

(1) 관능평가의 정의

① 관능평가의 정의 및 세부 종류
- 관능평가란 여러 가지 품질을 인간의 오감에 의하여 평가하는 제품검사로, 화장품에 적합한 관능품질을 확보하기 위하여 외관·색상 검사, 향취 검사, 사용감 검사를 수행하는 능력
- 관능평가에는 좋고 싫음을 주관적으로 판단하는 기호형과, 표준품 및 한도품 등 기준과 비교하여 합격품, 불량품을 객관적으로 평가, 선별하거나 사람의 식별력 등을 조사하는 분석형의 2가지 종류가 있음

(2) 관능평가 절차

① 성상 및 색상의 판별 절차
- ㉠ 유화제품(크림, 유액 등) : 표준견본과 대조하여 평가하고자 하는 내용물의 표면의 매끄러움과 내용물의 점성, 내용물의 색이 유백색인지 육안으로 확인
- ㉡ 색조제품(파운데이션, 아이섀도, 립스틱 등) : 표준견본과 내용물을 슬라이드 글라스(slide glass)에 각각 소량씩 묻힌 후 슬라이드 글라스로 눌러서 대조되는 색상을 육안으로 확인하거나 손등 혹은 실제 사용 부위(얼굴, 입술)에 발라서 색상 확인

② 향취 평가 절차
- ㉠ 비커에 내용물을 일정량 담고 코를 비커에 대고 향취를 맡거나 손등에 내용물을 바르고 향취를 맡음

③ 사용감 평가 절차
　　㉠ 사용감 정의 : 사용감이란 원자재나 제품을 사용할 때 피부에서 느끼는 감각으로 매끄럽게 발리거나 바른 후 가볍거나 무거운 느낌, 밀착감, 청량감 등을 말함
　　㉡ 내용물을 손등에 문질러서 느껴지는 사용감(무거움, 가벼움, 촉촉함, 산뜻함 등)을 확인

(3) 관능평가에 사용되는 표준품
① 제품 표준견본 : 완제품의 개별포장에 관한 표준
② 벌크제품 표준견본 : 성상, 냄새, 사용감에 관한 표준
③ 라벨 부착 위치견본 : 완제품의 라벨 부착위치에 관한 표준
④ 충진 위치견본 : 내용물을 제품용기에 충진할 때의 액면위치에 관한 표준
⑤ 색소원료 표준견본 : 색소의 색조에 관한 표준
⑥ 원료 표준견본 : 원료의 색상, 성상, 냄새 등에 관한 표준
⑦ 향료 표준견본 : 향, 색상, 성상 등에 관한 표준
⑧ 용기·포장재 표준견본 : 용기·포장재의 검사에 관한 표준
⑨ 용기·포장재 한도견본 : 용기·포장재 외관검사에 사용하는 합격품 한도를 나타내는 표준

(4) 관능평가 종류
① 소비자에 의한 평가
　　㉠ 맹검 사용시험 (Blind use test) : 제품의 정보를 제공하지 않는 제품 사용시험
　　㉡ 비맹검 사용시험 (Concept use test) : 제품의 정보를 제공하고 제품에 대한 인식 및 효능이 일치하는지를 조사하는 시험
② 전문가 패널에 의한 평가
③ 정확한 관능기준을 가지고 교육을 받은 전문가 패널의 도움을 얻어 실시하는 평가
　　㉠ 의사의 감독하에서 실시하는 시험
　　㉡ 그 외 전문가 (준의료진, 미용사 등) 관리하에 실시하는 평가

4. 제품안내

4.1 맞춤형화장품 표시사항

(1) 맞춤형화장품의 기재사항

① 맞춤형화장품 판매 시 1차·2차 포장에 기재되어야 할 정보

1차포장	1. 화장품의 명칭 2. 영업자(화장품제조업자, 화장품책임판매업자, 맞춤형화장품판매업자)의 상호 3. 제조번호 4. 사용기한 또는 개봉 후 사용기간(개봉 후 사용기간의 경우 제조연월일 병기)

1차 포장
또는
2차 포장
	1. 화장품의 명칭
	2. 영업자(화장품제조업자, 화장품책임판매업자, 맞춤형화장품판매업자)의 상호 및 주소
	3. 해당 화장품 제조에 사용된 모든 성분(인체에 무해한 소량 함유 성분 등 총리령으로 정하는 성분은 제외)
	4. 내용물의 용량 또는 중량
	5. 제조번호
	6. 사용기한 또는 개봉 후 사용기간(개봉 후 사용기간의 경우 제조연월일 병기)
	7. 가격
	8. 기능성화장품의 경우 "기능성화장품"이라는 글자 또는 기능성화장품을 나타내는 도안으로서 식품의약품안전처장이 정하는 도안
	9. 사용할 때의 주의사항
	10. 그 밖에 총리령으로 정하는 사항
	  • 기능성화장품의 경우 심사받거나 보고한 효능·효과, 용법·용량
	  • 성분명을 제품 명칭의 일부로 사용한 경우 그 성분명과 함량(방향용 제품은 제외한다)
	  • 인체 세포·조직 배양액이 들어있는 경우 그 함량
	  • 화장품에 천연 또는 유기농으로 표시·광고하려는 경우에는 원료의 함량
	  • 제2조제8호부터 제11호까지에 해당하는 기능성화장품의 경우에는 "질병의 예방 및 치료를 위한 의약품이 아님"이라는 문구
	  • 다음 각 목의 어느 하나에 해당하는 경우 법 제8조제2항에 따라 사용기준이 지정·고시된 원료 중 보존제의 함량
	    가. 별표 3 제1호가목에 따른 만 3세 이하의 영유아용 제품류인 경우
	    나. 만 4세 이상부터 만 13세 이하까지의 어린이가 사용할 수 있는 제품임을 특정하여 표시·광고하려는 경우

(2) 소용량 또는 비매품

1차 포장 또는 2차 포장	1. 화장품의 명칭 2. 맞춤형화장품판매업자의 상호 3. 가격 4. 제조번호와 사용기한 또는 개봉 후 사용기간(개봉 후 사용기간의 경우 제조연월일 병기)

(3) 가격표시

① 맞춤형화장품의 가격표시

맞춤형화장품의 가격표시는 개별 제품에 판매가격을 표시하거나, 소비자가 가장 쉽게 알아볼 수 있도록 제품명, 가격이 포함된 정보를 제시하는 방법으로 표시할 수 있음

4.2 맞춤형화장품 안전기준의 주요사항

작업장의 시설기준	① 맞춤형화장품의 혼합·소분 공간은 다른 공간과 구분 또는 구획할 것 • 구분: 선, 그물망, 줄 등으로 충분한 간격을 두어 착오나 혼동이 일어나지 않게 되어 있는 상태 • 구획: 동일 건물 내에서 벽, 칸막이, 에어커튼 등으로 교차오염 및 외부오염물질의 혼입이 방지될 수 있게 되어 있는 상태 ※ 다만, 맞춤형화장품조제관리사가 아닌 기계를 사용하여 맞춤형화장품을 혼합하거나 소분할 때는 구분·구획된 것으로 본다 ② 맞춤형화장품 간 혼입이나 미생물오염 등을 방지할 수 있는 시설 또는 설비 등을 확보할 것 ③ 맞춤형화장품의 품질유지 등을 위하여 시설 또는 설비 등에 대해 주기적으로 점검·관리할 것
시설 위생관리	① 위생관리 표준절차 설계 ② 시설 위생관리 SOP에 대한 사항 : 맞춤형화장품의 품질유지 등을 위하여 시설 또는 설비 등에 대해 주기적으로 점검·관리할
혼합·소분장소의 위생관리	① 맞춤형화장품판매업소 내 혼합·소분 장소의 위생관리에 있어 주의해야 할 사항 　㉠ 맞춤형화장품 혼합·소분 장소와 판매 장소는 구분·구획하여 관리 　㉡ 적절한 환기시설 구비 　㉢ 작업대, 바닥, 벽, 천장 및 창문 청결 유지 　㉣ 혼합 전·후 작업자의 손 세척 및 장비 세척을 위한 세척 시설 구비 　㉤ 방충·방서 대책 마련 및 정기적 점검·확인

혼합소분 장비 및 도구의 위생관리	① 혼합·소분 장비 및 도구의 위생관리에 있어 주의해야 할 사항- 사용 전·후 세척 등을 통해 오염 방지 　㉠ 작업 장비 및 도구 세척 시에 사용되는 세제·세척제는 잔류하거나 표면 이상을 초래하지 않는 것을 사용 　㉡ 세척한 작업 장비 및 도구는 잘 건조하여 다음 사용 시까지 오염 방지 　㉢ 자외선 살균기 이용 시, 　　• 충분한 자외선 노출을 위해 적당한 간격을 두고 장비 및 도구가 서로 겹치지 않게 한 층으로 보관 　　• 살균기 내 자외선램프의 청결 상태를 확인 후 사용
위생 환경 모니터링	① 맞춤형화장품 혼합·소분 장소, 장비·도구의 위생 환경 모니터링 　㉠ 맞춤형화장품 혼합·소분 장소가 위생적으로 유지될 수 있도록 맞춤형화장품판매업자는 주기를 정하여 판매장 등의 특성에 맞도록 위생관리할 것 　㉡ 맞춤형화장품판매업소에서는 작업자 위생, 작업환경위생, 장비·도구 관리 등 맞춤형화장품판매업소에 대한 위생 환경 모니터링 후 그 결과를 기록하고 판매업소의 위생 환경 상태를 관리할 것

4.3 맞춤형화장품의 특징

맞춤형 화장품의 특징	① 맞춤형화장품은 개인의 가치가 강조되는 사회·문화적 환경 변화에 따라 개인맞춤형 상품 서비스를 통한 다양한 소비욕구를 충족시킬 수 있도록 탄생한 제도 　㉠ 개인의 요구에 따라 제품을 만들어 주거나 개인의 피부 분석을 통해 꼭 필요한 원료를 혼합하여 제품을 만들어 주는 것을 특징으로 함 　㉡ 소비자 요구에 따라 다양한 형태의 제품 판매의 형태를 가질 수 있음
맞춤형화장품의 장점	① 전문가 조언을 통한 소비자의 기호와 특성에 적합한 화장품과 원료의 선택이 가능 ② 고객에게 맞는 화장품 사용으로 충족되는 심리적 만족 ③ 고객 개인별 피부 특성 및 색·향 등 취향에 따라, 제조·수입한 화장품을 혼합 및 소분하여 판매 가능
맞춤형화장품의 단점	① 동일한 제품에 대한 사용 후기나 평가를 확인하기 어려움 ② 맞춤형화장품 혼합조건에 따라 안정성이 변화 될 수 있음

4.4 맞춤형화장품의 사용법

맞춤형화장품의 사용법	① 맞춤형화장품조제관리사와 전문적인 상담을 통해 제조한 맞춤형화장품을 사용 ② 화장품 사용 중 이상 증상이 발생할 경우 즉시 사용 중단 ③ 사용기한 또는 개봉 후 사용기간을 지켜서 사용 ④ 맞춤형화장품조제관리사로부터 내용물과 원료에 대한 설명을 듣고 사용

맞춤형화장품 사용 시 주의사항	① 맞춤형화장품 사용 시 주의사항은 다음의 규정사항에 근거함 　㉠ 「화장품법 시행규칙」 '화장품 유형과 사용 시의 주의사항' 　㉡ 「화장품 사용 시의 주의사항 및 알레르기 유발성분 표시에 관한 규정」 ② 그 외 맞춤형화장품 사용 시 주의사항 안내 　㉠ 사용기한 또는 개봉 후 사용기간 　㉡ 알레르기 유발 물질 함유 유무
화장품이상 반응 시 대처법 안내	① 알레르기나 피부자극이 일어날 경우 즉시 사용 중지 안내 ② 의사의 진단서 및 소견서, 테스트 결과 등 객관적 입증자료 구비 안내 ③ 화장품에 의한 피부자극은 개인별 민감성에 따라 다르게 나타나니 사용 전 사전 테스트 진행 ④ 눈 주위에 사용되는 화장품, 두발용 화장품 등 눈에 들어갈 가능성이 있는 제품은 특별한 주의사항 안내

5. 혼합 및 소분

5.1 원료 및 제형의 물리적 특성

(1) 혼합시 제형의 안정성을 감소시키는 요인들

원료 투입순서	• 화장품 원료 및 내용물 혼합 시 투입에 대한 다음의 사항을 이해해야 함 　㉠ 원료 투입 순서가 달라지면 용해 상태 불량, 침전, 부유물 등이 발생할 수 있으며, 제품의 물성 및 안정성에 심각한 영향을 미치는 경우도 있음 　㉡ 휘발성 원료의 경우 유화 공정 시 혼합 직전에 투입하고, 고온에서 안정성이 떨어지는 원료의 경우 냉각 공정 중에 별도 투입하여야 함(알코올, 향료, 첨가제 등) 　㉢ W/O(water in oil) 형태의 유화 제품 제조 시 수상의 투입 속도를 빠르게 할 경우 제품의 제조가 어렵거나 안정성이 극히 나빠질 가능성이 있음
가용화 공정	• 제조 온도가 설정된 온도보다 지나치게 높을 경우 가용화제의 친수성과 친유성의 정도를 나타내는 HLB(Hydrophilic-lipophilic balance)가 바뀌면서 운점(cloud point) 이상의 온도에서는 가용화가 깨져 제품의 안정성에 문제가 생길 수 있음
유화 공정	• 제조 온도가 설정된 온도보다 지나치게 높을 경우 유화제의 HLB가 바뀌면서 전상 온도(PIT, Phase Inversion Temperature) 이상의 온도에서는 상이 서로 바뀌어 유화 안정성에 문제가 생길 수 있음 • 유화 입자의 크기가 달라지면서 외관 성상 또는 점도가 달라지거나 원료의 산패로 인해 제품의 냄새, 색상 등이 달라질 수 있음
회전속도	• 믹서의 회전속도가 느린 경우 원료 용해 시 용해 시간이 길어지고, 폴리머 분산 시 수화가 어려워져서 덩어리가 생겨 메인 믹서로 이송 시 필터를 막아 이송을 어렵게 할 수 있음 • 유화 입자가 커지면서 외관 성상 또는 점도가 달라지거나 안정성에 영향을 미칠 수 있음

진공세기	• 유화 제품의 제조 시에는 미세한 기포가 다량 발생하게 되는데, 이를 제거하지 않으면 제품의 점도, 비중, 안정성 등에 영향을 미칠 수 있음

5.2 원료 및 내용물의 규격

(1) 원료 및 내용물의 규격

① 원료규격(specification)
   ㉠ 원료의 전반적인 성질에 관한 것으로 원료의 성상, 색상, 냄새, pH, 굴절률, 중금속, 비소, 미생물 등 성상과품질에 관련된 시험항목과 그 시험방법이 기재되어 있으며 보관 조건, 유통기한, 포장 단위, inci명 등의 정보가 기록되어 있음
   ㉡ 원료 규격서에 의해 원료에 대한 물리, 화학적 내용을 알 수 있음

② 내용물의 규격
   ㉠ 내용물의 전반적인 품질 성질에 관한 것으로 성상, 색상, 향취, 미생물, 비중, 점도, pH, 기능성주성분의 함량(기능성화장품 내용물의 경우에 한함) 등, 성상과 품질에 관련된 항목 및 규격이 기재되어 있으며 보관 조건, 사용기한, 포장단위, 전성분 등의 정보가 기록되어 있음

(2) 유통화장품의 안전관리 기준

맞춤형화장품도 일반화장품과 같이 「화장품 안전기준 등에 관한 규정」을 준수하여야 함

(3) 유통화장품 안전관리 시험방법

pH	① pH 측정에는 유리전극을 단 pH 미터를 씀. ② 액성을 산성, 알칼리성 또는 중성으로 나타낸 것은 따로 규정이 없는 한 리트머스지를 써서 검사함. ③ 미산성, 약산성, 강산성, 미알칼리성, 약알칼리성, 강알칼리성 등으로 기재한 것은 산성 또는 알칼리성의 정도의 개략을 뜻하는 것으로 pH의 범위는 다음과 같음. 미산성 : 약 5 ~ 약 6.5 미알칼리성 : 약 7.5 ~ 약 9 약산성 : 약 3 ~ 약 5 약알칼리성 : 약 9 ~ 약 11 강산성 : 약 3이하 강알칼리성 : 약 11이상

점도	액체가 일정방향으로 운동할 때 그 흐름에 평행한 평면의 양측에 내부마찰력이 일어나는데 이 성질을 점성이라고 함. 점성은 면의 넓이 및 그 면에 대하여 수직방향의 속도구배에 비례함. 그 비례정수를 절대점도라 하고 일정온도에 대하여 그 액체의 고유한 정수임. 그 단위로서는 포아스 또는 센티포아스를 씀. 절대점도를 같은 온도의 그 액체의 밀도로 나눈 값을 운동점도라고 말하고 그 단위로는 스톡스 또는 센티스톡스를 씀.
색상	색상을 백색이라고 기재한 것은 백색 또는 거의 백색, 무색이라고 기재한 것은 무색 또는 거의 무색을 나타내는 것임. 색조를 시험하는 데는 따로 규정이 없는 한 고체의 화장품 원료는 1 g을 백지 위 또는 백지 위에 놓은 시계접시에 취하여 관찰하며 액상의 화장품원료는 안지름 15 mm의 무색시험관에 넣고 백색의 배경을 써서 액층을 30 mm로 하여 관찰함. 액상의 화장품원료의 맑은 것을 시험할 때는 흑색 또는 백색의 배경을 써서 앞의 방법을 따름. 액상의화장품원료의 형광을 관찰할 때에는 흑색의 배경을 쓰고 백색의 배경은 쓰지 않음.
냄새	냄새가 없다고 기재한 것은 냄새가 없든가 혹은 거의 냄새가 없는 것을 뜻함. 냄새시험은 따로 규정이 없는 한 그 1g을 100mL 비커에 취하여 시험함.
농도	① 용액의 농도를 (1→5), (1→10), (1→100) 등으로 기재한 것은 고체물질 1 g 또는 액상물질 1 mL을 용제에 녹여 전체량을 각각 5 mL, 10mL, 100mL 등으로 하는 비율을 나타낸 것임. 또 혼합액을 (1:10) 또는 (5:3:1) 등으로 나타낸 것은 액상물질의 1용량과 10용량과의 혼합액, 5용량과 3용량과 1용량과의 혼합액을 나타냄. ② %는 중량백분율을, w/v %는 중량 대 용량백분율을, v/v %는 용량 대 용량백분율을, v/w %는 용량 대 중량백분율을, ppm은 중량백만분율을 나타냄.
온도	① 온도의 표시는 셀시우스법에 따라 아라비아숫자 뒤에 ℃를 붙임. ② 표준온도는 20℃, 상온은 15~25℃, 실온은 1~30℃, 미온은 30~40℃로 함. 냉소는 따로 규정이 없는 한 1~15℃ 이하의 곳을 뜻함. 냉수는 10℃ 이하, 미온탕은 30~40℃, 온탕은 60~70℃, 열탕은 약 100℃의 물을 뜻함. ③ 화장품원료의 시험은 따로 규정이 없는 한 상온에서 실시하고 조작 직후 그 결과를 관찰하는 것으로 함. 다만 온도의영향이 있는 것의 판정은 표준온도에 있어서의 상태를 기준으로 함.

5.3 혼합 소분에 필요한 도구 기기 리스트 선택

(1) 화장품의 주요 원료 및 제조 공정 설비의 종류

가용화 제품 (화장수, 미스트 등)	① 주요 원료: 보습제, 중화제, 점증제, 수렴제, 산화방지제, 금속이온봉쇄제, 알코올, 가용화제(계면활성제), 보존제, 첨가제, 향료, 색소, 정제수 ② 공정 설비: 용해 탱크, 아지 믹서(agi-mixer), 여과 장치 등
유화 제품 (크림, 유액, 에센스 등)	① 주요 원료: 고급 지방산, 유지, 왁스 에스테르, 고급 알코올, 탄화수소, 유화제(계면활성제), 방부제, 합성 에스테르, 실리콘 오일, 산화방지제, 보습제, 점증제, 중화제, 금속 이온 봉쇄제, 첨가제, 향료, 색소, 정제수 ② 공정 설비: 용해 탱크, 열교환기, 호모 믹서(homo mixer), 디스퍼 믹서(disper mixer), 진공 유화 장치(vacuum emulsifying unit), 온도 기록계, 압력계, 냉각기, 여과 장치 등
파우더혼합 분산 제품 (페이스파우더, 팩트, 아이섀도우 등)	① 주요 원료: 체질 안료, 백색 안료, 착색 안료 등 ② 공정 설비: 리본 믹서, 헨셀 믹서(henschel mixer), 아토마이저(atomizer), 3단 롤 밀(3 roll mill) 등

(2) 화장품 혼합·소분에 필요한 도구 및 기기

① 계량에 필요한 도구 및 기기 : 스테인리스 시약스푼, 스테인리스 스패츌러, 일회용 플라스틱 스포이드, 전자저울
② 혼합, 교반에 필요한 도구 및 기기 : 스테인리스 나이프, 교반봉 혹은 실리콘주걱(헤라), 마그네틱바, 유리비커, 호모믹서, 디스퍼, 아지믹서
③ 기타 : 유리온도계, 메스실린더

5.4 혼합, 소분에 필요한 기구 사용

(1) 맞춤형화장품의 혼합 및 소분에 사용되는 장비 및 도구

소분	냉각통 (cooling bath)		내용물 및 특정성분으로 냉각할 때 사용
	디스펜서 (dispenser)		내용물을 자동으로 소분해주는 기기

특정 분석	디지털발란스 (digital balance)		내용물 및 원료 소분 시 무게를 측정할 때 사용
	비커 (beaker)		유리와 플라스틱 비커 사용. 내용물 및 원료를 혼합 및 소분 시 사용
	스파츌라 (spatula)		내용물 및 특정성분의 소분 시 무게를 측정하고 덜어낼 때 사용
	헤라 (here)		실리콘 재질의 주걱. 내용물 및 특정성분을 비커에서 깨끗하게 덜어낼 때 사용
	pH 미터 (pH meter)		원료 및 내용물의 pH(산도)를 측정
	경도계 (rheometer)		액체 및 반고형제품의 유동성을 측정할 때 사용
	광학현미경 (microscope)		유화된 내용물의 유화입자의 크기를 관찰할 때 사용
	점도계 (viscometer)		내용물 및 특정성분의 점도 측정 시 사용
혼합	스틱성형기 (stick mold)		립스틱 및 선스틱 등 스틱 타입 내용물을 성형할 때 사용
	오버헤드스터러 (over head stirrer)		아지믹서(agi-mixer), 프로펠러믹스(propeller mixer), 분산기(disper mixer)라고도 함. 봉(shaft)의 끝부분에 다양한 모양의 회전 날개가 붙어 있음. 내용물에 내용물을 또는 내용물에 특정성분을 혼합 및 분산 시 사용하며 점증제를 물에 분산시 사용

온도계 (thermometer)		내용물 및 특정성분 온도를 측정할 때 사용
핫플레이트 (hotplate)		랩히터(lab heater)라고도 함. 내용물 및 특정성분 온도를 올릴 때 사용
오모믹서 (homomixer)		호모게나이저 또는 균질화기(homogenizer)라고도 함. 터빈형의 회전 날개가 원통으로 둘러싸인 형태로 내용물들 또는 내용물에 특정성분을 혼합 및 분산 시 사용함. 회전 날개의 고속 회전으로 오버헤드스터러보다 강한 에너지를 줌(일반적으로 유화할 때 사용)

※ 소분 및 혼합 시 취급하는 내용물(벌크 제품)과 특성성분에 따라 또는 맞춤형화장품판매장에 따라 사용 장비 및 기기는 상이할 수 있음.

6. 충진 및 포장

6.1 제품에 맞는 충진 방법 및 포장방법

(1) 맞춤형화장품의 종류 및 특징에 적합한 충진방법

① 충진 : 충진(충전)은 빈 곳에 집어넣어서 채운다는 의미로, 화장품의 경우 일정한 규격의 용기에 내용물을 넣어서 채우는 작업을 말하며 1차 포장 작업에 포함

② 충진의 종류

구분	내용
피스톤 방식 충진기	용량이 큰 액상타입의 샴푸, 린스, 컨디셔너 같은 제품의 충진에 사용됨
파우치 충진기	견본품 등의 1회용 파우치(pouch) 포장 제품의 충진에 사용됨
파우더 충진기	페이스파우더 등의 파우더류 제품의 충진에 사용됨
카톤 충진기	박스에 테이프를 붙이는 테이핑(taping)기
액체 충진기	스킨로션, 토너, 앰플 등의 액상타입 제품의 충진에 사용됨
튜브 충진기	폼클렌징, 선크림 등의 튜브용기 제품의 충진에 사용됨

(2) 맞춤형화장품의 종류 및 특징에 적합한 포장방법

① 1차 포장재

화장품 포장재란 화장품의 포장에 사용되는 모든 재료를 말하며, 화장품 포장재 중 내용물과 접하는 1차 포장재는 제품의 유통 경로 및 소비자의 사용 환경으로부터 내용물을 보호하고, 품질을 유지하는 기능을 가지고 있음

② 포장재 종류 및 특성

 ㉠ 화장품 포장재는 그 사용 목적에 따라 재질, 형태 등이 매우 다양하기 때문에 포장재 제조에 이용되는 소재의 종류는 매우 다양

 ㉡ 용기 형태의 종류 및 특성

포장재 종류	품질특성
저밀도 폴리에틸렌 (LDPE)	반투명, 광택, 유연성 우수
고밀도 폴리에틸렌 (HDPE)	광택이 없음, 수분 투과가 적음
폴리프로필렌 (PP)	반투명, 광택, 내약품성 우수, 내충격성 우수, 잘 부러지지 않음
폴리스티렌 (PS)	딱딱함, 투명, 광택, 치수 안정성 우수, 내약품성이 나쁨
AS 수지	투명, 광택, 내충격성, 내유성 우수
ABS 수지	내충격성 양호, 금속 느낌을 주기 위한 소재로 사용
PVC	투명, 성형 가공성 우수
PET	딱딱함, 투명성 우수, 광택, 내약품성 우수
소다 석회 유리	투명 유리
칼리 납 유리	굴절률이 매우 높음
유백색 유리	유백색 색상 용기로 주로 사용
알루미늄	가공성 우수
황동	금과 비슷한 색상
스테인리스 스틸	부식이 잘 되지 않음, 금속성 광택 우수
철	녹슬기 쉬우나 저렴함

③ 포장재 소재의 주요 용도

소재	주요 용도
종이	라벨, 낱개 케이스, 장식재, 부품
플라스틱	병, 마개, 용기, 튜브, 장식재
목재	빗
실, 끈	포장재, 장식재
금속	용기, 마개, 부품, 장식재
고무	마개, 화장용품
돌	장식재
유리, 세라믹	병, 마개, 장식재
천, 가죽, 목	포장재, 장식재, 브러시, 퍼프
해면	스펀지, 유분 제거제
뿔	장식재, 빗, 보호용구
저밀도 폴리에틸렌(LDPE)	병, 튜브, 마개, 패킹 등
고밀도 폴리에틸렌(HDPE)	화장수, 유화 제품, 린스 등의 용기, 튜브
폴리프로필렌(PP)	원터치 캡
폴리스티렌(PS)	콤팩트, 스틱 용기, 캡 등
AS 수지	콤팩트, 스틱 용기 등
ABS 수지	금속 느낌을 주기 위한 도금 소재로 사용
PVC	리필 용기, 샴푸 용기, 린스 용기 등
PET	스킨, 로션, 크림, 샴푸, 린스 등의 용기
소다 석회 유리	스킨, 로션, 크림 용기
칼리 납 유리	고급 용기, 향수 용기 등
유백색 유리	크림, 로션 등의 용기
알루미늄	립스틱, 콤팩트, 마스카라, 스프레이 등의 용기
황동	코팅용 소재로 사용
스테인리스 스틸	부식되면 안 되는 용기, 광택 용기
철	스프레이 용기 등

7. 재고관리

7.1 원료 및 내용물의 재고파악과 발주

(1) 맞춤형화장품 원료 품질성적서 관리

① 「화장품법 시행규칙」에서는 맞춤형화장품 판매업자가 혼합·소분에 사용되는 내용물 또는 원료에 대한 품질성적서를 확인할 것을 요구하고 있음
② 원료의 MSDS (Material Safety Data Sheet)를 보고 화학 물질에 대한 정보와 응급 시 알아야 할 사항, 응급 사항 시 대응 방법, 유해 상황 예방책, 기타 중요한 정보를 확인함. 원료의 COA (Certificate of Analysis)를 보고 물리 화학적 물성과 외관 모양, 중금속, 미생물에 관한 정보를 파악하고, 원료 규격서 범위에 일치하는가를 판단함.

(2) 화장품 내용물 또는 원료의 입고 및 보관 방법과 절차

화장품 원료 입고 절차	입고된 원료와 시험성적서 확인 • 납품 시 거래 명세서 및 발주 요청서와 일치하는 원료가 납품되었는지 확인 • 화장품 원료의 용기 표면에 주의 사항이 있는지 확인 • 화장품 원료의 포장이 훼손되어 있는지 확인
화장품 원료의 보관 관리	① 화장품 원료의 보관 관리를 위해서는 적절한 보관과 원료 보관소의 환경과 설비를 적절히 유지하여야 함 ② 혼동과 오염 방지, 자원의 효율적 관리, 품질의 항상성 유지를 위하여 분리 또는 구획, 선입 선출, 합격품 사용, 적절한 보관 조건 유지 등의 방법으로 보관 관리해야 함
화장품 원료의 보관 장소 및 보관 방법	① 화장품 원료 관리 시에는 입고 시 품명, 규격, 수량 및 포장의 훼손 여부에 대한 확인 방법과 훼손되었을 때 그 처리 방법을 숙지하고 있어야 함 ② 원료의 보관 장소 및 보관 방법을 알고 있어야 함. 취급 시의 혼동 및 오염 방지 대책을 알고, 출고 시 선입 선출 및 칭량된 용기의 표시 사항, 재고 관리 방법에 대해서도 숙지해야 함 • 화장품의 원료는 바닥과 벽에 닿지 않도록 보관해야 함 • 원료의 보관 장소는 내용물에 따라 냉동(영하 5℃)/ 3 ~ 5℃/ 상온(15 ~ 25℃)/ 고온(40℃) 등으로 나누어서 보관해야 함 • 위험물인 경우 위험물 보관 방법에 따라 옥외 위험물 취급 장소에 별도 보관해야 함

(3) 판매장 내 원료 및 내용물의 재고 파악을 위한 표준운영절차(SOP)

표준운영절차
(SOP)
	① 표준작업절차서(Standard Operating Procedures)는 작업을 실시할 때마다 보는 문서로 작업 내용에 정통하는 사람이 작성하고 작업하는 사람이 사용함
	② 절차서는 다음의 사항을 만족하여야 함
	• 명료하고, 이해하기 쉽게 작성되어야 함
	• 사용 전 승인된 자에 의해 승인되고, 서명과 날짜가 기재되어야 함
	• 작성되고, 업데이트되고, 철회되고, 배포되고, 분류되어야 함
	• 폐기된 문서가 사용되지 않음을 확인할 수 있는 근거가 있어야 함
	• 유효기간이 만료된 경우, 작업 구역으로부터 회수하여 폐기되어야 함
	• 관련 직원이 쉽게 이용할 수 있어야 함
	• 수기로 기록하여야 하는 자료의 경우는 다음 사항을 만족하여야 함
	  • 기입할 내용을 표시함
	  • 지워지지 않는 검정색 잉크로 읽기 쉽게 작성함
	  • 서명 및 년, 월, 일순으로 날짜를 기입함
	  • 필요한 경우 수정함. 단, 원래의 기재사항을 확인할 수 있도록 남겨두어야 하고, 가능하다면 수정의 이유를 기록해 두어야 함

화장품 원료의 입고/출고 관리	① 화장품의 원료를 거래처로부터 받아서 원료의 구매 요청서와 성적서, 현품이 일치하는 가를 살핀 후에 원료 입출고 관리장에 기록해야 함 ② 원료가 출고될 때는 원료의 수불장에 기록해야 함

(4) 원료 및 내용물의 적정 재고 수준 결정

① 화장품 원료 사용량 예측 : 혼합 소분 계획서(제조 지시서)에 의거하여 제품 각각의 원료 사용량에 따라 재고 관리

② 화장품 원료 거래처 관리 : 원료의 수급 기간을 고려하여 최소 발주량을 선정해 원료 발주 공문(구매 요청서)으로 발주

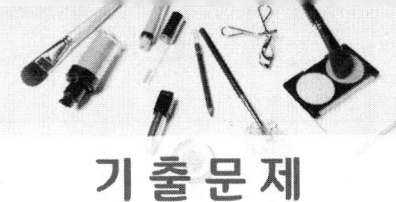

기출문제

1. 다음 〈보기〉중 맞춤형화장품제조관리사의 업무가 적절한 것은?

   〈보기〉
   ㄱ. 조제관리사가 맞춤형화장품을 매장 조제실에서 직접 조제하여 고객에게 전달하였다.
   ㄴ. 조제관리사는 썬크림을 조제하기 위하여 에틸헥실메톡시신나메이트를 10%로 배합, 조제하여 판매하였다.
   ㄷ. 책임판매업자가 기능성화장품으로 심사 또는 보고를 완료한 제품을 맞춤형화장품제조관리사가 소분하여 판매하였다.
   ㄹ. 맞춤형화장품 구매를 위하여 인터넷 주문을 진행한 고객에게 조제관리사는 전자상거래 담당자에게 직접 조제하여 제품 배송까지 진행하도록 지시하였다.

   ① ㄱ, ㄴ
   ② ㄱ, ㄹ
   ③ ㄱ, ㄷ
   ④ ㄴ, ㄹ
   ⑤ ㄷ, ㄹ

2. 맞춤형화장품으로 판매할 수 있는 경우로 적합한 것은?
   ① 보존제를 직접 첨가한 제품
   ② 자외선차단제를 직접 첨가한 제품
   ③ 화장품에 사용할 수 없는 원료를 첨가한 제품
   ④ 식품의약품안전처장이 고시하는 기능성화장품의 효능·효과를 나타내는 원료를 첨가한 제품
   ⑤ 해당 화장품책임판매업자가 식품의약품안전처장이 고시하는 기능성화장품의 효능·효과를 나타내는 원료를 포함하여 식약처로부터 심사를 받거나 보고서를 제출한 경우에 해당하는 제품

3. (㉠)(은)는 각질층에 존재하는 지질(intercel-lular lipids)로서 그 양이 지질 중에서 가장 많고 피부 표면에 라멜라 상태로 존재하여 피부의 수분을 유지시켜 준다. ㉠에 적합한 용어를 작성하시오.

4. 〈보기〉의 ㉠에 공통으로 적합한 단어는?

<보기>
- 모발의 안쪽에는 모발 무게에 대부분을 차지하는 (㉠)와(과) 모수질이 있으며 (㉠)에(는) 피질세포(cortical cell), 케라틴(keratin), 멜라닌(melanin)이 존재한다.
- 모발은 모근과 모간으로 분리되며 모근에는 모유두(papilla), 모모세포(毛母細胞), 색소세포(멜라닌), 모세혈관이 있는 모구(hair bulb)가 위치하고 있다. 모간은 모수질과 (㉠)(으)로 구성된다.

5. 다음 〈보기〉는 고객 상담 후 맞춤형화장품조제관리사가 처방한 맞춤형화장품의 최종 성분 비율이다. 다음 〈대화〉에서 ( ) 안에 들어가 말을 순서대로 쓰시오

<보기>
- 정제수 82.95%
- 1,2-헥산다이올 2.00%
- 벤질알코올 0.30%
- 세토스테아릴알코올 2.50%
- 토코페릴아세테이트 0.20%
- 부틸렌글라이콜 5.00%
- 트라이에탄올아민 0.05%
- 카보머 0.05%
- 아르간커넬오일 6.00%
- 다이소듐이디티에이 0.05%

<대화>
A: 요즘화장품에 쓰이는 보존제에 대해 관심이 많은데요. 처방된 화장품의 성분 중에 사용된 보존제는 어떤 성분인가요? 문제없는 성분 맞죠?
B: 제가 처방한 보존제 성분은 (㉠)입니다. 이 보존제 성분은 식품의약품안전처고시 「화장품 안전기준 등에 관한 규정」에 따라 보존제로 사용될 경우 사용한도가 (㉡)%입니다. 사용한도 내로 처방하였으므로 문제가 없습니다.

기출문제

제4과목 맞춤형화장품의 이해

6. 피부 각질 때문에 고민하는 고객에게 락틱애씨드를 2.0% 첨가한 수분크림을 맞춤형화장품으로 추천하였다. 〈보기1〉은 맞춤형화장품의 전성분이다. 고객에게 설명해야 할 주의사항을 〈보기2〉에서 모두 고른 것은?

<보기1>
정제수, 프로판디올, 부틸렌글라이콜, 판테놀, 쉐어버터, 락틱애씨드, 그리세릴카프릴레이트, 하이드로제네이티드폴리데센, 1,2-헥산다이올, 라벤더오일, 메도우폼씨오일, 토코페릴아세테이트, 부틸파라벤, 디소듐이디티에이, 에칠헥실글리세린

<보기2>
ㄱ. 상처가 있는 부위 등에는 사용을 자제할 것.
ㄴ. 눈에 접촉을 피하고 눈에 들어갔을 때에는 즉시 씻어낼 것.
ㄷ. 만 3세 이하의 영유아의 귀저기가 닿는 부위에는 사용하지 말 것.
ㄹ. 사용 시 흡입되지 않도록 주의할 것.
ㅁ. 햇빛에 대한 피부의 감수성을 증가시킬 수 있으므로 자외선차단제를 함께 사용할 것.
ㅂ. 털을 제거한 직후에는 사용하지 말 것.

① ㄱ, ㄷ, ㅁ
② ㄱ, ㄹ, ㅁ
③ ㄴ, ㄷ, ㄹ
④ ㄴ, ㄹ, ㅁ
⑤ ㄴ, ㄹ, ㅂ

7. 다음은 피부의 표피에서 일어나는 면역반응에 대한 설명이다. 빈 칸에 들어갈 말로 알맞은 것을 고르시오.

피부염증의 국소증상은 염증 부위의 혈관이 이완(확장)되고, 모세혈관들의 투과성이 증가하며, 혈류가 증가하는 과정에서 생기게 된다. 혈액의 흐름이 염증부위 쪽으로 증가되어 (㉠)과 (㉡)을 일으킨다.

	㉠	㉡		㉠	㉡
①	종양	부종	②	염증	발열
③	홍반	부종	④	통증	부종
⑤	발열	홍반			

8. 남성형 탈모증은 남성호르몬인 디히드로테스토스테론(DHT)호르몬의 영향으로 모발이 점점 얇아지면서 빠지는 증상을 말한다. 테스토스테론에서 디히드로테스토스테론(DHT)으로 변환시 필요한 효소는?

① 티아미나아제(Thiaminase)
② 알돌전이효소(Transaldolase)
③ β-갈락토시다아제(Beta-galactosidase)
④ 포스파타이제(phosphatase)
⑤ 5-알파-환원효소(5-alpha-reductase)

9. 과립층에 존재하는 지질 과립인 층판소체는 각질층으로 이동하여 세라마이드, 콜레스테롤, 지방산 등으로 이루어진 세포간지질이 된다. 또한 과립층에 존재하는 단백질과립인 케라토하이알린과립은 프로필라그린을 포함하고 있는데 프로필라그린은 과립층에서 단백질 과립 형태로 존재하다가 각질형성세포의 최종 분화 과정에서 필라그린으로 분해된다. 이때 각질형성세포가 각질층으로 이동하여 각질세포의 탈락에 중요한 가교 역할을 하는 층판소체의 내부물질은 무엇인가?

① 엑소좀(Exosome)
② 엔도좀(Endosome)
③ 데스모좀(Desmosome)
④ 소포체(Endoplasimc reticulum)
⑤ 골지체(Golgi body)

10. 다음 빈 칸에 들어갈 알맞은 말을 순서대로 쓰시오.

- 맞춤형화장품조제관리사는 화장품책임판매업자로부터 받은 내용물 및 원료의 혼합·소분 범위에 대해서 사전에 (㉠) 및 (㉡)을/를 확보해야 한다.
- 인체적용시험용 화장품(또는 물질)은 (㉡)이 충분히 확보되어야 한다.
- 내용물 및 원료를 공급하는 화장품책임판매업자가 혼합 또는 소분의(㉢)를 검토하여 정하고있는 경우 그 (㉢) 내에서 혼합 또는 소분할 것.

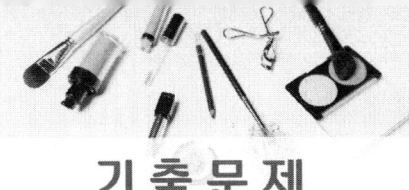

기출문제

11. 맞춤형화장품조제관리사 A는 고객 B와의 대화를 통해 향료를 포함한 에센스 100g을 제조하려고 한다. ( )안에 들어갈 알맞은 것은?

<대화>
A: 에센스에 향료를 넣어서 조제하겠습니다. 특별히 원하시는 향이 있나요?
B: 기분이 좋아지는 상큼한 향을 원합니다.
A: 바다향과 숲향 두 가지를 추천합니다. 시향해 보시겠어요?
B: 둘 다 향이 상큼하고 좋네요.
A: 향의 양은 1%, 2.5%, 5% 세 가지 중 선택해주세요.
B: 2.5%로 선택할게요.
A: 따로 더 요청하실 사항은 있나요?
B: 제가 향 알레르기가 있어서 알레르기 성분이 없는 것은 어떤 향인가요?
A: 제가 추천해드리겠습니다.

<바다향>

성분명	함유량(%)
벤질벤조에이트	0.003
리모넨	0.0018
유제놀	0.0051
헥실신남알	0.0028
1,3 부틸렌글라이콜	0.98
디프로필렌글라이콜	2.48

<숲향>

성분명	함유량(%)
벤질벤조에이트	0.0003
리모넨	0.0018
유제놀	0.0020
헥실신남알	0.0200
1,3 부틸렌글라이콜	12.0
디프로필렌글라이콜	20.0

<보기>
추천한 향은 (㉠)이며, 함유된 알레르기유발 물질은 (㉡)이지만 함량이 0.001%를 초과하지 않아서 전성분에 표시하지 않는 안전한 향입니다.

	㉠	㉡
①	바다향	벤질벤조에이트, 리모넨, 유제놀, 헥실신남알
②	바다향	리모넨, 유제놀, 헥실신남알
③	바다향	벤질벤조에이트, 리모네, 헥실신남알
④	숲향	아이소유제놀, 메틸 2-옥티노에이트, 머스크케톤
⑤	숲향	아이소유제놀, 메틸 2-옥티노에이트

12. 맞춤형화장품판매업에 대한 설명으로 옳지 않은 것은?
   ① 맞춤형화장품은 다양한 피부타입에 해당되는 화장품을 미리 조제한 후에 소비자의 피부상태나 선호도 등에 맞는 제품으로 골라서 판매해도 된다.
   ② 혼합·소분을 통해 조제된 맞춤형화장품은 소비자에게 제공되는 "유통화장품" 완제품에 해당되므로 유통화장품안전관리기준을 반드시 준수해야 한다.
   ③ 맞춤형화장품의 안전관리기준 미준수시 행정처분은 1차 위반 시 해당품목만 판매업무정지 15일에 해당된다.
   ④ 판매내역서, 원료 및 내용물의 입고, 사용, 폐기에 관련된 기록서 등을 작성 비치해야 한다.
   ⑤ 판매내역서 미작성시 1차위반시 시정명령 4차 위반 시 판매업무 및 해당품목 판매업무정지 6개월에 처한다.

13. 피부색소에 대한 설명으로 옳지 않은 것은?
   ① 티로신(tyrosine)이라는 아미노산이 '티로시나아제(tyrosinase)' 효소 작용에 의해 변화하면서 '유멜라닌'과 '페오멜라닌'이 생성된다.
   ② 멜라닌형성세포 내의 멜라노좀(melanosome)에서 만들어진 멜라닌이 세포돌기를 통하여 각질형성세포로 전달된다.
   ③ 피부의 색을 결정하는 색소는 멜라닌, 카로티노이드, 헤모글로빈이 있다.
   ④ 멜라닌색소의 양은 인종에 따라 차이가 없고 피부색소의 종류와 수에 따라 피부색이 결정된다.
   ⑤ 카로틴은 비타민 A의 전구물질로 피부에 황색을 띠게 하며 황인종에게 많이 분포한다.

14. 〈보기〉에서 맞춤형화장품 관능평가에 사용되는 표준품을 옳게 짝지어진 것은?

   〈보기〉
   ㄱ. 제품 표준견본
   ㄴ. 흡수도 표준견본
   ㄷ. 향료 표준견본
   ㄹ. 점도 표준견본
   ㅁ. 충진양 표준견본
   ㅂ. pH 표준견본
   ㅅ. 용기·포장재 한도견본
   ㅇ. 용기·포장재 표준견본

   ① ㄱ, ㄷ, ㅇ, ㅈ
   ② ㄱ, ㄷ, ㅂ, ㅇ
   ③ ㄱ, ㄹ, ㅂ, ㅈ
   ④ ㄴ, ㄹ, ㅁ, ㅅ
   ⑤ ㄷ, ㄹ, ㅁ, ㅇ

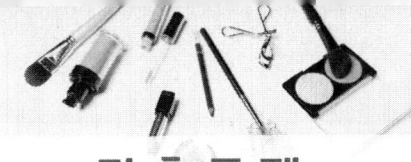

15. 다음은 매장을 방문한 고객 B에게 맞춤형화장품조제관리사 A가 상담하는 내용이다. B가 원하는 화장품에 혼합할 기능성 원료와 그 사용된 함량이 옳게 짝지어진 것은?(단, 에센스 용량은 50g, 기능성원료는 보고서 제출로 사용가능함으로 가정함)

<대화>
A: 현재 고객님의 피부 상태는 많이 건조하여 보습용 에센스 베이스를 사용할 예정입니다. 추가로 원하시는 것이 있나요?
B: 요즘 피부가 많이 칙칙하고, 주름도 많아져 고민입니다.
A: 피부보습과 미백, 주름 개선에 도움을 줄 수 있는 성분을 함께 조제하겠습니다.

<보기>

구분	기능성 원료명	사용함량(g)
ㄱ	레티놀	0.04
ㄴ	알부틴	2.0
ㄷ	마그네슘아스코빌포스페이트	1.5
ㄹ	폴리에톡실레이티드레틴아마이드	0.1
ㅁ	아데노신	0.04
ㅂ	닥나무추출물	1.0
ㅅ	아스코빌테트라이소필미테이트	0.1
ㅇ	나이아신아마이드	2.0
ㅈ	알파-비사보롤	0.5

① ㄱ, ㄴ, ㄷ, ㅇ
② ㄱ, ㄴ, ㅁ, ㅇ
③ ㄱ, ㄴ, ㅅ, ㅇ
④ ㄷ, ㄹ, ㅂ, ㅇ
⑤ ㄷ, ㅁ, ㅅ, ㅇ

16. 다음에서 설명하는 세포의 종류를 〈보기〉에서 골라 ㉠, ㉡순서대로 작성하시오.

구분	특성
ㄱ	• 피하지방을 생산하여 모을 따뜻하게 보호 • 탄력성 유지 및 체온조절기능 • 외부의 충격으로부터 몸을 보호
ㄴ	• 진피 내에 존재 • 콜라겐 및 엘라스틴을 합성생성

<보기>
각질형성세포, 멜라닌형성세포, 섬유아세포, 기저층, 머켈세포, 비만세포, 지방세포, 대식세포, 백혈구, 적혈구, 랑게르한스세포, 멜라노좀, 멜라닌, 케라토히알린과립, 미토콘드리아, 과립층

17. 다음 중 맞춤형화장품조제관리사가 조제할 수 없는 화장품을 고르시오.

① 크림 내용물에 소합향나무추출물을 0.3% 혼합한 화장품
② 크림 벌크에 히알루론산 60%을 혼합한 화장품
③ 화장품의 로션벌크와 에센스벌크를 혼합한 화장품
④ 10kg 액체비누를 소분한 화장품
⑤ 화장품의 로션 반제품에 색소를 혼합한 화장품

18. 모발의 생리구조에 대한 설명으로 옳은 것을 고르시오.

① 모표피는 물고기의 비늘처럼 사이사이 겹쳐 놓은 것과 같은 구조로 친수성의 성격이 강하고 모피질을 보호하는 화학적 저항성이 강한 큐티클층이다. 모표피는 단단한 케라틴으로 만들어져 마찰에 약하고 자극에 의해 쉽게 부러지는 성질이 있다.
② 모발의 생성 주기 중 휴지기 단계는 2~3주 기간이며 휴지기 단계에서 모모세포가 활동을 시작하면 새로운 모발로 대체된다.
③ 엔도큐티클(endoicuticle)은 시스틴이 많이 포함되어 있고, 시스틴 결합을 절단하는 퍼머넌트 웨이브의 작용을 받기 쉬운 층이다.
④ 모모세포는 모유두 조직 내에서 모낭 밑에 있는 모세혈관으로 부터 영양분을 공급받아 분열·증식하여 두발을 형성한다.
⑤ 엑소큐티클에는 모소피의 가장 안쪽에 있는 친수성의 내표피는 시스틴 함량이 적고 알칼리성에 약하다.

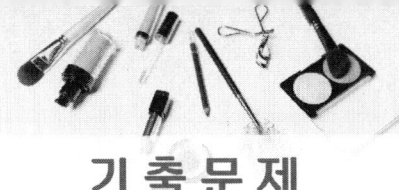

기출문제

제4과목 맞춤형화장품의 이해

19. 〈보기〉는 피부에 관련된 내용이다. 틀린 것을 모두 고르시오.

   〈보기〉
   ㄱ. 자연보습인자(nmf)를 구성하는 수용성의 아미노산은 필라그린이 각질층세포의 하층으로부터 표층으로 이동함에 따라서 각질층 내의 단백질분해효소인 아미노펩티데이스, 카북시펩티데이스 등에 의해 분해된 것이다.
   ㄴ. 에크린선에는 피지가 분비되지 않지만 아포크린선에서는 피지가 분비된다.
   ㄷ. 각질형성세포는 점점 각질층으로 이동되며 최종적으로 각질층에서 탈락되어 떨어져 나간다. 각질층의 pH는 4.5~5.5 정도로 약산성이며 각질층의 죽은 각질형성세포 안에는 핵이 없다.
   ㄹ. 천연포습인자에는 세포간지질이 포함되어 있으며, 세포간지질에는 세라마이드(50%), 포화지방산(30%), 콜레스테롤(15%), 콜레스테릴 에스테르 등이 있다.
   ㅁ. 멜라닌형성세포(melanocyte)는 표피에 존재하는 세포의 약 5%를 차지하고 있으며 대부분 기저층에 위치한다. 각질형성세포로 전달된 멜라닌이 가득 차 있는 멜라노좀은 표피의 기저층 위 부분으로 확산되어 자외선에 외해 기저층의 세포가 손상되는 것을 막아준다.

   ① ㄱ, ㅁ
   ② ㄱ, ㄷ
   ③ ㄴ, ㄷ
   ④ ㄴ, ㄹ
   ⑤ ㄹ, ㅁ

20. 다음 〈보기〉를 보고 맞춤형화장품조제관리사가 조제할 수 있으며 동시에 고객에게 추천할 수 있는 제품의 개수를 고르시오.

   〈보기〉
   ㄱ. 화장품책임판매업자로부터 받은 향균 작용이 있는 로션 내용물에 티트리잎오일을 혼합해 만드는 향균 티트리 바디로션
   ㄴ. 화장품책임판매업자가 기능성화장품 심사를 받은 알부틴 2% 크림베이스에 무화과나무잎엡솔루트를 혼합해 만드는 제품
   ㄷ. 화장품책임판매업자가 기능성홪아품 심사를 받은 티타늄옥사이드 30% 로션베이스에 락토바실러스융해물을 혼합해 만드는 제품
   ㄹ. 메탄올이 0.03%(v/v) 함유된 물휴지 내용물에 소듐라우릴설페이트를 혼합해 만드는 클렌징 티슈

   ① 0개
   ② 1개
   ③ 2개
   ④ 3개
   ⑤ 4개

21. 다음 〈보기〉는 맞춤형화장품조제관리사 A와 손님 B와의 대화이다. 빈칸에 들어갈 알맞은 말을 고르시오.

<보기>
B: 요즘 피부상태가 좋지 않아서 찾아왔어요.
A: 아이고, 그렇군요. 우선 피부측정 후 상담해드릴게요.
   (피부 측정 후)
A: 피부진단 데이터를 확인해보니 고객님의 피부는 다른 건 괜찮은데 유·수분이 모두 부족한 것으로 나타나네요. 아무래도 피부장벽이 손상된 것 같습니다.
B: 피부장벽이 손상되면 피부가 푸석해지나요?
A: 네, 맞습니다. 피부장벽은 이는 외부 유해 물질로부터 피부를 보호하고 피부의 수분 손실을 방지합니다. 피부장벽에는 세포간지질이 존재하는데 구성 성분 중 가장 비중이 큰 (㉠)가 부족해지면 피부 장벽이 무너지기 쉽습니다. 피부 장벽이 약해지면 피부가 외부자극에 민감해지고 피부의 수분 손실을 유발합니다.
B: 그래서 제 피부가 건조한거군요. 피부보습도는 어떻게 측정하나요?
A: (㉡)을 통해 알 수 있습니다. 측정결과에 참고하여 (㉢)를 첨가한 화장품을 처방해 드리겠습니다.

① 세라마이드-Replica 분석법-밀폐제
② 세라마이드-경피수분손실량-피부장벽대체제
③ 세라마이드-경피수분손실량-밀폐제
④ 지방산-경피수분손실량-피부장벽대체제
⑤ 지방산-Replica 분석법-밀폐제

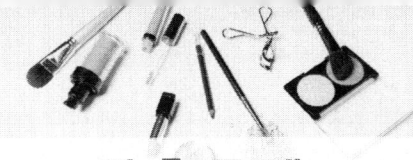

기출문제

22. 제품의 포장재질·포장방법에 관한 기준 등에 관한 규칙에 대한 내용으로 알맞지 않은 것은?

   ① "단위제품"이란 1회 이상 포장한 최소 판매단위의 제품을 말하고, "종합제품"이란 같은 종류 또는 다른 종류의 최소 판매단위의 제품을 2개 이상함께 포장한 제품을 말한다. 다만, 주 제품을 위한 전용 계량 도구나 그 구성품, 소량(30g 또는 30ml이하)의 비매품(증정품) 및 설명서, 규격서, 메모카드와 같은 참조용 물품은 종합제품을 구성하는 제품으로 보지 않는다.
   ② 제품의 특성상 1개씩 낱개로 포장한 후 여러 개를 함께 포장하는 단위제품의 경우 낱개의 제품포장은 포장공간비율 및 포장횟수의 적용대상인 포장으로 보지 않는다.
   ③ 종합제품의 경우 종합제품을 구성하는 각각의 단위제품은 제품별 포장공간비율 및 포장횟수기준에 적합하여야 하며, 단위제품의 포장공간비율 및 포장횟수는 종합제품의 포장공간비율 및 포장 횟수에 산입(算入)하지 않는다.
   ④ 종합제품으로서 복합합성수지재질·폴리비닐클로라이드재질 또는 합성섬유재질로 제조된 받침접시 또는 포장용 안충재를 사용한 제품의 포장공간 비율은 25% 이하로 한다.
   ⑤ 단위제품인 화장품의 내용물 보호 및 훼손 방지를 위해 2차 포장 외부에 덧붙인 필름(투명 필름류만 해당한다.)은 포장횟수의 적용대상인 포장으로 보지 않는다.

23. 〈보기〉의 빈칸에 들어갈 알맞은 용어를 차례대로 쓰시오.

   〈보기〉
   (㉠)은 모발의 주요 성분이며 거친섬유성 단백질이다. 손발톱에는 주로 이 성분이 포함되어 있다. (㉡)는 피부에 분비되는 기름기있는 액체로, 피부를 유연하게 해주고 방수기능을 한다. 우리가 목욕을 할 때 스펀지처럼 물을 흡수하지 않는 이유는 피부의 방수효과 때문이다. 또한 (㉡)는 수분증발과 세균의 감염으로부터 막아준다.

정답

1. ③   2. ⑤   3. 세라마이드   4. 모피질   5. ㉠멜라닌 합성세포(멜라노사이트) ㉡멜라노좀
6. ①   7. ⑤   8. ⑤   9. ③   10. ㉠품질 ㉡안전성 ㉢범위   11. ⑤   12. ①
13. ④   14. ①   15. ④   16. ㉠지방세포 ㉡섬유아세포   17. ②   18. ④   19. ④
20. ②   21. ②   22. ④   23. ㉠케라틴 ㉡피지

화장품 사용제한 원료

화장품의 색소(법제3조)

연번	색소	사용제한	비고
1	녹색 204호(피라닌콘크, Pyranine Conc)* CI 59040 8-히드록시-1, 3, 6-피렌트리설폰산의 트리나트륨염 • 사용한도 0.01%	눈 주위 및 입술에 사용할 수 없음	타르색소
2	녹색 401호(나프톨그린 B, Naphthol Green B)* CI 10020 5-이소니트로소-6-옥소-5, 6-디히드로-2-나프탈렌설폰산의 철염	눈 주위 및 입술에 사용할 수 없음	타르색소
3	등색 206호(디요오드플루오레세인, Diiodofluorescein)* CI 45425:1 4',5'-디요오드-3',6'-디히드록시스피로[이소벤조푸란-1(3H),9'-[9H]크산텐]-3-온	눈 주위 및 입술에 사용할 수 없음	타르색소
4	등색 207호(에리트로신 옐로위쉬 NA, Erythrosine Yellowish NA)* CI 45425 9-(2-카르복시페닐)-6-히드록시-4,5-디요오드-3H-크산텐-3-온의 디나트륨염	눈 주위 및 입술에 사용할 수 없음	타르색소
5	자색 401호(알리주롤퍼플, Alizurol Purple)* CI 60730 1-히드록시-4-(2-설포-p-톨루이노)-안트라퀴논의 모노나트륨염	눈 주위 및 입술에 사용할 수 없음	타르색소
6	적색 205호(리톨레드, Lithol Red)* CI 15630 2-(2-히드록시-1-나프틸아조)-1-나프탈렌설폰산의 모노나트륨염 • 사용한도 3%	눈 주위 및 입술에 사용할 수 없음	타르색소
7	적색 206호(리톨레드 CA, Lithol Red CA)* CI 15630:2 2-(2-히드록시-1-나프틸아조)-1-나프탈렌설폰산의 칼슘염 • 사용한도 3%	눈 주위 및 입술에 사용할 수 없음	타르색소
8	적색 207호(리톨레드 BA, Lithol Red BA) CI 15630:1 2-(2-히드록시-1-나프틸아조)-1-나프탈렌설폰산의 바륨염 • 사용한도 3%	눈 주위 및 입술에 사용할 수 없음	타르색소
9	적색 208호(리톨레드 SR, Lithol Red SR) CI 15630:3 2-(2-히드록시-1-나프틸아조)-1-나프탈렌설폰산의 스트론튬염 • 사용한도 3%	눈 주위 및 입술에 사용할 수 없음	타르색소
10	적색 219호(브릴리안트레이크레드 R, Brilliant-Lake Red R)* CI 15800 3-히드록시-4-페닐아조-2-나프토에산의 칼슘염	눈 주위 및 입술에 사용할 수 없음	타르색소
11	적색 225호(수단 III, Sudan III)* CI 26100	눈 주위 및 입술에	타르색소

연번	색소	사용제한	비고
	1-[4-(페닐아조)페닐아조]-2-나프톨	사용할 수 없음	
12	적색 405호(퍼머넌트레드 F5R, Permanent Red F5R) CI 15865:2 4-(5-클로로-2-설포-p-톨릴아조)-3-히드록시-2-나프토에산의 칼슘염	눈 주위 및 입술에 사용할 수 없음	타르색소
13	적색 504호(폰소 SX, Ponceau SX)* CI 14700 2-(5-설포-2,4-키실릴아조)-1-나프톨-4-설폰산의 디나트륨염	눈 주위 및 입술에 사용할 수 없음	타르색소
14	청색 404호(프탈로시아닌블루, Phthalocyanine Blue)* CI 74160 프탈로시아닌의 구리착염	눈 주위 및 입술에 사용할 수 없음	타르색소
15	황색 202호의 (2) (우라닌 K, Uranine K)* CI 45350 9-올소-카르복시페닐-6-히드록시-3-이소크산톤의 디칼륨염 • 사용한도 6%	눈 주위 및 입술에 사용할 수 없음	타르색소
16	황색 204호(퀴놀린옐로우 SS, Quinoline Yellow SS)* CI 47000 2-(2-퀴놀릴)-1, 3-인단디온	눈 주위 및 입술에 사용할 수 없음	타르색소
17	황색 401호(한자옐로우, Hanza Yellow)* CI 11680 N-페닐-2-(니트로-p-톨릴아조)-3-옥소부탄아미드	눈 주위 및 입술에 사용할 수 없음	타르색소
18	황색 403호의 (1) (나프톨옐로우 S, Naphthol Yellow S) CI 10316 2, 4-디니트로-1-나프톨-7-설폰산의 디나트륨염	눈 주위 및 입술에 사용할 수 없음	타르색소
19	등색 205호(오렌지 II, Orange II) CI 15510 1-(4-설포페닐아조)-2-나프톨의 모노나트륨염	눈 주위에 사용할 수 없음	타르색소
20	황색 203호(퀴놀린옐로우 WS, Quinoline Yellow WS) CI 47005 2-(1, 3-디옥소인단-2-일)퀴놀린 모노설폰산 및 디설폰산의 나트륨염	눈 주위에 사용할 수 없음	타르색소
21	녹색 3호(패스트그린 FCF, Fast Green FCF) CI 42035 2-[-[4-(N-에틸-3-설포벤질이미니오)-2,5-시클로헥사디에닐덴]-4-(N 에틸-3-설포벤질아미노)벤질] -5-히드록시벤젠설포네이트의 디나트륨염	-	타르색소
22	녹색 201호(알리자린시아닌그린 F, Alizarine-Cyanine Green F)* CI 61570 1,4-비스-(2-설포-p-톨루이디노)-안트라퀴논의 디나트륨염	-	타르색소

연번	색소	사용제한	비고
23	녹색 202호(퀴니자린그린 SS, Quinizarine Green SS)* CI 61565 1,4-비스(-톨루이디노)안트라퀴논	-	타르색소
24	등색 201호(디브로모플루오레세인, Dibromofluorecein) CI 453704′, 5′-디브로모-3′, 6′-디히드로시스피로[이소벤조푸란-1(3H),9-[9H]크산텐-3-온	눈 주위에 사용할 수 없음	타르색소
25	자색 201호(알리주린퍼플 SS, Alizurine Purple SS)* CI 60725 1-히드록시-4-(p-톨루이디노)안트라퀴논	-	타르색소
26	적색 2호(아마란트, Amaranth) CI 16185 3-히드록시-4-(4-설포나프틸아조)-2, 7-나프탈렌디설폰산의 트리나트륨염	영유아용 제품류 또는 만 13세 이하 어린이가 사용할 수 있음을 특정하여 표시하는 제품에 사용할 수 없음	타르색소
27	적색 40호(알루라레드 AC, Allura Red AC) CI 16035 6-히드록시-5-[(2-메톡시-5-메틸-4-설포페닐)아조]-2-나프탈렌설폰산의 디나트륨염	-	타르색소
28	적색 102호(뉴콕신, New Coccine) CI 16255 1-(4-설포-1-나프틸아조)-2-나프톨-6, 8-디설폰산의 트리나트륨염의 1.5 수화물	영유아용 제품류 또는 만 13세 이하 어린이가 사용할 수 있음을 특정하여 표시하는 제품에 사용할 수 없음	타르색소
29	적색 103호의 (1) (에오신 YS, Eosine YS) CI 45380 9-(2-카르복시페닐)-6-히드록시-2,4,5,7-테트라브로모-3H-크산텐-3-온의 디나트륨염	눈 주위에 사용할 수 없음	타르색소
30	적색 104호의 (1) (플록신 B, Phloxine B) CI 45410 9-(3,4,5,6-테트라클로로-2-카르복시페닐)-6-히드록시-2,4,5,7-테트라브로모-3H-크산텐-3-온의 디나트륨염	눈 주위에 사용할 수 없음	타르색소
31	적색 104호의 (2) (플록신 BK, Phloxine BK) CI 45410 9-(3,4,5,6-테트라클로로-2-카르복시페닐)-6-히드록시-2,4,5,7-테트라브로모-3H-크산텐-3-온의 디칼륨염	눈 주위에 사용할 수 없음	타르색소
32	적색 201호(리톨루빈 B, Lithol Rubine B) CI 15850 4-(2-설포-p-톨릴아조)-3-히드록시-2-나프토에산의 디나트륨염	-	타르색소

연번	색소	사용제한	비고
33	적색 202호(리톨루빈 BCA, Lithol Rubine BCA) CI 15850:1 4-(2-설포-p-톨릴아조)-3-히드록시-2-나프토에산의 칼슘염	-	타르색소
34	적색 218호(테트라클로로테트라브로모플루오레세인, Tetrachlorotetrabromofluorescein) CI 45410:1 2′, 4′, 5′, 7′-테트라브로모-4,5,6,7-테트라클로로-3′, 6′-디히드록시 피로[이소벤조푸란-1(3H),9′-[9H] 크산텐]-3-온	눈 주위에 사용할 수 없음	타르색소
35	적색 220호(디프마룬, Deep Maroon)* CI 15880:1 4-(1-설포-2-나프틸아조)-3-히드록시-2-나프토에산의 칼슘염	-	타르색소
36	적색 223호(테트라브로모플루오레세인, Tetra-bromofluorescein) CI 45380:2 2′, 4′, 5′, 7′-테트라브로모-3′, 6′-디히드록시스피로[이소벤조푸란-1(3H),9′-[9H]크산텐-3-온	눈 주위에 사용할 수 없음	타르색소
37	적색 226호(헬린돈핑크 CN, Helindone Pink CN)* CI 73360 6, 6′-디클로로-4,4′-디메틸-티오인디고	-	타르색소
38	적색 227호(패스트애시드마겐타, Fast Acid Magenta)* CI 17200 8-아미노-2-페닐아조-1-나프톨-3, 6-디설폰산의 디나트륨염 ◎입술에 적용을 목적으로 하는 화장품의 경우만 사용한도 3%	-	타르색소
39	적색 228호(퍼마톤레드, Permaton Red) CI 12085 1-(2-클로로-4-니트로페닐아조)-2-나프톨 • 사용한도 3%	-	타르색소
40	적색 230호의 (2) (에오신 YSK, Eosine YSK) CI 45380 9-(2-카르복시페닐)-6-히드록시-2,4,5,7-테트라브로모-3H-크산텐-3-온의 디칼륨염	-	타르색소
41	청색 1호(브릴리안트블루 FCF, Brilliant Blue FCF) CI 42090 2-[-[4-(N-에틸-3-설포벤질이미니오)-2, 5-시클로헥사디에닐리덴]-4-(N-에틸-3-설포벤질아미노)벤질]벤젠설포네이트의 디나트륨염	-	타르색소
42	청색 2호(인디고카르민, Indigo Carmine) CI 73015 5, 5′-인디고틴디설폰산의 디나트륨염	-	타르색소
43	청색 201호(인디고, Indigo)* CI 73000 인디고틴	-	타르색소
44	청색 204호(카르반트렌블루, Carbanthrene Blue)* CI 69825 3, 3′-디클로로인단스렌	-	타르색소

연번	색소	사용제한	비고
45	청색 205호(알파주린 FG, Alphazurine FG)* CI 42090 2-[-[4-(N-에틸-3-설포벤질이미니오)-2, 5-시클로헥산디에닐리덴] -4-(N-에틸-3-설포벤질아미노)벤질]벤젠설포네이트의 디암모늄염	–	타르색소
46	황색 4호(타르트라진, Tartrazine) CI 19140 5-히드록시-1-(4-설포페닐)-4-(4-설포페닐아조)-1H-피라졸-3 -카르본산의 트리나트륨염	–	타르색소
47	황색 5호(선셋옐로우 FCF, Sunset Yellow FCF) CI 15985 6-히드록시-5-(4-설포페닐아조)-2-나프탈렌설폰산의 디나트륨염	–	타르색소
48	황색 201호(플루오레세인, Fluorescein)* CI 45350:1 3′, 6′-디히드록시스피로[이소벤조푸란-1(3H), 9′-[9H]크산텐]-3-온 • 사용한도 6%	–	타르색소
49	황색 202호의 (1) (우라닌, Uranine)* CI 45350 9-(2-카르복시페닐)-6-히드록시-3H-크산텐-3-온의 디나트륨염 • 사용한도 6%		타르색소
50	등색 204호(벤지딘오렌지 G, Benzidine Orange G)* CI 21110 4, 4′-[(3, 3′-디클로로-1, 1′-비페닐)-4, 4′-디일비스(아조)비스[3-메틸-1-페닐-5-피라졸론]	적용 후 바로 씻어내는 제품 및 염모용 화장품에만 사용	타르색소
51	적색 106호(애시드레드, Acid Red)* CI 45100 2-[[N, N-디에틸-6-(디에틸아미노)-3H-크산텐-3-이미니오]-9-일]-5- 설포벤젠설포네이트의 모노나트륨염	적용 후 바로 씻어내는 제품 및 염모용 화장품에만 사용	타르색소
52	적색 221호(톨루이딘레드, Toluidine Red)* CI 12120 1-(2-니트로-p-톨릴아조)-2-나프톨	적용 후 바로 씻어내는 제품 및 염모용 화장품에만 사용	타르색소
53	적색 401호(비올라민 R, Violamine R) CI 45190 9-(2-카르복시페닐)-6-(4-설포-올소-톨루이디노)- N-(올소-톨릴)-3H-크산텐-3-이민의 디나트륨염	적용 후 바로 씻어내는 제품 및 염모용 화장품에만 사용	타르색소
54	적색 506호(패스트레드 S, Fast Red S)* CI 15620	적용 후 바로	타르색소

연번	색소	사용제한	비고
	4-(2-히드록시-1-나프틸아조)-1-나프탈렌설폰산의 모노나트륨염	씻어내는 제품 및 염모용 화장품에만 사용	
55	황색 407호(패스트라이트옐로우 3G, Fast Light Yellow 3G)* CI 18820 3-메틸-4-페닐아조-1-(4-설포페닐)-5-피라졸론의 모노나트륨염	적용 후 바로 씻어내는 제품 및 염모용 화장품에만 사용	타르색소
56	흑색 401호(나프톨블루블랙, Naphthol Blue Black) * CI 20470 8-아미노-7-(4-니트로페닐아조)-2-(페닐아조)-1-나프톨-3,6-디설폰산의 디나트륨염	적용 후 바로 씻어내는 제품 및 염모용 화장품에만 사용	타르색소
57	등색 401호(오렌지 401, Orange no.401)* CI 11725	점막에 사용할 수 없음	타르색소
58	안나토(Annatto) CI 75120	-	
59	라이코펜(Lycopene) CI 75125	-	
60	베타카로틴(Beta-Carotene) CI 40800, CI 75130	-	
61	구아닌(2-아미노-1,7-디하이드로-6H-퓨린-6-온, Guanine, 2-Amino-1,7-dihydro-6H-purin-6-one) CI 75170	-	
62	커큐민(Curcumin) CI 75300	-	
63	카민류(Carmines) CI 75470	-	
64	클로로필류(Chlorophylls) CI 75810	-	
65	알루미늄(Aluminum) CI 77000	-	
66	벤토나이트(Bentonite) CI 77004	-	
67	울트라마린(Ultramarines) CI 77007	-	
68	바륨설페이트(Barium Sulfate) CI 77120	-	
69	비스머스옥시클로라이드(Bismuth Oxychloride) CI 77163	-	
70	칼슘카보네이트(Calcium Carbonate) CI 77220	-	
71	칼슘설페이트(Calcium Sulfate) CI 77231	-	
72	카본블랙(Carbon black) CI 77266	-	

연번	색소	사용제한	비고
73	본블랙, 본챠콜(본차콜, Bone black, Bone Charcoal) CI 77267	–	
74	베지터블카본(코크블랙, Vegetable Carbon, Coke Black) CI 77268:1	–	
75	크로뮴옥사이드그린(크롬(Ⅲ)옥사이드, Chromium Oxide Greens) CI 77288	–	
76	크로뮴하이드로사이드그린(크롬(Ⅲ)하이드록사이드, Chromium Hydroxide Green) CI 77289	–	
77	코발트알루미늄옥사이드(Cobalt Aluminum Oxide) CI 77346	–	
78	구리(카퍼, Copper) CI 77400	–	
79	금(Gold) CI 77480	–	
80	페러스옥사이드(Ferrous oxide, Iron Oxide) CI 77489	–	
81	적색산화철(아이런옥사이드레드, Iron Oxide Red, Ferric Oxide) CI 77491	–	
82	황색산화철(아이런옥사이드옐로우, Iron Oxide Yellow, Hydrated Ferric Oxide) CI 77492	–	
83	흑색산화철(아이런옥사이드블랙, Iron Oxide Black, Ferrous-Ferric Oxide) CI 77499	–	
84	페릭암모늄페로시아나이드(Ferric Ammonium Ferrocyanide) CI 77510	–	
85	페릭페로시아나이드(Ferric Ferrocyanide) CI 77510	–	
86	마그네슘카보네이트(Magnesium Carbonate) CI 77713	–	
87	망가니즈바이올렛(암모늄망가니즈(3+) 디포스페이트, Manganese Violet, Ammonium Manganese(3+) Diphosphate) CI 77742	–	
88	실버(Silver) CI 77820	–	
89	티타늄디옥사이드(Titanium Dioxide) CI 77891	–	
90	징크옥사이드(Zinc Oxide) CI 77947	–	
91	리보플라빈(락토플라빈, Riboflavin, Lactoflavin)	–	

연번	색소	사용제한	비고
92	카라멜(Caramel)	-	
93	파프리카추출물, 캡산틴/캡소루빈(Paprika Extract Capsanthin/Capsorubin)	-	
94	비트루트레드(Beetroot Red)	-	
95	안토시아닌류(시아니딘, 페오니딘, 말비딘, 델피니딘, 페투니딘, 페라고니딘, Anthocyanins)	-	
96	알루미늄스테아레이트/징크스테아레이트/마그네슘스테아레이트/칼슘스테아레이트(Aluminum Stearate /Zinc Stearate/Magnesium Stearate/Calcium Stearate)	-	
97	디소듐이디티에이-카퍼(Disonium EDTA-copper)	-	
98	디하이드록시아세톤(Dihydroxyacetone)	-	
99	구아이아줄렌(Guaiazulene)	-	
100	피로필라이트(Pyrophyllite)	-	
101	마이카(Mica) CI 77019	-	
102	청동(Bronze)	-	
103	염기성갈색 16호(Basic Brown 16) CI 12250	염모용 화장품에만 사용	타르색소
104	염기성청색 99호(Basic Blue 99) CI 56059	염모용 화장품에만 사용	타르색소
105	염기성적색 76호(Basic Red 76) CI 12245 • 사용한도 2%	염모용 화장품에만 사용	타르색소
106	염기성갈색 17호(Basic Brown 17) CI 12251 • 사용한도 2%	염모용 화장품에만 사용	타르색소
107	염기성황색 87호(Basic Yellow 87) • 사용한도 1%	염모용 화장품에만 사용	타르색소
108	염기성황색 57호(Basic Yellow 57) CI 12719 • 사용한도 2%	염모용 화장품에만 사용	타르색소
109	염기성적색 51호(Basic Red 51) • 사용한도 1%	염모용 화장품에만 사용	타르색소
110	염기성등색 31호(Basic Orange 31) • 사용한도 1%	염모용 화장품에만 사용	타르색소

연번	색소	사용제한	비고
111	에치씨청색 15호(HC Blue No. 15) • 사용한도 0.2%	염모용 화장품에만 사용	타르색소
112	에치씨청색 16호(HC Blue No. 16) • 사용한도 3%	염모용 화장품에만 사용	타르색소
113	분산자색 1호(Disperse Violet 1) CI 61100 1,4-디아미노안트라퀴논 • 사용한도 0.5%	염모용 화장품에만 사용	타르색소
114	에치씨적색 1호(HC Red No. 1) 4-아미노-2-니트로디페닐아민 • 사용한도 1%	염모용 화장품에만 사용	타르색소
115	2-아미노-6-클로로-4-니트로페놀 • 사용한도 2%	염모용 화장품에만 사용	타르색소
116	4-하이드록시프로필 아미노-3-니트로페놀 • 사용한도 2.6%	염모용 화장품에만 사용	타르색소
117	염기성자색 2호(Basic Violet 2) CI 42520 • 사용한도 0.5%	염모용 화장품에만 사용	타르색소
118	분산흑색 9호(Disperse Black 9) • 사용한도 0.3%	염모용 화장품에만 사용	타르색소

(1) 미네랄 유래원료

① 허용하는 화학적 공정 또는 생물학적 공정에 따라 미네랄 원료를 가공한 원료

② 아래 미네랄 유래 원료의 Mono-,Di-,Tri-,Poly-, 염도 사용 가능하다.

- 구리가루(Cooper Powder CI 77400)
- 규조토(Diatomaceous Earth)
- 디소듐포스페이트(Disodium Phosphate)
- 디칼슘포스페이트(Dicalcium Phosphate)
- 디칼슘포스페이트디하이드레이트(Dicalcium phosphate dihydrate)
- 마그네슘설페이트(Magnesium Sulfate)
- 마그네슘실리케이트(Magnesium Silicate)
- 마그네슘알루미늄실리케이트(Magnesium Aluminium Silicate)
- 마그네슘옥사이드(Magnesium Oxide CI 77711)

- 마그네슘카보네이트(Magnesium Carbonate CI 77713(Magnesite))
- 마그네슘클로라이드(Magnesium Chloride)
- 마그네슘카보네이트하이드록사이드(Magnesium Carbonate Hydroxide)
- 마그네슘하이드록사이드(Magnesium Hydroxide)
- 마이카(Mica)
- 말라카이트(Malachite)
- 망가니즈비스오르토포스페이트(Manganese bis orthophosphate CI 77745)
- 망가니즈설페이트(Manganese Sulfate)
- 바륨설페이트(Barium Sulphate)
- 벤토나이트(Bentonite)
- 비스머스옥시클로라이드(Bismuth Oxychloride CI 77163)
- 소듐글리세로포스페이트(Sodium Glycerophosphate)
- 소듐마그네슘실리케이트(Sodium Magnesium Silicate)
- 소듐메타실리케이트(Sodium Metasilicate)
- 소듐모노플루오로포스페이트(Sodium Monofluorophosphate)
- 소듐바이카보네이트(Sodium Bicarbonate)
- 소듐보레이트(Sodium borate)
- 소듐설페이트(Sodium Sulfate)
- 소듐실리케이트(Sodium Silicate)
- 소듐카보네이트(Sodium Carbonate)
- 소듐치오설페이트(Sodium Thiosulphate)
- 소듐클로라이드(Sodium Chloride)
- 소듐포스페이트(Sodium Phosphate)
- 소듐플루오라이드(Sodium Fluoride)
- 소듐하이드록사이드(Sodium Hydroxide)
- 실리카(Silica)
- 실버(Silver CI 77820)
- 실버설페이트(Silver Sulfate)
- 실버씨트레이트(Silver Citrate)

- 실버옥사이드(Silver Oxide)
- 실버클로라이드(Silver Chloride)
- 씨솔트(Sea Salt, Maris Sal)
- 아이런설페이트(Iron Sulfate)
- 아이런옥사이드(Iron Oxides CI 77480, 77489, 77491, 77492, 77499)
- 아이런하이드록사이드(Iron Hydroxide)
- 알루미늄아이런실리케이트(Aluminium Iron Silicates)
- 알루미늄(Aluminum)
- 알루미늄가루(Aluminum Powder CI 77000)
- 알루미늄설퍼이트(Aluminum Sulphate)
- 알루미늄암모늄설퍼이트(Aluminum Ammonium Sulphate)
- 알루미늄옥사이드(Aluminum Oxide)
- 알루미늄하이드록사이드(Aluminum Hydroxide)
- 암모늄망가니즈디포스페이트(Ammonium Manganese Diphosphate CI 77742)
- 암모늄설페이트(Ammonium Sulphate)
- 울트라마린(Ultramarines, Lazurite CI 77007)

5. 화장품 사용제한 원료

5.1 할 수 없는 원료

(1) 화장품안전기준 등에 관한 규정

새로운 화장품 원료의 개발을 촉진하여 화장품 산업을 활성화시키고 규제를 국제수준과 맞추가 위해 화장품에 사용할 수 없는 원료를 고시하고 그 밖의 원료는 사용할 수 있게 하는 네거티브 리스트(negative list)방식으로 화장품 원료관리 체계로 이루어져 있다.

> **TIP**
>
> - '니트로메탄'을 사용제한원료목록에서 삭제하고 사용금지원료 목록에 추가됨
> - 유럽에서 사용을 금지한 착향제 성분인 '아트라놀', '클로로아트라놀', '하이드록시아이소핵실3-사이클로핵센카보스알데히드(HICC)'의 사용을 금지함
> - 자체 안전성평가를 반영하여 '메칠렌글라이콜'의 사용을 금지함

- 갈라민트리에치오다이드, 갈란타민, 중추신경계에 작용하는 교감신경흥분성아민, 구아네티딘 및 그 염류, 구아이페네신, 글루코코르티코이드, 글루테티미드 및 그 염류, 글리사이클아미드
- 금염
- 무기 나이트라이트(소듐나이트라이트 제외)
- 나파졸린 및 그 염류
- 나프탈렌
- 1,7-나프탈렌디올
- 2,3-나프탈렌디올
- 2,7-나프탈렌디올 및 그 염류(다만, 2,7-나프탈렌디올은 염모제에서 용법·용량에 따른 혼합물의 염모성분으로서 1.0% 이하 제외)
- 2-나프톨, 1-나프톨 및 그 염류(다만, 1-나프톨은 산화염모제에서 용법·용량에 따른 혼합물의 염모성분으로서 2.0% 이하는 제외)
- 3-(1-나프틸)-4-히드록시코우마린
- 1-(1-나프틸메칠)퀴놀리늄클로라이드
- N-2-나프틸아닐린
- 1,2-나프틸아민 및 그 염류
- 날로르핀, 그 염류 및 에텔
- 납 및 그 화합물
- 니코틴 및 그 염류, 2-니트로나프탈렌, 니트로메탄(사용제한에서 삭제됨), 니트로벤젠
- 4-니트로비페닐
- 4-니트로소페놀

- 3-니트로-4-아미노페녹시에탄올 및 그 염류
- 니트로스아민류(예. 2,2′-(니트로소이미노)비스에탄올, 니트로소디프로필아민, 디메칠니트로소아민)
- 니트로스틸벤, 그 동족체 및 유도체
- 2-니트로아니솔
- 5-니트로아세나프텐
- 니트로크레졸 및 그 알칼리 금속염
- 2-니트로톨루엔
- 5-니트로-o-톨루이딘 및 5-니트로-o-톨루이딘 하이드로클로라이드
- 6-니트로-o-톨루이딘
- 3-[(2-니트로-4-(트리플루오로메칠)페닐)아미노]프로판-1,2-디올(에이치시 황색 No. 6) 및 그 염류
- 4-[(4-니트로페닐)아조]아닐린(디스퍼스오렌지 3) 및 그 염류
- 2-니트로-p-페닐렌디아민 및 그 염류(예. 니트리 -p-페닐렌디아민 설페이트)(다만, 니트로-p-페닐렌디아민은 산화염모제에서 용법·용량에 따른 혼합물의 염모성분으로서 3.0% 이하는 제외)
- 4-니트로-m-페닐렌디아민 및 그 염류(예. p-니트로-m-페닐렌디아민 설페이트)
- 니트로펜
- 니트로퓨란계 화합물(예. 니트로푸란토인, 푸라졸리돈)
- 2-니트로프로판
- 6-니트로-2,5-피리딘디아민 및 그 염류
- 2-니트로-N-하이드록시에칠-p-아니시딘 및 그 염류
- 니트록솔린 및 그 염류
- 다미노지드, 다이노캡(ISO), 다이우론, 다투라(Datura)속 및 그 생약제제
- 데카메칠렌비스(트라메칠암모늄)염(예. 데카메토늄브로마이드), 데쿠알리니움클로라이드
- 덱스트로메토르판 및 그 염류, 덱스트로프로폭시펜
- 도데카클로로펜타사이클로[5.2.1.02,6.03,9.05,8]데칸, 도딘
- 돼지폐추출물

- 두타스테리드, 그 염류 및 유도체
- 1,5-디-(베타-하이드록시에칠)아미노-2-니트로-4-클로로벤젠 및 그 염류(예. 에이치시 황색 No. 10)(다만, 비산화염모제에서 용법·용량에 따른 혼합물의 염모성분으로서 0.1% 이하는 제외)
- 5,5′-디-이소프로필-2,2′-디메칠비페닐-4,4′디일 디히포아이오다이트
- 디기탈리스(Digitalis)속 및 그 생약제제
- 디노셉, 그 염류 및 에스텔류
- 디노터브 그 염류 및 에스텔류
- 디니켈트리옥사이드
- 디니트로톨루엔, 테크니컬등급
- 2,3-디니트로톨루엔
- 2,5-디니트로톨루엔
- 2,6-디니트로톨루엔
- 3,4-디니트로톨루엔
- 3,5-디니트로톨루엔
- 디니트로페놀이성체
- 5-[(2,4-디니트로페닐)아미노]-2-(페닐아미노)-벤젠설포닉애씨드 및 그 염류
- 디메바미드 및 그 염류
- 디소듐 4-(3-에톡시카르보닐-4-(5-(3-에톡시카르보닐-5-하이드록시-1-(4-설포네이토페닐)피라졸-4-일)펜타-2,4-디에닐리덴)-4,5-디하이드로-5-옥소피라졸-1-일)벤젠설포네이트 및 트리소듐4-(3-에톡시카르보닐-4-(5-(3-에톡시카르보닐-5-옥시도-1(4-설포네이토페닐)피라졸-4-일)펜타-2,4-디에닐리덴)-4,5-디하이드로-5-옥소피라졸-1-일)벤젠설포네이트
- 7,11-디메칠-4,6,10-도데카트리엔-3-온
- 2,6-디메칠-1,3-디옥산-4-일아세테이트(디메톡산,o-아세톡시2,4-디메칠-m-디옥산)
- 4,6-디메칠-8-tert-부틸쿠마린
- [3,3′-디메칠[1,1′-비페닐]-4,4′-디일]디암모늄비스(하이드로젠설페이트)
- 디메칠설파모일클로라이드, 디메칠설페이트, 디메칠설폭사이드, 디메칠시트라코네이트

- N,N-디메칠아닐리늄테트라키스(펜타플루오로페닐)보레이트
- N,N-디메칠아닐린
- 1-디메칠아미노메칠-1-메칠프로필벤조에이트(아밀로카인) 및 그 염류
- 9-(디메칠아미노)-벤조[a]페녹사진-7-이움 및 그 염류
- 5-((4-(디메칠아미노)페닐)아조)-1,4-디메칠-1H-1,2,4-트리아졸리움 및 그 염류
- 디메칠아민
- N,N-디메칠아세타마이드
- 3,7-디메칠-2-옥텐-1-올(6,7-디하이드로제라니올)
- 6,10-디메칠-3,5,9-운데카트리엔-2-온(슈도이오논)
- 디메칠카바모일클로라이드
- N,N-디메칠-p-페닐렌디아민 및 그 염류
- 1,3-디메칠펜틸아민 및 그 염류
- 디메칠포름아미드
- N,N-디메칠-2,6-피리딘디아민 및 그 염산염
- N,N′-디메칠-N-하이드록시에칠-3-니트로-p-페닐렌디아민 및 그 염류
- 2-[2-((2,4-디메톡시페닐)아미노)에테닐]-1,3,3-트리메칠-3H-인돌리움 및 그 염류
- 디바나듐펜타옥사이드
- 디벤즈[a,h]안트라센
- 2,2-디브로모-2-니트로에탄올
- 1,2-디브로모-2,4-디시아노부탄(메칠디브로모글루타로나이트릴)
- 디브로모살리실아닐리드
- 2,6-디브로모-4-시아노페닐 옥타노에이트
- 1,2-디브로모에탄
- 1,2-디브로모-3-클로로프로판
- 5-(α, β -디브로모펜에칠)-5-메칠히단토인
- 2,3-디브로모프로판-1-올
- 3,5-디브로모-4-하이드록시벤조니트닐 및 그 염류(브로목시닐 및 그 염류)
- 디브롬화프로파미딘 및 그 염류(이소치아네이트포함)
- 디설피람

- 디소듐[5-[[4′-[[2,6-디하이드록시-3-[(2-하이드록시-5-설포페닐)아조]페닐]아조][1,1′비페닐]-4-일]아조]살리실레이토(4-)]쿠프레이트(2-)(다이렉트브라운 95)
- 디소듐 3,3′-[[1,1′비페닐]-4,4′-디일비스(아조)]-비스(4-아미노나프탈렌-1-설포네이트)(콩고레드)
- 디소듐4-아미노-3-[[4′-[(2,4-디아미노페닐)아조][1,1′비페닐]-4-일]아조]-5-하이드록시-6-(페닐아조)나프탈렌-2,7-디설포네이트(다이렉트블랙 38)
- 디스퍼스레드 15
- 디스퍼스옐로우 3
- 디아놀아세글루메이트
- o-디아니시딘계 아조 염료류
- o-디아니시딘의 염(3,3′-디메톡시벤지딘의 염)
- 3,7-디아미노-2,8-디메칠-5-페닐-페나지니움 및 그 염류
- 3,5-디아미노-2,6-디메톡시피리딘 및 그 염류(예. 2,6-디메톡시-3,5-피리딘디아민 하이드로클로라이드) (다만, 2,6-디메톡시-3,5-피리딘디아민 하이드로클로라이드는 산화염모제에서 용법·용량에 따른 혼합물의 염모성분으로서 0.25% 이하는 제외)
- 2,5-디아미노디페닐아민
- 4,4′-디아미노디페닐아민 및 그 염류(예. 4,4′-디아미노디페닐아민 설페이트)
- 2,4-디아미노-5-메칠페네톨 및 그 염산염
- 2,4-디아미노-5-메칠페녹시에탄올 및 그 염류
- 4,5-디아미노-1-메칠피라졸 및 그 염산염
- 1,4-디아미노-2-메톡시-9,10-안트라센디온(디스퍼스레드 11) 및 그 염류
- 3,4-디아미노벤조익애씨드
- 디아미노톨루엔, [4-메칠-m-페닐렌 디아민] 및 [2-메칠-m-페닐렌 디아민]의 혼합물
- 2,4-디아미노페녹시에탄올 및 그 염류(다만, 2,4-디아미노페녹시에탄올 하이드로클로라이드는 산화염모제에서 용법·용량에 따른 혼합물의 염모성분으로서 0.5% 이하는 제외)
- 3-[[(4-[[디아미노(페닐아조)페닐]아조]-1-나프탈레닐]아조]-N,N,N-트리메칠-벤젠아미니움 및 그 염류

- 3-[[(4-[[디아미노(페닐아조)페닐]아조]-2-메칠페닐]아조]-N,N,N-트리메칠-벤젠아미니움 및 그 염류
- 2,4-디아미노페닐에탄올 및 그 염류
- O,O′-디아세틸-N-알릴-N-노르몰핀
- 디아조메탄
- 디알레이트
- 디에칠-4-니트로페닐포스페이트
- O,O′-디에칠-O-4-니트로페닐포스포로치오에이트(파라치온-ISO)
- 디에칠렌글라이콜(다만, 비의도적 잔류물로서 0.1% 이하인 경우는 제외)
- 디에칠말리에이트
- 디에칠설페이트
- 2-디에칠아미노에칠-3-히드록시-4-페닐벤조에이트 및 그 염류
- 4-디에칠아미노-o-톨루이딘 및 그 염류
- N-[4-[[4-(디에칠아미노)페닐][4-(에칠아미노)-1-나프탈렌일]메칠렌]-2,5-사이클로헥사디엔-1-일리딘]-N-에칠-에탄아미늄 및 그 염류
- N-(4-[[4-(디에칠아미노)페닐)페닐메칠렌]-2,5-사이클로헥사디엔-1-일리덴)-N-에칠 에탄아미니움 및 그 염류
- N,N-디에칠-m-아미노페놀
- 3-디에칠아미노프로필신나메이트
- 디에칠카르바모일 클로라이드
- N,N-디에칠-p-페닐렌디아민 및 그 염류
- 디엔오시(DNOC, 4,6-디니트로-o-크레졸)
- 디엘드린
- 디옥산
- 디옥세테드린 및 그 염류
- 5-(2,4-디옥소-1,2,3,4-테트라하이드로피리미딘)-3-플루오로-2-하이드록시메칠 테트라하이드로퓨란
- 디치오-2,2′-비스피리딘-디옥사이드 1,1′(트리하이드레이티드마그네슘설페이트 부가)(피리치온디설파이드+마그네슘설페이트)

- 디코우마롤
- 2,3-디클로로-2-메칠부탄
- 1,4-디클로로벤젠(p-디클로로벤젠)
- 3,3′-디클로로벤지딘
- 3,3′-디클로로벤지딘디하이드로젠비스(설페이트)
- 3,3′-디클로로벤지딘디하이드로클로라이드
- 3,3′-디클로로벤지딘설페이트
- 1,4-디클로로부트-2-엔
- 2,2′-[(3,3′-디클로로[1,1′-비페닐]-4,4′-디일)비스(아조)]비스[3-옥소-N-페닐부탄아마이드](피그먼트옐로우 12) 및 그 염류
- 디클로로살리실아닐리드
- 디클로로에칠렌(아세틸렌클로라이드)(예. 비닐리덴클로라이드)
- 디클로로에탄(에칠렌클로라이드)
- 디클로로-m-크시레놀,α
- α,α-디클로로톨루엔
- 디클로로펜
- 1,3-디클로로프로판-2-올
- 2,3-디클로로프로펜
- 디페녹시레이트 히드로클로라이드
- 1,3-디페닐구아니딘
- 디페닐아민
- 디페닐에텔 ; 옥타브로모 유도체
- 5,5-디페닐-4-이미다졸리돈
- 디펜클록사진
- 2,3-디하이드로-2,2-디메칠-6-[(4-페닐아조)-1-나프텔레닐]아조]-1H-피리미딘(솔벤트블랙 3) 및 그 염류
- 3,4-디히드로-2-메톡시-2-메칠-4-페닐-2H,5H,피라노(3,2-c)-(1)벤조피란-5-온(시클로코우마롤)
- 2,3-디하이드로-2H-1,4-벤족사진-6-올 및 그 염류(예. 히드록시벤조모르포린)(다

만, 히드록시벤조모르포린은 산화염모제에서 용법·용량에 따른 혼합물의 염모성분으로서 1.0% 이하는 제외)
- 2,3-디하이드로-1H-인돌-5,6-디올(디하이드록시인돌린) 및 그 하이드로브로마이드염(디하이드록시인돌린 하이드로브롬마이드)(다만, 비산화염모제에서 용법·용량에 따른 혼합물의 염모성분으로서 2.0% 이하는 제외)
- (S)-2,3-디하이드로-1H-인돌-카르복실릭 애씨드
- 디히드로타키스테롤
- 2,6-디하이드록시-3,4-디메칠피리딘 및 그 염류
- 2,4-디하이드록시-3-메칠벤즈알데하이드
- 4,4′-디히드록시-3,3′-(3-메칠치오프로필아이덴)디코우마린
- 2,6-디하이드록시-4-메칠피리딘 및 그 염류
- 1,4-디하이드록시-5,8-비스[(2-하이드록시에칠)아미노]안트라퀴논(디스퍼스블루 7) 및 그 염류
- 4-[4-(1,3-디하이드록시프로프-2-일)페닐아미노-1,8-디하이드록시-5-니트로안트라퀴논
- 2,2′-디히드록시-3,3′5,5′6,6′-헥사클로로디페닐메탄(헥사클로로펜)
- 디하이드로쿠마린
- N,N′-디헥사데실-N,N′-비스(2-하이드록시에칠)프로판디아마이드 ; 비스하이드록시에칠비스세틸말론아마이드
- Laurus nobilis L.의 씨로부터 나온 오일
- Rauwolfia serpentina 알칼로이드 및 그 염류
- 라카익애씨드(CI 내츄럴레드 25) 및 그 염류
- 레졸시놀 디글리시딜 에텔
- 로다민 B 및 그 염류
- 로벨리아(Lobelia)속 및 그 생약제제
- 로벨린 및 그 염류
- 리누론
- 리도카인
- 과산화물가가 20mmol/L을 초과하는 d-리모넨

- 과산화물가가 20mmol/L을 초과하는 dℓ-리모넨
- 과산화물가가 200mmol/L을 초과하는 ℓ-리모넨
- 라이서자이드(Lysergide) 및 그 염류
- 마약류관리에 관한 법률 제2조에 따른 마약류
- 마이클로부타닐(2-(4-클로로페닐)-2-(1H-1,2,4-트리아졸-1-일메칠)헥사네니트릴)
- 마취제(천연 및 합성)
- 만노무스틴 및 그 염류
- 말라카이트그린 및 그 염류
- 말로노니트릴
- 1-메칠-3-니트로-1-니트로소구아니딘
- 1-메칠-3-니트로-4-(베타-하이드록시에칠)아미노벤젠 및 그 염류(예. 하이드록시에칠-2-니트로-p-톨루이딘)(다만, 하이드록시에칠-2-니트로-p-톨루이딘은 염모제에서 용법·용량에 따른 혼합물의 염모성분으로서 1.0% 이하는 제외)
- N-메칠-3-니트로-p-페닐렌디아민 및 그 염류
- N-메칠-1,4-디아미노안트라퀴논, 에피클로히드린 및 모노에탄올아민의 반응생성물(에이치시 청색 No. 4) 및 그 염류
- 3,4-메칠렌디옥시페놀 및 그 염류
- 메칠레소르신
- 메칠렌글라이콜
- 4,4′-메칠렌디아닐린
- 3,4-메칠렌디옥시아닐린 및 그 염류
- 4,4′ 메칠렌디-o-톨루이딘
- 4,4′ 메칠렌비스(2-에칠아닐린)
- (메칠렌비스(4,1-페닐렌아조(1-(3-(디메칠아미노)프로필)-1,2-디하이드로-6-하이드록시-4-메칠-2-옥소피리딘-5,3-디일)))-1,1′-디피리디늄디클로라이드 디하이드로클로라이드
- 4,4′-메칠렌비스[2-(4-하이드록시벤질)-3,6-디메칠페놀]과 6-디아조-5,6-디하이드로-5-옥소-나프탈렌설포네이트(1:2)의 반응생성물과 4,4′-메칠렌비스[2-(4-하이드록시벤질)-3,6-디메칠페놀]과 6-디아조-5,6-디하이드로-5-옥소-나프탈렌설포

네이트(1:3) 반응생성물과의 혼합물
- 메칠렌클로라이드
- 3-(N-메칠-N-(4-메칠아미노-3-니트로페닐)아미노)프로판-1,2-디올 및 그 염류
- 메칠메타크릴레이트모노머
- 메칠 트랜스-2-부테노에이트
- 2-[3-(메칠아미노)-4-니트로페녹시]에탄올 및 그 염류(예. 3-메칠아미노-4-니트로페녹시에탄올)(다만, 비산화염모제에서 용법·용량에 따른 혼합물의 염모성분으로서 0.15% 이하는 제외)
- N-메칠아세타마이드
- (메칠-ONN-아조시)메칠아세테이트
- 2-메칠아지리딘(프로필렌이민)
- 메칠옥시란
- 메칠유게놀(다만, 식무추출물에 의하여 자연적으로 함유되어 다음 농도 이하인 경우에는 제외. 향료원액을 8% 초과하여 함유하는 제품 0.01%, 향료원액을 8% 이하로 함유하는 제품 0.004%, 방향용 크림 0.002%, 사용 후 씻어내는 제품 0.001%, 기타 0.0002%)
- N,N′-((메칠이미노)디에칠렌)비스(에칠디메칠암모늄) 염류 (예. 아자메토늄브로마이드)
- 메칠이소시아네이트
- 6-메칠쿠마린(6-MC)
- 7-메칠쿠마린
- 메칠크레속심
- 1-메칠-2,4,5-트리하이드록시벤젠 및 그 염류
- 메칠페니데이트 및 그 염류
- 3-메칠-1-페닐-5-피라졸론 및 그 염류 (예. 페닐메칠피라졸론)(다만, 페닐메칠피라졸론은 산화염모제에서 용법·용량에 따른 혼합물의 염모성분으로서 0.25% 이하는 제외)
- 메칠페닐렌디아민류, 그 N-치환 유도체류 및 그 염류(예. 2,6-디하이드록시에칠아미노톨루엔)(다만, 염모제에서 염모성분으로 사용하는 것은 제외)

- <삭제>
- 2-메칠-m-페닐렌 디이소시아네이트
- 4-메칠-m-페닐렌 디이소시아네이트
- 4,4′-[(4-메칠-1,3-페닐렌)비스(아조)]비스[6-메칠-1,3-벤젠디아민](베이직브라운 4) 및 그 염류
- 4-메칠-6-(페닐아조)-1,3-벤젠디아민 및 그 염류
- N-메칠포름아마이드
- 5-메칠-2,3-헥산디온
- 2-메칠헵틸아민 및 그 염류
- 메카밀아민
- 메타닐옐로우
- 메탄올(에탄올 및 이소프로필알콜의 변성제로서만 알콜 중 5%까지 사용)
- 메테토헵타진 및 그 염류
- 메토카바몰
- 메토트렉세이트
- 2-메톡시-4-니트로페놀(4-니트로구아이아콜) 및 그 염류
- 2-[(2-메톡시-4-니트로페닐)아미노]에탄올 및 그 염류 (예. 2-하이드록시에칠아미노-5-니트로아니솔)(다만, 비산화염모제에서 용법·용량에 따른 혼합물의 염모성분으로서 0.2% 이하는 제외)
- 1-메톡시-2,4-디아미노벤젠(2,4-디아미노아니솔 또는 4-메톡시-m-페닐렌디아민 또는 CI 76050) 및 그 염류
- 1-메톡시-2,5-디아미노벤젠(2,5-디아미노아니솔) 및 그 염류
- 2-메톡시메칠-p-아미노페놀 및 그 염산염
- 6-메톡시-N2-메칠-2,3-피리딘디아민 하이드로클로라이드 및 디하이드로클로라이드염(다만, 염모제에서 용법·용량에 따른 혼합물의 염모성분으로 산으로서 0.68% 이하, 디하이드로클로라이드염으로서 1.0% 이하는 제외)
- 2-(4-메톡시벤질-N-(2-피리딜)아미노)에칠디메칠아민말리에이트
- 메톡시아세틱애씨드
- 2-메톡시에칠아세테이트(메톡시에탄올아세테이트)

- N-(2-메톡시에칠)-p-페닐렌디아민 및 그 염산염
- 2-메톡시에탄올(에칠렌글리콜 모노메칠에텔, EGMME)
- 2-(2-메톡시에톡시)에탄올(메톡시디글리콜)
- 7-메톡시쿠마린
- 4-메톡시톨루엔-2,5-디아민 및 그 염산염
- 6-메톡시-m-톨루이딘(p-크레시딘)
- 2-[[(4-메톡시페닐)메칠하이드라조노]메칠]-1,3,3-트리메칠-3H-인돌리움 및 그 염류
- 4-메톡시페놀(히드로퀴논모노메칠에텔 또는 p-히드록시아니솔)
- 4-(4-메톡시페닐)-3-부텐-2-온(4-아니실리덴아세톤)
- 1-(4-메톡시페닐)-1-펜텐-3-온(α-메칠아니살아세톤)
- 2-메톡시프로판올
- 2-메톡시프로필아세테이트
- 6-메톡시-2,3-피리딘디아민 및 그 염산염
- 메트알데히드
- 메트암페프라몬 및 그 염류
- 메트포르민 및 그 염류
- 메트헵타진 및 그 염류
- 메티라폰
- 메티프릴온 및 그 염류
- 메페네신 및 그 에스텔
- 메페클로라진 및 그 염류
- 메프로바메이트
- 2급 아민함량이 0.5%를 초과하는 모노알킬아민, 모노알칸올아민 및 그 염류
- 모노크로토포스
- 모누론
- 모르포린 및 그 염류
- 모스켄(1,1,3,3,5-펜타메칠-4,6-디니트로인단)
- 모페부타존

- 목향(Saussurea lappa Clarke=Saussurea costus(Falc.) Lipsch.=Aucklandia lappa Decne) 뿌리오일
- 몰리네이트
- 몰포린-4-카르보닐클로라이드
- 무화과나무(Ficus carica)잎엡솔루트(피그잎엡솔루트)
- 미네랄 울
- 미세플라스틱(세정, 각질제거 등의 제품*에 남아있는 5mm 크기 이하의 고체플라스틱)

■ 화장품법 시행규칙

화장품의 유형

가. 영·유아용 제품류 (1)영·유아용 샴푸, 린스 (4)영·유아용 인체 세정용 제품 (5)영·유아용 목욕용 제품

나. 목욕용 제품류

다.. 인체 세정용 제품류

아. 두발용 제품류 (1)헤어 컨디셔너 (8)샴푸, 린스 (11)그 밖의 두발용 제품류(사용 후 씻어내는 제품에 한함)

차. (2)남성용 탤컴(사용 후 씻어내는 제품에 한함) (4)세이빙 크림 (5)세이빙 폼 (6)그 밖의 면도용 제품류(사용 후 씻어내는 제품에 한함)

카. (6)팩, 마스크(사용 후 씻어내는 제품에 한함) (9)손·발의 피부연화 제품(사용 후 씻어내는 제품에 한함) (10)클렌징 워터, 클렌징 오일, 클렌징 로션, 클렌징 크림 등 메이크업 리무버 (11)그 밖의 기초화장용 제품류(사용 후 씻어내는 제품에 한함)

- 바륨염(바륨설페이트 및 색소레이크희석제로 사용한 바륨염은 제외)
- 바비츄레이트
- 2,2′-바이옥시란
- 발녹트아미드
- 발린아미드
- 방사성물질
- 백신, 독소 또는 혈청

- 베낙티진
- 베노밀
- 베라트룸(Veratrum)속 및 그 제제
- 베라트린, 그 염류 및 생약제제
- 베르베나오일(Lippia citriodora Kunth.)
- 베릴륨 및 그 화합물
- 베메그리드 및 그 염류
- 베록시카인 및 그 염류
- 베이직바이올렛 1(메칠바이올렛)
- 베이직바이올렛 3(크리스탈바이올렛)
- 1-(베타-우레이도에칠)아미노-4-니트로벤젠 및 그 염류(예. 4-니트로페닐 아미노에칠우레아)(다만, 4-니트로페닐 아미노에칠우레아는 산화염모제에서 용법·용량에 따른 혼합물의 염모성분으로서 0.25% 이하, 비산화염모제에서 용법·용량에 따른 혼합물의 염모성분으로서 0.5% 이하는 제외)
- 1-(베타-하이드록시)아미노-2-니트로-4-N-에칠-N-(베타-하이드록시에칠)아미노벤젠 및 그 염류(예. 에이치시 청색 No. 13)
- 벤드로플루메치아자이드 및 그 유도체
- 벤젠
- 1,2-벤젠디카르복실릭애씨드 디펜틸에스터(가지형과 직선형) ; n-펜틸-이소펜틸 프탈레이트 ; 디-n-펜틸프탈레이트 ; 디이소펜틸프탈레이트
- 1,2,4-벤젠트리아세테이트 및 그 염류
- 및 그 염류
- 벤조일퍼옥사이드
- 벤조[a]피렌
- 벤조[e]피렌
- 벤조[j]플루오란텐
- 벤조[k]플루오란텐
- 벤즈[e]아세페난트릴렌
- 벤즈아제핀류와 벤조디아제핀류

- 벤즈아트로핀 및 그 염류
- 벤즈[a]안트라센
- 벤즈이미다졸-2(3H)-온
- 벤지딘
- 벤지딘계 아조 색소류
- 벤지딘디하이드로클로라이드
- 벤지딘설페이트
- 벤지딘아세테이트
- 벤지로늄브로마이드
- 벤질 2,4-디브로모부타노에이트
- 3(또는 5)-((4-(벤칠메칠아미노)페닐)아조)-1,2-(또는 1,4)-디메칠-1H-1,2,4-트리아졸리움 및 그 염류
- 벤질바이올렛([4-[[4-(디메칠아미노)페닐][4-[에칠(3-설포네이토벤질)아미노]페닐]메칠렌]사이클로헥사-2,5-디엔-1-일리덴](에칠)(3-설포네이토벤질)암모늄염 및 소듐염
- 벤질시아나이드
- 4-벤질옥시페놀(히드로퀴논모노벤질에텔)
- 2-부타논 옥심
- 부타닐리카인 및 그 염류
- 1,3-부타디엔
- 부토피프린 및 그 염류
- 부톡시디글리세롤
- 부톡시에탄올
- 5-(3-부티릴-2,4,6-트리메칠페닐)-2-[1-(에톡시이미노)프로필]-3-하이드록시사이클로헥스-2-엔-1-온
- 부틸글리시딜에텔
- 4-tert-부틸-3-메톡시-2,6-디니트로톨루엔(머스크암브레트)
- 1-부틸-3-(N-크로토노일설파닐일)우레아
- 5-tert-부틸-1,2,3-트리메칠-4,6-디니트로벤젠(머스크티베텐)

- 4-tert-부틸페놀
- 2-(4-tert-부틸페닐)에탄올
- 4-tert-부틸피로카테콜
- 부펙사막
- 붕산
- 브레티륨토실레이트
- (R)-5-브로모-3-(1-메칠-2-피롤리디닐메칠)-1H-인돌
- 브로모메탄
- 브로모에칠렌
- 브로모에탄
- 1-브로모-3,4,5-트리플루오로벤젠
- 1-브로모프로판 ; n-프로필 브로마이드
- 2-브로모프로판
- 브로목시닐헵타노에이트
- 브롬
- 브롬이소발
- 브루신(에탄올의 변성제는 제외)
- 비나프아크릴(2-sec-부틸-4,6-디니트로페닐-3-메칠크로토네이트)
- 9-비닐카르바졸
- 비닐클로라이드모노머
- 1-비닐-2-피롤리돈
- 비마토프로스트, 그 염류 및 유도체
- 비소 및 그 화합물
- 1,1-비스(디메칠아미노메칠)프로필벤조에이트(아미드리카인, 알리핀) 및 그 염류
- 4,4′-비스(디메칠아미노)벤조페논
- 3,7-비스(디메칠아미노)-페노치아진-5-이움 및 그 염류
- 3,7-비스(디에칠아미노)페녹사진-5-이움 및 그 염류
- N-(4-[비스[4-(디에칠아미노)페닐]메칠렌]-2,5-사이클로헥사디엔-1-일리

덴)-N-에칠-에탄아미니움 및 그 염류
- 비스(2-메톡시에칠)에텔(디메톡시디글리콜)
- 비스(2-메톡시에칠)프탈레이트
- 1,2-비스(2-메톡시에톡시)에탄 ; 트리에칠렌글리콜 디메칠 에텔(TEGDME) ; 트리글라임
- 1,3-비스(비닐설포닐아세타아미도)-프로판
- 비스(사이클로펜타디에닐)-비스(2,6-디플루오로-3-(피롤-1-일)-페닐)티타늄
- 4-[[비스-(4-플루오로페닐)메칠실릴]메칠]-4H-1,2,4-트리아졸과 1-[[비스-(4-플루오로페닐)메칠실릴]메칠]-1H-1,2,4-트리아졸의 혼합물
- 비스(클로로메칠)에텔(옥시비스[클로로메탄])
- N,N-비스(2-클로로에칠)메칠아민-N-옥사이드 및 그 염류
- 비스(2-클로로에칠)에텔
- 비스페놀 A(4,4′-이소프로필리덴디페놀)
- N'N'-비스(2-히드록시에칠)-N-메칠-2-니트로-p-페닐렌디아민(HC 블루 No. 1) 및 그 염류
- 4,6-비스(2-하이드록시에톡시)-m-페닐렌디아민 및 그 염류
- 2,6-비스(2-히드록시에톡시)-3,5-피리딘디아민 및 그 염산염
- 비에타미베린
- 비치오놀
- 비타민 L1, L2
- [1,1′-비페닐-4,4′-디일]디암모니움설페이트
- 비페닐-2-일아민
- 비페닐-4-일아민 및 그 염류
- 4,4′-비-o-톨루이딘
- 4,4′-비-o-톨루이딘디하이드로클로라이드
- 4,4′-비-o-톨루이딘설페이트
- 빈클로졸린
- 사이클라멘알코올
- N-사이클로펜틸-m-아미노페놀

- 사이클로헥시미드
- N-사이클로헥실-N-메톡시-2,5-디메칠-3-퓨라마이드
- 트랜스-4-사이클로헥실-L-프롤린 모노하이드로클로라이드
- 사프롤(천연에센스에 자연적으로 함유되어 그 양이 최종제품에서 100ppm을 넘지 않는 경우는 제외)
- α-산토닌((3S, 5aR, 9bS)-3,3a,4,5,5a,9b-헥사히드로-3,5a,9-트리메칠나프토(1,2-b))푸란-2,8-디온
- 석면
- 석유
- 석유 정제과정에서 얻어지는 부산물(증류물, 가스오일류, 나프타, 윤활그라스, 슬랙왁스, 탄화수소류, 알칸류, 백색 페트롤라툼을 제외한 페트롤라툼, 연료오일, 잔류물). 다만, 정제과정이 완전히 알려져 있고 발암물질을 함유하지 않음을 보여줄 수 있으면 예외로 한다.
- 부타디엔 0.1%를 초과하여 함유하는 석유정제물(가스류, 탄화수소류, 알칸류, 증류물, 라피네이트)
- 디메칠설폭사이드(으내)FH 추출한 성분을 3% 초과하여 함유하고 있는 석유 유래물질
- 벤조[a]피렌 0.005%를 초과하여 함유하고 있는 석유화학 유래물질, 석탄 및 목타르 유래물질
- 석탄추출 젯트기용 연료 및 디젤연료
- 설티암
- 설팔레이트
- 3,3′-(설포닐비스(2-니트로-4,1-페닐렌)이미노)비스(6-(페닐아미노))벤젠설포닉애씨드 및 그 염류
- 설폰아미드 및 그 유도체(톨루엔설폰아미드/포름알데하이드수지, 톨루엔설폰아미드/에폭시수지는 제외)
- 설핀피라존
- 과산화물가가 10mmol/L을 초과하는 Cedrus atlantica의 오일 및 추출물
- 세파엘린 및 그 염류

- 센노사이드
- 셀렌 및 그 화합물(셀레늄아스파테이트는 제외)
- 소듐헥사시클로네이트
- Solanum nigrum L. 및 그 생약제제
- Schoenocaulon officinale Lind(씨 및 그 생약제제).
- 솔벤트레드 1(CI 12150)
- 솔벤트블루 35
- 솔벤트오렌지 7
- 수은 및 그 화합물
- 스트로판투스(Strophantus)속 및 그 생약제제
- 스트로판틴, 그 비당질 및 그 각각의 유도체
- 스트론튬화합물
- 스트리크노스(Strychnos)속 그 생약제제
- 스트리키닌 및 그 염류
- 스파르테인 및 그 염류
- 스피로노락톤
- 시마진
- 4-시아노-2,6-디요도페닐 옥타노에이트
- 스칼렛레드(솔벤트레드 24)
- 시클라바메이트
- 시클로메놀 및 그 염류
- 시클로포스파미드 및 그 염류
- 2-α-시클로헥실벤질(N,N,N,'N'테트라에칠)트리메칠렌디아민(페네타민)
- 신코카인 및 그 염류
- 신코펜 및 그 염류(유도체 포함)
- 썩시노니트릴
- Anamirta cocculus L(과실).
- o-아니시딘
- 아닐린, 그 염류 및 그 할로겐화 유도체 및 설폰화 유도체

- 아다팔렌
- Adonis vernalis L. 및 그 제제
- Areca catechu 및 그 생약제제
- 아레콜린
- 아리스톨로키아(Aristolochia)속 및 그 생약제제
- 아리스토로킥 애씨드 및 그 염류
- 1-아미노-2-니트로-4-(2',3'-디하이드록시프로필)아미노-5-클로로벤젠과 1,4-비스-(2',3'-디하이드록시프로필)아미노-2-니트로-5-클로로벤젠 및 그 염류(예. 에이치시 적색 No. 11)(다만, 산화염모제에서 용법·용량에 따른 혼합물의 염모성분으로서 1.0% 이하, 비산화염모제에서 용법·용량에 따른 혼합물의 염모성분으로서 2.0% 이하는 제외)
- 2-아미노-3-니트로페놀 및 그 염류
- p-아미노-o-니트로페놀(4-아미노-2-니트로페놀)
- 4-아미노-3-니트로페놀 및 그 염류(다만, 4-아미노-3-니트로페놀은 산화염모제에서 용법·용량에 따른 혼합물의 염모성분으로서 1.5% 이하, 비산화염모제에서 용법·용량에 따른 혼합물의 염모성분으로서 1.0% 이하는 제외)
- 2,2'-[(4-아미노-3-니트로페닐)이미노]바이세타놀 하이드로클로라이드 및 그 염류(예. 에이치시 적색 No. 13)(다만, 하이드로클로라이드염으로서 산화염모제에서 용법·용량에 따른 혼합물의 염모성분으로서 1.5% 이하, 비산화염모제에서 용법·용량에 따른 혼합물의 염모성분으로서 1.0% 이하는 제외)
- (8-[(4-아미노-2-니트로페닐)아조]-7-하이드록시-2-나프틸)트리메칠암모늄 및 그 염류(베이직브라운 17의 불순물로 있는 베이직레드 118 제외)
- 1-아미노-4-[[4-[(디메칠아미노)메칠]페닐]아미노]안트라퀴논 및 그 염류
- 6-아미노-2-((2,4-디메칠페닐)-1H-벤즈[de]이소퀴놀린-1,3-(2H)-디온(솔벤트옐로우 44) 및 그 염류
- 5-아미노-2,6-디메톡시-3-하이드록시피리딘 및 그 염류
- 3-아미노-2,4-디클로로페놀 및 그 염류(다만, 3-아미노-2,4-디클로로페놀 및 그 염산염은 염모제에서 용법·용량에 따른 혼합물의 염모성분으로 염산염으로서 1.5% 이하는 제외)

- 2-아미노메칠-p-아미노페놀 및 그 염산염
- 2-[(4-아미노-2-메칠-5-니트로페닐)아미노]에탄올 및 그 염류(예. 에이치시 자색 No. 1)(다만, 산화염모제에서 용법·용량에 따른 혼합물의 염모성분으로서 0.25% 이하, 비산화염모제에서 용법·용량에 따른 혼합물의 염모성분으로서 0.28% 이하는 제외)
- 2-[(3-아미노-4-메톡시페닐)아미노]에탄올 및 그 염류(예. 2-아미노-4-하이드록시에칠아미노아니솔)(다만, 산화염모제에서 용법·용량에 따른 혼합물의 염모성분으로서 1.5% 이하는 제외)
- 4-아미노벤젠설포닉애씨드 및 그 염류
- 4-아미노벤조익애씨드 및 아미노기(-NH2)를 가진 그 에스텔
- 2-아미노-1,2-비스(4-메톡시페닐)에탄올 및 그 염류
- 4-아미노살리실릭애씨드 및 그 염류
- 4-아미노아조벤젠
- 1-(2-아미노에칠)아미노-4-(2-하이드록시에칠)옥시-2-니트로벤젠 및 그 염류(예. 에이치시 등색 No. 2)(다만, 비산화염모제에서 용법·용량에 따른 혼합물의 염모성분으로서 1.0% 이하는 제외)
- 아미노카프로익애씨드 및 그 염류
- 4-아미노-m-크레솔 및 그 염류(다만, 4-아미노-m-크레솔은 산화염모제에서 용법·용량에 따른 혼합물의 염모성분으로서 1.5% 이하는 제외)
- 6-아미노-o-크레솔 및 그 염류
- 2-아미노-6-클로로-4-니트로페놀 및 그 염류(다만, 2-아미노-6-클로로-4-니트로페놀은 염모제에서 용법·용량에 따른 혼합물의 염모성분으로서 2.0% 이하는 제외)
- 1-[(3-아미노프로필)아미노]-4-(메칠아미노)안트라퀴논 및 그 염류
- 4-아미노-3-플루오로페놀
- 5-[(4-[(7-아미노-1-하이드록시-3-설포-2-나프틸)아조]-2,5-디에톡시페닐)아조]-2-[(3-포스포노페닐)아조]벤조익애씨드 및 5-[(4-[(7-아미노-1-하이드록시-3-설포-2-나프틸)아조]-2,5디에톡시페닐)아조]-3-[(3-포스포노페닐)아조]벤조익애씨드

- 3(또는 5)-[[4-[(7-아미노-1-하이드록시-3-설포네이토-2-나프틸)아조]-1-나프틸]아조]살리실릭애씨드 및 그 염류
- Ammi majus 및 그 생약제제
- 아미트롤
- 아미트리프틸린 미 그 염류
- 아밀나이트라이트
- 아밀 4-디메칠아미노벤조익애씨드(펜틸디메칠파바, 파디메이트A)
- 과산화물가가 10mmol/L을 초과하는 Abies balsamea 잎의 오일 및 추출물
- 과산화물가가 10mmol/L을 초과하는 Abies sibirica 잎의 오일 및 추출물
- 과산화물가가 10mmol/L을 초과하는 Abies alba 열매의 오일 및 추출물
- 과산화물가가 10mmol/L을 초과하는 Abies alba 잎의 오일 및 추출물
- 과산화물가가 10mmol/L을 초과하는 Abies pectinata 잎의 오일 및 추출물
- 아세노코우마롤
- 아세토나이트릴
- 아세토페논, 포름알데하이드, 사이클로헥실아민, 메탄올 및 초산의 반응물
- (2-아세톡시에칠)트리메칠암모늄히드록사이드(아세틸콜린 및 그 염류)
- N-[2-(3-아세틸-5-니트로치오펜-2-일아조)-5-디에칠아미노페닐]아세타마이드
- 3-[(4-(아세틸아미노)페닐)아조]4-4하이드록시-7-[[[5-하이드록시-6-(페닐아조)-7-설포-2-나프탈레닐]아미노]카보닐]아미노]-2-나프탈렌설포닉애씨드 및 그 염류
- 5-(아세틸아미노)-4-하이드록시-3-((2-메칠페닐)아조)-2,7-나프탈렌디설포닉애씨드 및 그 염류
- 아자시클로놀 및 그 염류
- 아자페니딘
- 아조벤젠
- 아지리딘
- 아코니툼(Aconitum)속 및 그 생약제제
- 아코니틴 및 그 염류
- 아크릴로니트릴

- 아크릴아마이드(다만, 폴리아크릴아마이드류에서 유래되었으며, 사용 후 씻어내지 않는 바디화장품에 0.1ppm, 기타 제품에 0.5ppm 이하인 경우에는 제외)
- 아트라놀
- Atropa belladonna L. 및 그 제제
- 아트로핀, 그 염류 및 유도체
- 아포몰핀 및 그 염류
- Apocynum cannabinum L. 및 그 제제
- 안드로겐효과를 가진 물질
- 안트라센오일
- 스테로이드 구조를 갖는 안티안드로겐
- 안티몬 및 그 화합물
- 알드린
- 알라클로르
- 알로클아미드 및 그 염류
- 알릴글리시딜에텔
- 2-(4-알릴-2-메톡시페녹시)-N,N-디에칠아세트아미드 및 그 염류
- 4-알릴-2,6-비스(2,3-에폭시프로필)페놀, 4-알릴-6-[3-[6-[3-(4-알릴-2,6-비스(2,3-에폭시프로필)페녹시)-2-하이드록시프로필]-4-알릴-2-(2,3-에폭시프로필)페녹시]-2-하이드록시프로필]-4-알릴-2-(2,3-에폭시프로필)페녹시]-2-하이드록시프로필-2-(2,3-에폭시프로필)페놀, 4-알릴-6-[3-(4-알릴-2,6-비스(2,3-에폭시프로필)페녹시)-2-하이드록시프로필]-2-(2,3-에폭시프로필)페놀, 4-알릴-6-[3-[6-[3-(4-알릴-2,6-비스(2,3-에폭시프로필)페녹시)-2-하이드록시프로필]-4-알릴-2-(2,3-에폭시프로필)페녹시]-2-하이드록시프로필]-2-(2,3-에폭시프로필)페놀의 혼합물
- 알릴이소치오시아네이트
- 에스텔의 유리알릴알코올농도가 0.1%를 초과하는 알릴에스텔류
- 알릴클로라이드(3-클로로프로펜)
- 2급 알칸올아민 및 그 염류
- 알칼리 설파이드류 및 알칼리토 설파이드류

- 2-알칼리펜타시아노니트로실페레이트
- 알킨알코올 그 에스텔, 에텔 및 염류
- o-알킬디치오카르보닉애씨드의 염
- 2급 알킬아민 및 그 염류
- 2-{4-(2-암모니오프로필아미노)-6-[4-하이드록시-3-(5-메칠-2-메톡시-4-설파모일페닐아조)-2-설포네이토나프트-7-일아미노]-1,3,5-트리아진-2-일아미노}-2-아미노프로필포메이트
- 애씨드오렌지 24(CI 20170)
- 애씨드레드 73(CI 27290)
- 애씨드블랙 131 및 그 염류
- 에르고칼시페롤 및 콜레칼시페롤(비타민D2와 D3)
- 에리오나이트
- 에메틴, 그 염류 및 유도체
- 에스트로겐
- 에제린 또는 피조스티그민 및 그 염류
- 에이치시 녹색 No. 1
- 에이치시 적색 No. 8 및 그 염류
- 에이치시 청색 No. 11
- 에이치시 황색 No. 11
- 에이치시 등색 No. 3
- 에치온아미드
- 에칠렌글리콜 디메칠 에텔(EGDME)
- 2,2′-[(1,2′-에칠렌디일)비스[5-((4-에톡시페닐)아조]벤젠설포닉애씨드) 및 그 염류
- 에칠렌옥사이드
- 3-에칠-2-메칠-2-(3-메칠부틸)-1,3-옥사졸리딘
- 1-에칠-1-메칠몰포리늄 브로마이드
- 1-에칠-1-메칠피롤리디늄 브로마이드
- 에칠비스(4-히드록시-2-옥소-1-벤조피란-3-일)아세테이트 및 그 산의 염류

- 4-에칠아미노-3-니트로벤조익애씨드(N-에칠-3-니트로 파바) 및 그 염류
- 에칠아크릴레이트
- 3′-에칠-5′,6′,7′,8′-테트라히드로-5′,6′,8′,8′-테트라메칠-2′-아세토나프탈렌 (아세틸에칠테트라메칠테트라린, AETT)
- 에칠페나세미드(페네투라이드)
- 2-[[4-[에칠(2-하이드록시에칠)아미노]페닐]아조]-6-메톡시-3-메칠-벤조치아졸리움 및 그 염류
- 2-에칠헥사노익애씨드
- 2-에칠헥실[[[3,5-비스(1,1-디메칠에칠)-4-하이드록시페닐]-메칠]치오]아세테이트
- O,O′-(에테닐메칠실릴렌디[(4-메칠펜탄-2-온)옥심]
- 에토헵타진 및 그 염류
- 7-에톡시-4-메칠쿠마린
- 4′-에톡시-2-벤즈이미다졸아닐라이드
- 2-에톡시에탄올(에칠렌글리콜 모노에칠에텔, EGMEE)
- 에톡시에탄올아세테이트
- 5-에톡시-3-트리클로로메칠-1,2,4-치아디아졸
- 4-에톡시페놀(히드로퀴논모노에칠에텔)
- 4-에톡시-m-페닐렌디아민 및 그 염류(예. 4-에톡시-m-페닐렌디아민 설페이트)
- 에페드린 및 그 염류
- 1,2-에폭시부탄
- (에폭시에칠)벤젠
- 1,2-에폭시-3-페녹시프로판
- R-2,3-에폭시-1-프로판올
- 2,3-에폭시프로판-1-올
- 2,3-에폭시프로필-o-톨일에텔
- 에피네프린
- 옥사디아질
- (옥사릴비스이미노에칠렌)비스((o-클로로벤질)디에칠암모늄)염류(예. 암

베노뮴클로라이드)
- 옥산아미드 및 그 유도체
- 옥스페네리딘 및 그 염류
- 4,4′-옥시디아닐린(p-아미노페닐 에텔) 및 그 염류
- (s)-옥시란메탄올 4-메칠벤젠설포네이트
- 옥시염화비스머스 이외의 비스머스화합물
- 옥시퀴놀린(히드록시-8-퀴놀린 또는 퀴놀린-8-올) 및 그 황산염
- 옥타목신 및 그 염류
- 옥타밀아민 및 그 염류
- 옥토드린 및 그 염류
- 올레안드린
- 와파린 및 그 염류
- 요도메탄
- 요오드
- 요함빈 및 그 염류
- 우레탄(에칠카바메이트)
- 우로카닌산, 우로카닌산에칠
- Urginea scilla Stern. 및 그 생약제제
- 우스닉산 및 그 염류(구리염 포함)
- 2,2′-이미노비스-에탄올, 에피클로로히드린 및 2-니트로-1,4-벤젠디아민의 반응생성물(에이치시 청색 No. 5) 및 그 염류
- (마이크로-((7,7′-이미노비스(4-하이드록시-3-((2-하이드로기-5-(N-메칠설파모일)페닐)아조)나프탈렌-2-설포네이토))(6-)))디쿠프레이트 및 그 염류
- 4,4′-(4-이미노사이클로헥사-2,5-디에닐리덴메칠렌)디아닐린 하이드로클로라이드
- 이미다졸리딘-2-치온
- 과산화물가가 10mmol/L을 초과하는 이소디프렌
- 이소메트헵텐 및 그 염류
- 이소부틸나이트라이트

- 4,4′-이소부틸에칠리덴디페놀
- 이소소르비드디나이트레이트
- 이소카르복사지드
- 이소프레나린
- 이소프렌(2-메칠-1,3-부타디엔)
- 6-이소프로필-2-데카하이드로나프탈렌올(6-이소프로필-2-데카롤)
- 3-(4-이소프로필페닐)-1,1-디메칠우레아(이소프로투론)
- (2-이소프로필펜트-4-에노일)우레아(아프로날리드)
- 이속사풀루톨
- 이속시닐 및 그 염류
- 이부프로펜피코놀, 그 염류 및 유도체
- Ipecacuanha(Cephaelis ipecacuaha Brot. 및 관련된 종) (뿌리, 가루 및 생약제제)
- 이프로디온
- 인체 세포·조직 및 그 배양액(다만, 배양액 중 별표 3의 인체 세포·조직 배양액 안전기준에 적합한 경우는 제외)
- 인태반(Human Placenta) 유래 물질
- 인프로쿠몬
- 임페라토린(9-(3-메칠부트-2-에니록시)푸로(3,2-g)크로멘-7온)
- 자이람
- 자일렌(다만, 화장품 원료의 제조공정에서 용매로 사용되었으나 완전히 제거할 수 없는 잔류용매로서 화장품법 시행규칙 [별표 3] 자. 손발톱용 제품류 중 (1), (2), (3), (5)에 해당하는 제품 중 0.01% 이하, 기타 제품 중 0.002% 이하인 경우 제외)
- 자일로메타졸린 및 그 염류
- 자일리딘, 그 이성체, 염류, 할로겐화 유도체 및 설폰화 유도체
- 족사졸아민
- Juniperus sabina L(잎, 정유 및 생약제제).
- 지르코늄 및 그 산의 염류

- 천수국꽃 추출물 또는 오일
- Chenopodium ambrosioides(정유)
- 치람
- 4,4′-치오디아닐린 및 그 염류
- 치오아세타마이드
- 치오우레아 및 그 유도체
- 치오테파
- 치오판네이트-메칠
- 카드뮴 및 그 화합물
- 카라미펜 및 그 염류
- 카르벤다짐
- 4,4′-카르본이미돌일비스[N,N-디메칠아닐린] 및 그 염류
- 카리소프로돌
- 카바독스
- 카바릴
- N-(3-카바모일-3,3-디페닐프로필)-N,N-디이소프로필메칠암모늄염(예. 이소프로파미드아이오다이드)
- 카바졸의 니트로유도체
- 7,7′-(카보닐디이미노)비스(4-하이드록시-3-[[2-설포-4-[(4-설포페닐)아조]페닐]아조-2-나프탈렌설포닉애씨드 및 그 염류
- 카본디설파이트
- 카본모노옥사이드(일산화탄소)
- 카본블랙(다만, 불순물 중 벤조피렌과 디벤즈(a,h)안트라센이 각각 5ppb 이하이고 총 다환방향족탄화수소류(PAHs)가 0.5ppm 이하인 경우에는 제외)
- 카본테트라클로라이드
- 카부트아미드
  - 카브로말
- 카탈라아제
- 카테콜(피로카테콜)(다만, 산화염모제에서 용법·용량에 따른 혼합물의 염모

성분으로서 1.5% 이하는 제외)
- 칸타리스, Cantharis vegicatoria
- 캡타폴
- 캡토디암
- 케토코나졸
- Coniummaculatum L(과실, 가루, 생약제제).
- 코니인
- 코발트디클로라이드(코발트클로라이드)
- 코발트벤젠설포네이트
- 코발트설페이트
- 코우메타롤
- 콘발라톡신
- 콜린염 및 에스텔(예. 콜린클로라이드)
- 콜키신, 그 염류 및 유도체
- 콜키코시드 및 그 유도체
- Colchicum autumnale L. 및 그 생약제제
- 콜타르 및 정제콜타르
- 쿠라레와 쿠라린
- 합성 쿠라리잔트(Curarizants)
- 과산화물가가 10mmol/L을 초과하는 Cupressus sempervirens 잎의 오일 및 추출물
- 크로톤알데히드(부테날)
- Croton tiglium(오일)
- 3-(4-클로로페닐)-1,1-디메칠우로늄 트리클로로아세테이트 ; 모누론-TCA
- 크롬 ; 크로믹애씨드 및 그 염류
- 크리센
- 크산티놀(7-{2-히드록시-3-[N-(2-히드록시에칠)-N-메칠아미노]프로필}테오필린)
- Claviceps purpurea Tul., 그 알칼로이드 및 생약제제

- 1-클로로-4-니트로벤젠
- 2-[(4-클로로-2-니트로페닐)아미노]에탄올(에이치시 황색 No. 12) 및 그 염류
- 2-[(4-클로로-2-니트로페닐)아조]-N-(2-메톡시페닐)-3-옥소부탄올아마이드(피그먼트옐로우 73) 및 그 염류
- 2-클로로-5-니트로-N-하이드록시에칠-p-페닐렌디아민 및 그 염류
- 클로로데콘
- 2,2′-((3-클로로-4-((2,6-디클로로-4-니트로페닐)아조)페닐)이미노)비스에탄올(디스퍼스브라운 1) 및 그 염류
- 5-클로로-1,3-디하이드로-2H-인돌-2-온
- [6-[[3-클로로-4-(메칠아미노)페닐]이미노]-4-메칠-3-옥소사이클로헥사-1,4-디엔-1-일]우레아(에이치시 적색 No. 9) 및 그 염류
- 클로로메칠 메칠에틸
- 2-클로로-6-메칠피리미딘-4-일디메칠아민(크리미딘-ISO)
- 클로로메탄
- p-클로로벤조트리클로라이드
- N-5-클로로벤족사졸-2-일아세트아미드
- 4-클로로-2-아미노페놀
- 클로로아세타마이드
- 클로로아세트알데히드
- 클로로아트라놀
- 6-(2-클로로에칠)-6-(2-메톡시에톡시)-2,5,7,10-테트라옥사-6-실라운데칸
- 2-클로로-6-에칠아미노-4-니트로페놀 및 그 염류(다만, 산화염모제에서 용법·용량에 따른 혼합물의 염모성분으로서 1.5% 이하, 비산화염모제에서 용법·용량에 따른 염모성분으로서 3% 이하는 제외)
- 클로로에탄
- 1-클로로-2,3-에폭시프로판
- R-1-클로로-2,3-에폭시프로판
- 클로로탈로닐
- 클로로톨루론 ; 3-(3-클로로-p-톨일)-1,1-디메칠우레아

- α-클로로톨루엔
- N′-(4-클로로-o-톨일)-N,N-디메칠포름아미딘 모노하이드로클로라이드
- 1-(4-클로로페닐)-4,4-디메칠-3-(1,2,4-트리아졸-1-일메칠)펜타-3-올
- (3-클로로페닐)-(4-메톡시-3-니트로페닐)메타논
- (2RS,3RS)-3-(2-클로로페닐)-2-(4-플루오로페닐)-[1H-1,2,4-트리아졸-1-일)메칠]옥시란(에폭시코나졸)
- 2-(2-(4-클로로페닐)-2-페닐아세틸)인단 1,3-디온(클로로파시논-ISO)
- 클로로포름
- 클로로프렌(2-클로로부타-1,3-디엔)
- 클로로플루오로카본 추진제(완전하게 할로겐화 된 클로로플루오로알칸)
- 2-클로로-N-(히드록시메칠)아세트아미드
- N-[(6-[(2-클로로-4-하이드록시페닐)이미노]-4-메톡시-3-옥소-1,4-사이클로헥사디엔-1-일]아세타마이드(에이치시 황색 No. 8) 및 그 염류
- 클로르단
- 클로르디메폼
- 클로르메자논
- 클로르메틴 및 그 염류
- 클로르족사존
- 클로르탈리돈
- 클로르프로티센 및 그 염류
- 클로르프로파미드
- 클로린
- 클로졸리네이트
- 클로페노탄 ; DDT(ISO)
- 클로펜아미드
- 키노메치오네이트
- 타크로리무스(tacrolimus), 그 염류 및 유도체
- 탈륨 및 그 화합물
- 탈리도마이드 및 그 염류

■ 대한민국약전(식품의약품안전처 고시) '탤크'항 중 석면기준에 적합하지 않은 탤크
- 과산화물가가 10mmol/L을 초과하는 테르펜 및 테르페노이드(다만, 리모넨류는 제외)
- 과산화물가가 10mmol/L을 초과하는 신핀 테르펜 및 테르페노이드(sinpine terpenes and terpenoids)
- 과산화물가가 10mmol/L을 초과하는 테르펜 알코올류의 아세테이트
- 과산화물가가 10mmol/L을 초과하는 테르펜하이드로카본
- 과산화물가가 10mmol/L을 초과하는 α-테르피넨
- 과산화물가가 10mmol/L을 초과하는 γ-테르피넨
- 과산화물가가 10mmol/L을 초과하는 테르피놀렌
- Thevetia neriifolia juss, 배당체 추출물
- N,N,N′,N′-테트라글리시딜-4,4′-디아미노-3,3′-디에칠디페닐메탄
- N,N,N′,N′-테트라메칠-4,4′-메칠렌디아닐린
- 테트라베나진 및 그 염류
- 테트라브로모살리실아닐리드
- 테트라소듐 3,3′-[[1,1′-비페닐]-4,4′-디일비스(아조)]비스[5-아미노-4-하이드록시나프탈렌-2,7-디설포네이트](다이렉트블루 6)
- 1,4,5,8-테트라아미노안트라퀴논(디스퍼스블루1)
- 테트라에칠피로포스페이트 ; TEPP(ISO)
- 테트라카보닐니켈
- 테트라카인 및 그 염류
- 테트라코나졸((+/-)-2-(2,4-디클로로페닐)-3-(1H-1,2,4-트리아졸-1-일)프로필-1,1,2,2-테트라플루오로에칠에텔)
- 2,3,7,8-테트라클로로디벤조-p-디옥신
- 테트라클로로살리실아닐리드
- 5,6,12,13-테트라클로로안트라(2,1,9-def:6,5,10-d′e′f′)디이소퀴놀린-1,3,8,10(2H,9H)-테트론
- 테트라클로로에칠렌
- 테트라키스-하이드록시메칠포스포늄 클로라이드, 우레아 및 증류된 수소화

C16-18 탈로우 알킬아민의 반응생성물(UVCB 축합물)
- 테트라하이드로-6-니트로퀴노살린 및 그 염류
- 테트라히드로졸린(테트리졸린) 및 그 염류
- 테트라하이드로치오피란-3-카르복스알데하이드
- (+/-)-테트라하이드로풀푸릴-(R)-2-[4-(6-클로로퀴노살린-2-일옥시)페닐옥시]프로피오네이트
- 테트릴암모늄브로마이드
- 테파졸린 및 그 염류
- 텔루륨 및 그 화합물
- 토목향(Inula helenium)오일
- 톡사펜
- 톨루엔-3,4-디아민
- 톨루이디늄클로라이드
- 톨루이딘, 그 이성체, 염류, 할로겐화 유도체 및 설폰화 유도체
- o-톨루이딘계 색소류
- 톨루이딘설페이트(1:1)
- m-톨리덴 디이소시아네이트
- 4-o-톨릴아조-o-톨루이딘
- 톨복산
- 톨부트아미드
- [(톨일옥시)메칠]옥시란(크레실 글리시딜 에텔)
- [(m-톨일옥시)메칠]옥시란
- [(p-톨일옥시)메칠]옥시란
- 과산화물가가 10mmol/L을 초과하는 피누스(Pinus)속을 스팀증류하여 얻은 투르펜틴
- 과산화물가가 10mmol/L을 초과하는 투르펜틴검(피누스(Pinus)속)
- 과산화물가가 10mmol/L을 초과하는 투르펜틴 오일 및 정제오일
- 투아미노헵탄, 이성체 및 그 염류
- 과산화물가가 10mmol/L을 초과하는 Thuja Occidentalis 나무줄기의 오일

- 과산화물가가 10mmol/L을 초과하는 Thuja Occidentalis 잎의 오일 및 추출물
- 트라닐시프로민 및 그 염류
- 트레타민
- 트레티노인(레티노익애씨드 및 그 염류)
- 트리니켈디설파이드
- 트리데모르프
- 3,5,5-트리메칠사이클로헥스-2-에논
- 2,4,5-트리메칠아닐린[1] ; 2,4,5-트리메칠아닐린 하이드로클로라이드[2]
- 3,6,10-트리메칠-3,5,9-운데카트리엔-2-온(메칠이소슈도이오논)
- 2,2,6-트리메칠-54-피페리딜벤조에이트(유카인) 및 그 염류
- 3,4,5-트리메톡시펜에칠아민 및 그 염류
- 트리부틸포스페이트
- 3,4′,5-트리브로모살리실아닐리드(트리브롬살란)
- 2,2,2,-트리브로모에탄올(트리브로모에칠알코올)
- 트리소듐 비스(7-아세트아미도-2-(4-니트로-2-옥시도페닐아조)-3-설포네이토-1-나프톨라토)크로메이트(1-)
- 트리소듐[4′-(8-아세틸아미노-3,6-디설포네이토-2-나프틸아조)-4″-(6-벤조일아미노-3-설포네이토-2-나프틸아조)-비페닐-1,3′,3″,1‴-테트라올라토-O,O′,O″,O‴]코퍼(Ⅱ)
- 1,3,5-트리스(3-아미노메칠페닐)-1,3,5-(1H,3H,5H)-트리아진-2,4,6-트리온 및 3,5-비스(3-아미노메칠페닐)-1-폴리[3,5-비스(3-아미노메칠페닐)-2,4,6-트리옥소-1,3,5-(1H,3H,5H)-트리아진-1-일]-1,3,5-(1H,3H,5H)-트리아진-2,4,6-트리온 올리고머의 혼합물
- 1,3,5-트리스-[(2S 및 2R)-2,3-에폭시프로필]-1,3,5-트리아진-2,4,6-(1H,3H,5H)-트리온
- 1,3,5-트리스(옥시라닐메칠)-1,3,5-트리아진-2,4,6(1H,3H,5H)-트리온
- 트리스(2-클로로에칠)포스페이트
- N1-(트리스(하이드록시메칠))-메칠-4-니트로-1,2-페닐렌디아민(에이치시 황색 No. 3) 및 그 염류

- 1,3,5-트리스(2-히드록시에칠)헥사히드로1,3,5-트리아신
- 1,2,4-트리아졸
- 트리암테렌 및 그 염류
- 트리옥시메칠렌(1,3,5-트리옥산)
- 트리클로로니트로메탄(클로로피크린)
- N-(트리클로로메칠치오)프탈이미드
- N-[(트리클로로메칠)치오]-4-사이클로헥센-1,2-디카르복시미드(캡탄)
- 2,3,4-트리클로로부트-1-엔
- 트리클로로아세틱애씨드
- 트리클로로에칠렌
- 1,1,2-트리클로로에탄
- 2,2,2-트리클로로에탄-1,1-디올
- α,α,α-트리클로로톨루엔
- 2,4,6-트리클로로페놀
- 1,2,3-트리클로로프로판
- 트리클로르메틴 및 그 염류
- 트리톨일포스페이트
- 트리파라놀
- 트리플루오로요도메탄
- 트리플루페리돌
- 1,3,5-트리하이드록시벤젠(플로로글루시놀) 및 그 염류
- 티로트리신
- 티로프로픽애씨드 및 그 염류
- 티아마졸
- 티우람디설파이드
- 티우람모노설파이드
- 파라메타손
- 파르에톡시카인 및 그 염류
- 2급 아민함량이 5%를 초과하는 패티애씨드디알킬아마이드류 및 디알칸올아마

이드류
- 페나글리코돌
- 페나디아졸
- 페나리몰
- 페나세미드
- p-페네티딘(4-에톡시아닐린)
- 페노졸론
- 페노티아진 및 그 화합물
- 페놀
- 페놀프탈레인(3,3-비스(4-하이드록시페닐)프탈리드)
- 페니라미돌
- o-페닐렌디아민 및 그 염류
- 페닐부타존
- 4-페닐부트-3-엔-2-온
- 페닐살리실레이트
- 1-페닐아조-2-나프톨(솔벤트옐로우 14)
- 4-(페닐아조)-m-페닐렌디아민 및 그 염류
- 4-페닐아조페닐렌-1-3-디아민시트레이트히드로클로라이드(크리소이딘시트레이트히드로클로라이드)
- (R)-α-페닐에칠암모늄(-)-(1R,2S)-(1,2-에폭시프로필)포스포네이트 모노하이드레이트
- 2-페닐인단-1,3-디온(페닌디온)
- 페닐파라벤
- 트랜스-4-페닐-L-프롤린
- 페루발삼(Myroxylon pereirae의 수지)[다만, 추출물(extracts) 또는 증류물(distillates)로서 0.4% 이하인 경우는 제외]
- 페몰린 및 그 염류
- 페트리클로랄
- 펜메트라진 및 그 유도체 및 그 염류

- 펜치온
- N,N′-펜타메칠렌비스(트리메칠암모늄)염류 (예. 펜타메토늄브로마이드)
- 펜타에리트리틸테트라나이트레이트
- 펜타클로로에탄
- 펜타클로로페놀 및 그 알칼리 염류
- 펜틴 아세테이트
- 펜틴 하이드록사이드
- 2-펜틸리덴사이클로헥사논
- 펜프로바메이트
- 펜프로코우몬
- 펜프로피모르프
- 펠레티에린 및 그 염류
- 포타슘브로메이트
- 폴딘메틸설페이드
- 푸로쿠마린류 (예. 트리옥시살렌, 8-메톡시소랄렌, 5-메톡시소랄렌)(천연에센스에 자연적으로 함유된 경우는 제외(다만, 자외선차단제품 및 인공선탠제품에서는 1ppm 이하이어야 한다.))
- 푸르푸릴트리메칠암모늄염 (예. 푸르트레토늄아이오다이드)
- 풀루아지포프-부틸
- 풀미옥사진
- 퓨란
- 프라모카인 및 그 염류
- 프레그난디올
- 프로게스토젠
- 프로그레놀론아세테이트
- 프로베네시드
- 프로카인아미드, 그 염류 및 유도체
- 프로파지트
- 프로파진

- 프로파틸나이트레이트
- 4,4′-[1,3-프로판디일비스(옥시)]비스벤젠-1,3-디아민 및 그 테트라하이드로클로라이드염 (예. 1,3-비스-(2,4-디아미노페녹시)프로판, 염산 1,3-비스-(2,4-디아미노페녹시)프로판 하이드로클로라이드)(다만, 산화염모제에서 용법·용량에 따른 혼합물의 염모성분으로서 산으로서 1.2% 이하는 제외)
- 1,3-프로판설톤
- 프로판-1,2,3-트리일트리나이트레이트
- 프로피오락톤
- 프로피자미드
- 프로피페나존
- Prunus laurocerasus L.
- 프리로시빈
- 프탈레이트류(디부틸프탈레이트, 디에틸헥실프탈레이트, 부틸벤질프탈레이트에 한함)
- 플루실라졸
- 플루아니손
- 플루오레손
- 플루오로우라실
- 플루지포프-p-부틸
- 피그먼트레드 53(레이크레드 C)
- 피그먼트레드 53:1(레이크레드 CBa)
- 피그먼트오렌지 5(파마넨트오렌지)
- 피나스테리드, 그 염류 및 유도체
- 과산화물가가 10mmol/L을 초과하는 Pinus nigra 잎과 잔가지의 오일 및 추출물
- 과산화물가가 10mmol/L을 초과하는 Pinus mugo 잎과 잔가지의 오일 및 추출물
- 과산화물가가 10mmol/L을 초과하는 Pinus mugo pumilio 잎과 잔가지의 오일 및 추출물
- 과산화물가가 10mmol/L을 초과하는 Pinus cembra 아세틸레이티드 잎 및 잔가지의 추출물

- 과산화물가가 10mmol/L을 초과하는 Pinus cembra 잎과 잔가지의 오일 및 추출물
- 과산화물가가 10mmol/L을 초과하는 Pinus species 잎과 잔가지의 오일 및 추출물
- 과산화물가가 10mmol/L을 초과하는 Pinus sylvestris 잎과 잔가지의 오일 및 추출물
- 과산화물가가 10mmol/L을 초과하는 Pinus palustris 잎과 잔가지의 오일 및 추출물
- 과산화물가가 10mmol/L을 초과하는 Pinus pumila 잎과 잔가지의 오일 및 추출물
- 과산화물가가 10mmol/L을 초과하는 Pinus pinaste 잎과 잔가지의 오일 및 추출물
- Pyrethrum album L. 및 그 생약제제
- 피로갈롤(다만, 염모제에서 용법·용량에 따른 혼합물의 염모성분으로서 2% 이하는 제외)
- Pilocarpus jaborandi Holmes 및 그 생약제제
- 피로카르핀 및 그 염류
- 6-(1-피롤리디닐)-2,4-피리미딘디아민-3-옥사이드(피롤리디닐 디아미노 피리미딘 옥사이드)
- 피리치온소듐(INNM)
- 피리치온알루미늄캄실레이트
- 피메크로리무스(pimecrolimus), 그 염류 및 그 유도체
- 피메트로진
- 과산화물가가 10mmol/L을 초과하는 Picea mariana 잎의 오일 및 추출물
- Physostigma venenosum Balf.
- 피이지-3,2′,2′-디-p-페닐렌디아민
- 피크로톡신
- 피크릭애씨드
- 피토나디온(비타민 K1)
- 피톨라카(Phytolacca)속 및 그 제제
- 피파제테이트 및 그 염류
- 6-(피페리디닐)-2,4-피리미딘디아민-3-옥사이드(미녹시딜), 그 염류 및 유도체
- α-피페리딘-2-일벤질아세테이트 좌회전성의 트레오포름(레보파세토페란) 및 그 염류

- 피프라드롤 및 그 염류
- 피프로쿠라륨 및 그 염류
- 형광증백제
- 히드라스틴, 히드라스티닌 및 그 염류
- (4-하이드라지노페닐)-N-메칠메탄설폰아마이드 하이드로클로라이드
- 히드라지드 및 그 염류
- 히드라진, 그 유도체 및 그 염류
- 하이드로아비에틸 알코올
- 히드로겐시아니드 및 그 염류
- 히드로퀴논
- 히드로플루오릭애씨드, 그 노르말 염, 그 착화합물 및 히드로플루오라이드
- N-[3-하이드록시-2-(2-메칠아크릴로일아미노메톡시)프로폭시메칠]-2-메칠아크릴아마이드, N-[2,3-비스-(2-메칠아크릴로일아미노메톡시)프로폭시메칠-2-메칠아크릴아마이드, 메타크릴아마이드 및 2-메칠-N-(2-메칠아크릴로일아미노메톡시메칠)-아크릴아마이드
- 4-히드록시-3-메톡시신나밀알코올의벤조에이트(천연에센스에 자연적으로 함유된 경우는 제외)
- (6-(4-하이드록시)-3-(2-메톡시페닐아조)-2-설포네이토-7-나프틸아미노)-1,3,5-트리아진-2,4-디일)비스[(아미노이-1-메칠에칠)암모늄]포메이트
- 1-하이드록시-3-니트로-4-(3-하이드록시프로필아미노)벤젠 및 그 염류 (예. 4-하이드록시프로필아미노-3-니트로페놀) (다만, 염모제에서 용법·용량에 따른 혼합물의 염모성분으로서 2.6% 이하는 제외)
- 1-하이드록시-2-베타-하이드록시에칠아미노-4,6-디니트로벤젠 및 그 염류 (예. 2-하이드록시에칠피크라믹애씨드) (다만, 2-하이드록시에칠피크라믹애씨드는 산화염모제에서 용법·용량에 따른 혼합물의 염모성분으로서 1.5% 이하, 비산화염모제에서 용법·용량에 따른 혼합물의 염모성분으로서 2.0% 이하는 제외)
- 5-하이드록시-1,4-벤조디옥산 및 그 염류
- 하이드록시아이소헥실 3-사이클로헥센 카보스알데히드(HICC)
- N1-(2-하이드록시에칠)-4-니트로-o-페닐렌디아민(에이치시 황색 No. 5) 및 그 염류

- 하이드록시에칠-2,6-디니트로-p-아니시딘 및 그 염류
- 3-[[4-[(2-하이드록시에칠)메칠아미노]-2-니트로페닐]아미노]-1,2-프로판디올 및 그 염류
- 하이드록시에칠-3,4-메칠렌디옥시아닐린 ; 2-(1,3-벤진디옥솔-5-일아미노)에탄올 하이드로클로라이드 및 그 염류 (예. 하이드록시에칠-3,4-메칠렌디옥시아닐린 하이드로클로라이드) (다만, 산화염모제에서 용법·용량에 따른 혼합물의 염모성분으로서 1.5% 이하는 제외)
- 3-[[4-[(2-하이드록시에칠)아미노]-2-니트로페닐]아미노]-1,2-프로판디올 및 그 염류
- 4-(2-하이드록시에칠)아미노-3-니트로페놀 및 그 염류 (예. 3-니트로-p-하이드록시에칠아미노페놀) (다만, 3-니트로-p-하이드록시에칠아미노페놀은 산화염모제에서 용법·용량에 따른 혼합물의 염모성분으로서 3.0% 이하, 비산화염모제에서 용법·용량에 따른 혼합물의 염모성분으로서 1.85% 이하는 제외)
- 2,2′-[[4-[(2-하이드록시에칠)아미노]-3-니트로페닐]이미노]바이세타놀 및 그 염류 (예. 에이치시 청색 No. 2) (다만, 비산화염모제에서 용법·용량에 따른 혼합물의 염모성분으로서 2.8% 이하는 제외)
- 1-[(2-하이드록시에칠)아미노]-4-메칠아미노-9,10-안트라센디온 및 그 염류
- 하이드록시에칠아미노메칠-p-아미노페놀 및 그 염류
- 5-[(2-하이드록시에칠)아미노-o-크레졸 및 그 염류 (예. 2-메칠-5-하이드록시에칠아미노페놀) (다만, 2-메칠-5-하이드록시에칠아미노페놀은 염모제에서 용법·용량에 따른 혼합물의 염모성분으로서 0.5% 이하는 제외)
- (4-(4-히드록시-3-요오도페녹시)-3,5-디요오도페닐)아세틱애씨드 및 그 염류
- 6-하이드록시-1-(3-이소프로폭시프로필)-4-메칠-2-옥소-5-[4-(페닐아조)페닐아조]-1,2-디하이드로-3-피리딘카보니트릴
- 4-히드록시인돌
- 2-[2-하이드록시-3-(2-클로로페닐)카르바모일-1-나프틸아조]-7-[2-하이드록시-3-(3-메칠페닐)카르바모일-1-나프탈아조]플루오렌-9-온
- 4-(7-하이드록시-2,4,4-트리메칠-2-크로마닐)레솔시놀-4-일-트리스(6-디아조-5,6-디하이드로-5-옥소나프탈렌-1-설포네이트) 및 4-(7-하이드록시-2,4,4-트리

메칠-2-크로마닐)레솔시놀비스(6-디아조-5,6-디하이드로-5-옥소나프탈렌-1-설포네이트)의 2:1 혼합물
- 11-α-히드록시프레근-4-엔-3,20-디온 및 그 에스텔
- 1-(3-하이드록시프로필아미노)-2-니트로-4-비스(2-하이드록시에칠)아미노)벤젠 및 그 염류(예. 에이치시 자색 No. 2) (다만, 비산화염모제에서 용법·용량에 따른 혼합물의 염모성분으로서 2.0% 이하는 제외)
- 히드록시프로필 비스(N-히드록시에칠-p-페닐렌디아민) 및 그 염류 (다만, 산화염모제에서 용법·용량에 따른 혼합물의 염모성분으로 테트라하이드로클로라이드 염으로서 0.4% 이하는 제외)
- 하이드록시피리디논 및 그 염류
- 3-하이드록시-4-[(2-하이드록시나프틸)아조]-7-니트로나프탈렌-1-설포닉애씨드 및 그 염류
- 할로카르반
- 할로페리돌
- 항생물질
- 항히스타민제 (예. 독실아민, 디페닐피랄린, 디펜히드라민, 메타피릴렌, 브롬페니라민, 사이클리진, 클로르페녹사민, 트리펠렌아민, 히드록사진 등)
- N,N′-헥사메칠렌비스(트리메칠암모늄)염류 (예. 헥사메토늄브로마이드)
- 헥사메칠포스포릭-트리아마이드
- 헥사에칠테트라포스페이트
- 헥사클로로벤젠
- (1R,4S,5R,8S)-1,2,3,4,10,10-헥사클로로-6,7-에폭시-1,4,4a,5,6,7,8,8a-옥타히드로-1,4;5,8-디메타노나프탈렌(엔드린-ISO)
- 1,2,3,4,5,6-헥사클로로사이클로헥산류 (예. 린단)
- 헥사클로로에탄
- (1R,4S,5R,8S)-1,2,3,4,10,10-헥사클로로-1,4,4a,5,6,7,8,8a-헥사히드로-1,4;5,8-디메타노나프탈렌(이소드린-ISO)
- 헥사프로피메이트
- (1R,2S)-헥사히드로-1,2-디메칠-3,6-에폭시프탈릭안하이드라이드(칸타리딘)

- 헥사하이드로사이클로펜타(C) 피롤-1-(1H)-암모늄 N-에톡시카르보닐-N-(p-톨릴설포닐)아자나이드
- 헥사하이드로쿠마린
- 헥산
- 헥산-2-온
- 1,7-헵탄디카르복실산(아젤라산), 그 염류 및 유도체
- 트랜스-2-헥세날디메칠아세탈
- 트랜스-2-헥세날디에칠아세탈
- 헨나(Lawsonia Inermis)엽가루 (다만, 염모제에서 염모성분으로 사용하는 것은 제외)
- 트랜스-2-헵테날
- 헵타클로로에폭사이드
- 헵타클로르
- 3-헵틸-2-(3-헵틸-4-메칠-치오졸린-2-일렌)-4-메칠-치아졸리늄다이드
- 황산 4,5-디아미노-1-((4-클로로페닐)메칠)-1H-피라졸
- 황산 5-아미노-4-플루오르-2-메칠페놀
- Hyoscyamus niger L(잎, 씨, 가루 및 생약제제).
- 히요시아민, 그 염류 및 유도체
- 히요신, 그 염류 및 유도체
- 영국 및 북아일랜드산 소 유래 성분
- BSE(Bovine Spongiform Encephalopathy) 감염조직 및 이를 함유하는 성분

■ 광우병 발병이 보고된 지역의 다음의 특정위험물질(specified risk material) 유래성분(소·양·염소 등 반추동물의 18개 부위)
  - 뇌(brain)
  - 두개골(skull)
  - 척수(spinal cord)
  - 뇌척수액(cerebrospinal fluid)
  - 송과체(pineal gland)

- 하수체(pituitary gland)
- 경막(dura mater)
- 눈(eye)
- 삼차신경절(trigeminal ganglia)
- 배측근신경절(dorsal root ganglia)
- 척주(vertebral column)
- 림프절(lymph nodes)
- 편도(tonsil)
- 흉선(thymus)
- 십이지장에서 직장까지의 장관(intestines from the duodenum to the rectum)
- 비장(spleen)
- 태반(placenta)
- 부신(adrenal gland)

■ 「화학물질의 등록 및 평가 등에 관한 법률」 제2조제9호 및 제27조에 따라 지정하고 있는 금지물질

제2조9 "금지물질"이란 위해성이 크다고 인정되는 화학물질로서 모든 용도로의 제조, 수입, 판매, 보관·저장, 운반 또는 사용을 금지하기 위하여 제27조에 따라 환경부장관이 관계 중앙행정기관의 장과의 협의와 제7조에 따른 화학물질평가위원회의 심의를 거쳐 고시한 것을 말한다.

제27조

① 환경부장관은 화학물질이 다음 각 호의 어느 하나에 해당되는 경우 관계 중앙행정기관의 장과의 협의와 평가위원회의 심의를 거쳐 대통령령으로 정하는 바에 따라 해당 화학물질을 제한물질 또는 금지물질로 지정하여 고시하여야 한다.

유해성심사 및 위해성평가 결과 위해성이 있다고 인정되는 경우

외국정부, 국제기구 등이 위해성이 있다고 인정하는 경우

국제협약 등에 따라 제조·수입 또는 사용이 금지되거나 제한되는 경우

제26조제1호의 사유로 지정 해제된 허가물질에 해당하는 경우

② 환경부장관은 제한물질 또는 금지물질을 지정하려는 경우에는 제한물질 또는 금지물질로 지정하려는 화학물질의 명칭 및 지정예정 시기 등을 관보나 인터넷 홈페이

지를 통하여 미리 예고하여야 한다. 다만, 해당 화학물질로 인하여 사람의 건강이나 환경에 중대한 위해가 발생하거나 발생할 우려가 있다고 판단되어 긴급 대응이 필요한 경우에는 그러하지 아니하다.

③ 환경부장관은 제한물질 또는 금지물질을 지정·고시하는 경우 제한물질 또는 금지물질의 명칭, 용도에 따른 금지의 내용 등을 포함하여야 한다.

④ 제1항부터 제3항까지에서 규정한 사항 외에 제한물질 또는 금지물질의 지정 및 고시에 필요한 사항은 대통령령으로 정한다.

제2장 사용상 제한이 있는 원료

원료명	사용한도	비고
글루타랄(펜탄-1,5-디알)	0.1%	에어로졸(스프레이에 한함) 제품에는 사용금지
데하이드로아세틱애씨드(3-아세틸-6-메칠피란-2,4(3H)-디온) 및 그 염류	데하이드로아세틱애씨드로서 0.6%	• 에어로졸(스프레이에 한함) 제품에는 사용금지 • 천연화장품 유기농화장품 보존제로 사용가능
4,4-디메칠-1,3-옥사졸리딘(디메칠옥사졸리딘)	0.05% (다만, 제품의 pH는 6을 넘어야 함)	
디브로모헥사미딘 및 그 염류(이세치오네이트 포함)	디브로모헥사미딘으로서 0.1%	
디아졸리디닐우레아(N-(히드록시메칠)-N-(디히드록시메칠-1,3-디옥소-2,5-이미다졸리디닐-4)-N′-(히드록시메칠)우레아)	0.5%	
디엠디엠하이단토인(1,3-비스(히드록시메칠)-5,5-디메칠이미다졸리딘-2,4-디온)	0.6%	
2,4-디클로로벤질알코올	0.15%	
3,4-디클로로벤질알코올	0.15%	
메칠이소치아졸리논	사용 후 씻어내는 제품에 0.0015%	기타 제품에는 사용금지

원료명	사용한도	비고
	(단, 메칠클로로이소치아졸리논과 메칠이소치아졸리논 혼합물과 병행 사용 금지)	
메칠클로로이소치아졸리논과 메칠이소치아졸리논 혼합물(염화마그네슘과 질산마그네슘 포함)	사용 후 씻어내는 제품에 0.0015% (메칠클로로이소치아졸리논:메칠이소치아졸리논=(3:1)혼합물로서)	기타 제품에는 사용금지
메텐아민(헥사메칠렌테트라아민)	0.15%	
무기설파이트 및 하이드로젠설파이트류	유리 SO2로 0.2%	
벤잘코늄클로라이드, 브로마이드 및 사카리네이트	• 사용 후 씻어내는 제품에 벤잘코늄클로라이드로서 0.1% • 기타 제품에 벤잘코늄클로라이드로서 0.05%	
벤제토늄클로라이드	0.1%	점막에 사용되는 제품에는 사용금지
벤조익애씨드, 그 염류 및 에스텔류	산으로서 0.5% (다만, 벤조익애씨드 및 그 소듐염은 사용 후 씻어내는 제품에는 산으로서 2.5%)	
벤질알코올	1.0% (다만, 두발 염색용 제품류에 용제로 사용할 경우에는 10%)	
벤질헤미포름알	사용 후 씻어내는 제품에 0.15%	기타 제품에는 사용금지
보레이트류(소듐보레이트, 테트라보레이트)	밀납, 백납의 유화의 목적으로 사용 시 0.76% (이 경우, 밀납·백납 배합량의 1/2을 초과할 수 없다.)	기타 목적에는 사용금지
5-브로모-5-나이트로-1,3-디옥산	사용 후 씻어내는 제품에 0.1% (다만, 아민류나 아마이드류를 함유하고 있는 제품에는 사용금지)	기타 제품에는 사용금지
2-브로모-2-나이트로프로판-1,3-디올(브로노폴)	0.1%	아민류나 아마이드류를 함유하고 있는 제품에는 사용금지
브로모클로로펜(6,6-디브로모-4,4-디클로로-2,2′-메칠렌-디페놀)	0.1%	
비페닐-2-올(-페닐페놀) 및 그 염류	페놀로서 0.15%	
살리실릭애씨드 및 그 염류	살리실릭애씨드로서 0.5%	영유아용 제품류 또는 만 13세 이하

원료명	사용한도	비고
		어린이가 사용할 수 있음을 특정하여 표시하는 제품에는 사용금지 (다만, 샴푸류는 제외)
세틸피리디늄클로라이드	0.08%	
소듐라우로일사코시네이트	사용 후 씻어내는 제품에 허용	기타 제품에는 사용금지
소듐아이오데이트	사용 후 씻어내는 제품에 0.1%	기타 제품에는 사용금지
소듐하이드록시메칠아미노아세테이트(소듐하이드록시메칠글리시네이트)	0.5%	
소르빅애씨드(헥사-2,4-디에노익애씨드) 및 그 염류	소르빅애씨드로서 0.6%	
아이오도프로피닐부틸카바메이트(아이피비씨)	• 사용 후 씻어내는 제품에 0.02% • 사용 후 씻어내지 않는 제품에 0.01% (다만, 데오드란트에 배합할 경우에는 0.0075%)	• 입술에 사용되는 제품, 에어로졸(스프레이에 한함) 제품, 바디로션 및 바디크림에는 사용금지 • 영유아용 제품류 또는 만 13세 이하 어린이가 사용할 수 있음을 특정하여 표시하는 제품에는 사용금지(목욕용 제품, 샤워젤류 및 샴푸류는 제외)
알킬이소퀴놀리늄브로마이드	사용 후 씻어내지 않는 제품에 0.05%	
알킬(C12-C22)트리메칠암모늄브로마이드 및 클로라이드(브롬화세트리모늄 포함)	두발용 제품류를 제외한 화장품에 0.1%	
에칠라우로일알지네이트 하이드로클로라이드	0.4%	입술에 사용되는 제품 및 에어로졸(스프레이에 한함) 제품에는 사용금지
엠디엠하이단토인	0.2%	
알킬디아미노에칠글라이신하이드로클로라이드용액(30%)	0.3%	
운데실레닉애씨드 및 그 염류 및 모노에탄올아마이드	사용 후 씻어내는 제품에 산으로서 0.2%	기타 제품에는 사용금지
이미다졸리디닐우레아(3,3′-비스(1-하이드록시메칠-2,5-디옥소이	0.6%	

원료명	사용한도	비고
미디졸리딘-4-일)-1,1′메칠렌디우레아)		
이소프로필메칠페놀(이소프로필크레졸,o-시멘-5-올)	0.1%	
징크피리치온	사용 후 씻어내는 제품에 0.5%	기타 제품에는 사용금지
쿼터늄-15(메텐아민 3-클로로알릴클로라이드)	0.2%	
클로로부탄올	0.5%	에어로졸(스프레이에 한함) 제품에는 사용금지
<삭제>	<삭제>	
클로로자이레놀	0.5%	
p-클로로-m-크레졸	0.04%	점막에 사용되는 제품에는 사용금지
클로로펜(2-벤질-4-클로로페놀)	0.05%	
클로페네신(3-(p-클로로페녹시)-프로판-1,2-디올)	0.3%	
클로헥시딘, 그 디글루코네이트, 디아세테이트 및 디하이드로클로라이드	• 점막에 사용하지 않고 씻어내는 제품에 클로헥시딘으로서 0.1% • 기타 제품에 클로헥시딘으로서 0.05%	
클림바졸[1-(4-클로로페녹시)-1-(1H-이미다졸릴)-3,3-디메칠-2-부타논]	두발용 제품에 0.5%	기타 제품에는 사용금지
테트라브로모- -크레졸	0.3%	
트리클로산	사용 후 씻어내는 인체세정용 제품류, 데오도런트(스프레이 제품 제외), 페이스파우더, 피부결점을 감추기 위해 국소적으로 사용하는 파운데이션 (예. 블레미쉬컨실러에 0.3%)	기타 제품에는 사용금지
트리클로카반(트리클로카바닐리드)	0.2% (다만, 원료 중 3,3′,4,4′-테트라클로로아조벤젠 1ppm 미만, 3,3′,4,4′-테트라클로로아족시벤	

원료명	사용한도	비고
	젠 1ppm 미만 함유하여야 함)	
페녹시에탄올	1.0%	
페녹시이소프로판올(1-페녹시프로판-2-올)	사용 후 씻어내는 제품에 1.0%	기타 제품에는 사용금지
<삭제>	<삭제>	
포믹애씨드 및 소듐포메이트	포믹애씨드로서 0.5%	
폴리(1-헥사메칠렌바이구아니드)에이치씨엘	0.05%	에어로졸(스프레이에 한함) 제품에는 사용금지
프로피오닉애씨드 및 그 염류	프로피오닉애씨드로서 0.9%	
피록톤올아민(1-하이드록시-4-메칠-6(2,4,4-트리메칠펜틸)2-피리돈 및 그 모노에탄올아민염)	사용 후 씻어내는 제품에 1.0%, 기타 제품에 0.5%	
피리딘-2-올 1-옥사이드	0.5%	
p-하이드록시벤조익애씨드, 그 염류 및 에스텔류 (다만, 에스텔류 중 페닐은 제외)	·단일성분일 경우 0.4%(산으로서) ·혼합사용의 경우 0.8%(산으로서)	
헥세티딘	사용 후 씻어내는 제품에 0.1%	기타 제품에는 사용금지
헥사미딘(1,6-디(4-아미디노페녹시)-n-헥산) 및 그 염류(이세치오네이트 및 p-하이드록시벤조에이트)	헥사미딘으로서 0.1%	

(1) 보존제 성분의 제한

※ **염류의 예** : 소듐, 포타슘, 칼슘, 마그네슘, 암모늄, 에탄올아민, 클로라이드, 브로마이드, 설페이트, 아세테이트, 베타인 등

※ **에스텔류** : 메칠, 에칠, 프로필, 이소프로필, 부틸, 이소부틸, 페닐

TIP

비듬억제 항균 및 항진균제 : 징크피리치온, 살리실릭애씨드, 클림바졸, 피록톤올아민

(2) 자외선 차단성분의 제한

원료명	사용한도	비고
드로메트리졸트리실록산	15%	
드로메트리졸	1.0%	
디갈로일트리올리에이트	5%	
디소듐페닐디벤즈이미다졸테트라설포네이트	산으로서 10%	
디에칠헥실부타미도트리아존	10%	
디에칠아미노하이드록시벤조일헥실벤조에이트	10%	
로우손과 디하이드록시아세톤의 혼합물	로우손 0.25%, 디하이드록시아세톤 3%	
메칠렌비스-벤조트리아졸릴테트라메칠부틸페놀	10%	
4-메칠벤질리덴캠퍼	4%	
멘틸안트라닐레이트	5%	
벤조페논-3(옥시벤존)	5%	하와이
벤조페논-4(설리소벤존)	5%	
벤조페논-8(디옥시벤존)	3%	
부틸메톡시디벤조일메탄(아보벤존)	5%	
비스에칠헥실옥시페놀메톡시페닐트리아진	10%	
시녹세이트	5%	
에칠디하이드록시프로필파바	5%	
오토크릴렌	10%	
에칠헥실디메칠파바	8%	
에칠헥실메톡시신나메이트	7.5%	하와이
에칠헥실살리실레이트	5%	
에칠헥실트리아존	5%	
이소아밀-p-메톡시신나메이트	10%	
폴리실리콘-15(디메치코디에칠벤잘말로네이트)	10%	
징크옥사이드	25%	자외선산란제,

원료명	사용한도	비고
		백탁현상, 백색제
테레프탈릴리덴디캠퍼설포닉애씨드 및 그 염류	산으로서 10%	
티이에이-살리실레이트	12%	
티타늄디옥사이드	25%	자외선산란제, 백탁현상, 백색제
페닐벤즈이미다졸설포닉애씨드	4%	
호모살레이트	10%	

※ 다만, 제품의 변색방지를 목적으로 그 사용농도가 0.5% 미만인 것은 자외선 차단 제품으로 인정하지 아니한다.

※ 염류 : 양이온염으로 소듐, 포타슘, 칼슘, 마그네슘, 암모늄 및 에탄올아민, 음이온염으로 클로라이드, 브로마이드, 설페이트, 아세테이트

(3) 염모제 성분의 제한

원료명	사용할 때 농도상한(%)	비고
p-니트로-o-페닐렌디아민	산화염모제에 1.5%	
니트로-p-페닐렌디아민	산화염모제에 3.0%	
2-메칠-5-히드록시에칠아미노페놀	산화염모제에 0.5%	
2-아미노-4-니트로페놀	산화염모제에 2.5%	
2-아미노-5-니트로페놀	산화염모제에 1.5%	
2-아미노-3-히드록시피리딘	산화염모제에 1.0%	기타 제품에는 사용금지
4-아미노-m-크레솔	산화염모제에 1.5%	
5-아미노-o-크레솔	산화염모제에 1.0%	
5-아미노-6-클로로-o-크레솔	산화염모제에 1.0% 비산화염모제에 0.5%	
m-아미노페놀	산화염모제에 2.0%	
o-아미노페놀	산화염모제에 3.0%	

원료명	사용할 때 농도상한(%)	비고
p-아미노페놀	산화염모제에 0.9%	
염산 2,4-디아미노페녹시에탄올	산화염모제에 0.5%	
염산 톨루엔-2,5-디아민	산화염모제에 3.2%	
염산 m-페닐렌디아민	산화염모제에 0.5%	
염산 p-페닐렌디아민	산화염모제에 3.3%	
염산 히드록시프로필비스(N-히드록시에칠-p-페닐렌디아민)	산화염모제에 0.4%	
톨루엔-2,5-디아민	산화염모제에 2.0%	
m-페닐렌디아민	산화염모제에 1.0%	
p-페닐렌디아민	산화염모제에 2.0%	
N-페닐-p-페닐렌디아민 및 그 염류	산화염모제에 N-페닐-p-페닐렌디아민으로서 2.0%	
피크라민산	산화염모제에 0.6%	
황산 p-니트로-o-페닐렌디아민	산화염모제에 2.0%	
p-메칠아미노페놀 및 그 염류	산화염모제에 황산염으로서 0.68%	
황산 5-아미노-o-크레솔	산화염모제에 4.5%	
황산 m-아미노페놀	산화염모제에 2.0%	
황산 o-아미노페놀	산화염모제에 3.0%	
황산 p-아미노페놀	산화염모제에 1.3%	
황산 톨루엔-2,5-디아민	산화염모제에 3.6%	
황산 m-페닐렌디아민	산화염모제에 3.0%	
황산 p-페닐렌디아민	산화염모제에 3.8%	
황산 N,N-비스(2-히드록시에칠)-p-페닐렌디아민	산화염모제에 2.9%	
2,6-디아미노피리딘	산화염모제에 0.15%	
염산 2,4-디아미노페놀	산화염모제에 0.5%	
1,5-디히드록시나프탈렌	산화염모제에 0.5%	

원료명	사용할 때 농도상한(%)	비고
피크라민산 나트륨	산화염모제에 0.6%	
황산 2-아미노-5-니트로페놀	산화염모제에 1.5%	
황산 o-클로로-p-페닐렌디아민	산화염모제에 1.5%	
황산 1-히드록시에칠-4,5-디아미노피라졸	산화염모제에 3.0%	
히드록시벤조모르포린	산화염모제에 1.0%	
6-히드록시인돌	산화염모제에 0.5%	
1-나프톨(-나프톨)	산화염모제에 2.0%	
레조시놀	산화염모제에 2.0%	
2-메칠레조시놀	산화염모제에 0.5%	기타 제품에는 사용금지
몰식자산	산화염모제에 4.0%	
카테콜(피로카테콜)	산화염모제에 1.5%	기타 제품에는 사용금지
피로갈롤	염모제에 2.0%	기타 제품에는 사용금지
과붕산나트륨사수화물 과붕산나트륨일수화물 과산화수소수 과탄산나트륨	염모제(탈염·탈색 포함)에서 과산화수소로서 12.0%	

(4) 기타성분의 제한

원료명	사용한도	비고
감광소 감광소 101호(플라토닌) 감광소 201호(쿼터늄-73) 감광소 301호(쿼터늄-51)의 합계량 감광소 401호(쿼터늄-45) 기타의 감광소	0.002%	
건강틴크 칸타리스틴크의 합계량 고추틴크	1%	
과산화수소 및 과산화수소 생성물질	• 두발용 제품류에 과산화수소로서 3%	기타 제품에는 사용금지

원료명	사용한도	비고
	• 손톱경화용 제품에 과산화수소로서 2%	
글라이옥살	0.01%	
<삭제>	<삭제>	
-다마스콘(시스-로즈 케톤-1)	0.02%	
디아미노피리미딘옥사이드(2,4-디아미노-피리미딘-3-옥사이드)	두발용 제품류에 1.5%	기타 제품에는 사용금지
땅콩오일, 추출물 및 유도체		원료 중 땅콩단백질의 최대 농도는 0.5ppm을 초과하지 않아야 함
라우레스-8, 9 및 10	2%	
레조시놀	• 산화염모제에 용법·용량에 따른 혼합물의 염모성분으로서 2.0% • 기타제품에 0.1%	
로즈 케톤-3	0.02%	
로즈 케톤-4	0.02%	
로즈 케톤-5	0.02%	
시스-로즈 케톤-2	0.02%	
트랜스-로즈 케톤-1	0.02%	
트랜스-로즈 케톤-2	0.02%	
트랜스-로즈 케톤-3	0.02%	
트랜스-로즈 케톤-5	0.02%	
리튬하이드록사이드	• 헤어스트레이트너 제품에 4.5% • 제모제에서 pH조정 목적으로 사용되는 경우 최종 제품의 pH는 12.7 이하	기타 제품에는 사용금지
만수국꽃 추출물 또는 오일	• 사용 후 씻어내는 제품에 0.1% • 사용 후 씻어내지 않는 제품에 0.01%	• 원료 중 알파테르티에닐(테르티오펜) 함량은 0.35% 이하 • 자외선 차단제품 또는 자외선을 이용한 태닝(천연 또는 인공)을 목적으로 하는 제품에는 사용금지

원료명	사용한도	비고
		• 만수국아재비꽃 추출물 또는 오일과 혼합사용 시 '사용 후 씻어내는 제품'에 0.1%, '사용 후 씻어내지 않는 제품'에 0.01%를 초과하지 않아야 함
만수국아재비꽃 추출물 또는 오일	• 사용 후 씻어내는 제품에 0.1% • 사용 후 씻어내지 않는 제품에 0.01%	• 원료 중 알파테르티에닐(테르티오펜) 함량은 0.35% 이하 • 자외선 차단제품 또는 자외선을 이용한 태닝(천연 또는 인공)을 목적으로 하는 제품에는 사용금지 • 만수국꽃 추출물 또는 오일과 혼합사용 시 '사용 후 씻어내는 제품'에 0.1%, '사용 후 씻어내지 않는 제품'에 0.01%를 초과하지 않아야 함
머스크자일렌	• 향수류향료원액을 8% 초과하여 함유하는 제품에 1.0%, 향료원액을 8% 이하로 함유하는 제품에 0.4% • 기타 제품에 0.03%	
머스크케톤	• 향수류향료원액을 8% 초과하여 함유하는 제품 1.4%, 향료원액을 8% 이하로 함유하는 제품 0.56% • 기타 제품에 0.042%	
3-메칠논-2-엔니트릴	0.2%	
메칠 2-옥티노에이트(메칠헵틴카보네이트)	0.01%(메칠옥틴카보네이트와 병용 시 최종제품에서 두 성분의 합은 0.01%, 메칠옥틴카보네이트는 0.002%)	
메칠옥틴카보네이트(메칠논-2-이노에이트)	0.002% (메칠 2-옥티노에이트와 병용 시 최종제품에서 두 성분의 합이 0.01%)	
p-메칠하이드로신나믹알데하이드	0.2%	
메칠헵타디에논	0.002%	

원료명	사용한도	비고
메톡시디시클로펜타디엔카르복스알데하이드	0.5%	
무기설파이트 및 하이드로젠설파이트류	산화염모제에서 유리 SO2로 0.67%	기타 제품에는 사용금지
베헨트리모늄 클로라이드	(단일성분 또는 세트리모늄 클로라이드, 스테아트리모늄클로라이드와 혼합사용의 합으로서) • 사용 후 씻어내는 두발용 제품류 및 두발 염색용 제품류에 5.0% • 사용 후 씻어내지 않는 두발용 제품류 및 두발 염색용 제품류에 3.0%	세트리모늄 클로라이드 또는 스테아트리모늄 클로라이드와 혼합 사용하는 경우 세트리모늄 클로라이드 및 스테아트리모늄 클로라이드이 합은 '사용 후 씻어내지 않는 두발용 제품류'에 1.0% 이하, '사용 후 씻어내는 두발용 제품류 및 두발 염색용 제품류'에 2.5% 이하여야 함
4-tert-부틸디하이드로신남알데하이드	0.6%	
1,3-비스(하이드록시메칠)이미다졸리딘-2-치온	두발용 제품류 및 손발톱용 제품류에 2% (다만, 에어로졸(스프레이에 한함) 제품에는 사용금지)	기타 제품에는 사용금지
비타민E(토코페롤)	20%	
살리실릭애씨드 및 그 염류	• 인체세정용 제품류에 살리실릭애씨드로서 2% • 사용 후 씻어내는 두발용 제품류에 살리실릭애씨드로서 3%	• 영유아용 제품류 또는 만 13세 이하 어린이가 사용할 수 있음을 특정하여 표시하는 제품에는 사용금지 (다만, 샴푸는 제외) • 기능성화장품의 유효성분으로 사용하는 경우에 한하며 기타 제품에는 사용금지
세트리모늄 클로라이드, 스테아트리모늄 클로라이드	(단일성분 또는 혼합사용의 합으로서) • 사용 후 씻어내는 두발용 제품류 및 두발용 염색용 제품류에 2.5% • 사용 후 씻어내지 않는 두발용 제품류 및 두발 염색용 제품류에 1.0%	
소듐나이트라이트	0.2%	2급, 3급 아민 또는 기타 니트로사민형성물질을 함유하고 있는 제품에는 사용금지

원료명	사용한도	비고
소합향나무(Liquidambar orientalis) 발삼오일 및 추출물	0.6%	
수용성 징크 염류(징크 4-하이드록시 벤젠설포네이트와 징크피리치온 제외)	징크로서 1%	
시스테인, 아세틸시스테인 및 그 염류	퍼머넌트웨이브용 제품에 시스테인으로서 3.0~7.5% (다만, 가온2욕식 퍼머넌트웨이브용 제품의 경우에는 시스테인으로서 1.5~5.5%, 안정제로서 치오글라이콜릭애씨드 1.0%를 배합할 수 있으며, 첨가하는 치오글라이콜릭애씨드의 양을 최대한 1.0%로 했을 때 주성분인 시스테인의 양은 6.5%를 초과할 수 없다.)	
실버나이트레이트	속눈썹 및 눈썹 착색용도의 제품에 4%	
아밀비닐카르비닐아세테이트	0.3%	기타 제품에는 사용금지
아밀시클로펜테논	0.1%	
아세틸헥사메칠인단	사용 후 씻어내지 않는 제품에 2%	
아세틸헥사메칠테트라린	• 사용 후 씻어내지 않는 제품 0.1% (다만, 하이드로알콜성 제품에 배합할 경우 1%, 순수 향료 제품에 배합할 경우 2.5%, 방향크림에 배합할 경우 0.5%) • 사용 후 씻어내는 제품 0.2%	
알에이치(또는 에스에이치) 올리고펩타이드-1(상피세포성장인자)	0.001%	
알란토인클로로하이드록시알루미늄(알클록사)	1%	
알릴헵틴카보네이트	0.002%	2-알키노익애씨드 에스텔(예. 메칠헵틴카보네이트)을 함유하고 있는 제품에는 사용금지

원료명	사용한도	비고
알칼리금속의 염소산염	3%	기타 제품에는 사용금지
암모니아	6%	기타 제품에는 사용금지
에칠라우로일알지네이트 하이드로클로라이드	비듬 및 가려움을 덜어주고 씻어내는 제품(샴푸)에 0.8%	기타 제품에는 사용금지
에탄올·붕사·라우릴황산나트륨(4:1:1) 혼합물	외음부세정제에 12%	
에티드로닉애씨드 및 그 염류(1-하이드록시에칠리덴-디-포스포닉애씨드 및 그 염류)	• 두발용 제품류 및 두발염색용 제품류에 산으로서 1.5% • 인체 세정용 제품류에 산으로서 0.2%	기타 제품에는 사용금지
오포파낙스	0.6%	
옥살릭애씨드, 그 에스텔류 및 알칼리 염류	두발용제품류에 5%	기타 제품에는 사용금지
우레아	10%	
이소베르가메이트	0.1%	
이소사이클로제라니올	0.5%	
징크페놀설포네이트	사용 후 씻어내지 않는 제품에 2%	
징크피리치온	비듬 및 가려움을 덜어주고 씻어내는 제품(샴푸, 린스) 및 탈모증상의 완화에 도움을 주는 화장품에 총 징크피리치온으로서 1.0%	기타 제품에는 사용금지
치오글라이콜릭애씨드, 그 염류 및 에스텔류	• 퍼머넌트웨이브용 및 헤어스트레이트너 제품에 치오글라이콜릭애씨드로서 11%(다만, 가온2욕식 헤어스트레이트너 제품의 경우에는 치오글라이콜릭애씨드로서 5%, 치오글라이콜릭애씨드 및 그 염류를 주성분으로 하고 제1제 사용 시 조제하는 발열 2욕식 퍼머넌트웨이브용 제품의 경우 치오글라이콜릭애씨드로서 19%에 해당하는 양) • 제모용 제품에 치오글라이콜릭	기타 제품에는 사용금지

원료명	사용한도	비고
	애씨드로서 5% • 염모제에 치오글라ㅣ콜릭애씨드로서 1% • 사용 후 씻어내는 두발용 제품류에 2%	
칼슘하이드록사이드	• 헤어스트레이트너 제품에 7% • 제모제에서 pH조정 목적으로 사용되는 경우 최종 제품의 pH는 12.7 이하	기타 제품에는 사용금지
Commiphora erythrea engler var. glabrescens 검 추출물 및 오일	0.6%	
쿠민(Cuminum cyminum) 열매 오일 및 추출물	사용 후 씻어내지 않는 제품에 쿠민오일로서 0.4%	
퀴닌 및 그 염류	• 샴푸에 퀴닌염으로서 0.5% • 헤어로션에 퀴닌염으로서 0.2%	기타 제품에는 사용금지
클로라민T	0.2%	
톨루엔	손발톱용 제품류에 25%	기타 제품에는 사용금지
트리알킬아민, 트리알칸올아민 및 그 염류	사용 후 씻어내지 않는 제품에 2.5%	
트리클로산	사용 후 씻어내는 제품류에 0.3%	기능성화장품의 유효성분으로 사용하는 경우에 한하며 기타 제품에는 사용금지
트리클로카반(트리클로카바닐리드)	사용 후 씻어내는 제품류에 1.5%	기능성화장품의 유효성분으로 사용하는 경우에 한하며 기타 제품에는 사용금지
페릴알데하이드	0.1%	
페루발삼(Myroxylon pereirae의 수지) 추출물(extracts), 증류물(distillates)	0.4%	
포타슘하이드록사이드 또는 소듐하이드록사이드	• 손톱표피 용해 목적일 경우 5%, pH조정 목적으로 사용되고 최종 제품이 제5조제5항에 pH기준이 정하여 있지 아니한 경우에도 최종 제품의 pH는	

원료명	사용한도	비고
	11 이하 • 제모제에서 pH조정 목적으로 사용되는 경우 최종 제품의 pH는 12.7 이하	
폴리아크릴아마이드류	• 사용 후 씻어내지 않는 바디 화장품에 잔류 아크릴아마이드로서 0.00001% • 기타 제품에 잔류 아크릴아마이드로서 0.00005%	
풍나무(Liquidambar styracifula) 발삼오일 및 추출물	0.6%	
프로필리덴프탈라이드	0.01%	
하이드롤라이즈드밀단백질		원료 중 펩타이드의 최대 평균분자량은 3.5 kDa 이하이어야 함
트랜스-2-헥세날	0.002%	
2-헥실리덴사이클로펜타논	0.06%	

※ 염류의 예 : 소듐, 포타슘, 칼슘, 마그네슘, 암모늄, 에탈올아민, 클로라이드, 브로마이드, 설페이트, 아세테이트, 베타인 등

※ 에스텔류 : 메칠, 에칠, 프로필, 이소프로필, 부틸, 이소부틸, 페닐

TIP

치오글라이콜릭애씨드 : 산화방지제, 퍼머넌트웨이브 용제/헤어스트레이트너 용제, 환원제로 사용된다. 체모를 제거하는 데 도움을 주는 기능성화장품으로는 치오글리콜산 80%, 치오글리콜산크림제의 기준 및 시험방법이 고시되어있다. 고시된 함량은 글리콜산80% 3~4.5% 사용 시 자료제출이 면제된다(pH 범위 7~12.7).

저자 약력

강현경
상명대학교 대학원 미용예술경영학 박사
유나이티드 인터팜 교육실장

김미성
상명대학교 대학원 미용예술경영학 박사
올댓 뷰티아카데미스쿨 전임강사

마충량
건국대학교 대학원 향장학과 석사과정
The Cosmetics 대표

조혜경
을지대학교 대학원 보건학박사
영진사이버대학교 뷰티케어학과 교수

맞춤형화장품 조제관리사

1판 1쇄 인쇄   2022년 07월 05일
1판 1쇄 발행   2022년 07월 15일
저   자   강현경·김미성·마충랑·조혜경
발 행 인   이범만
발 행 처   **21세기사** (제406-2004-00015호)
         경기도 파주시 산남로 72-16 (10882)
         Tel. 031-942-7861   Fax. 031-942-7864
         E-mail : 21cbook@naver.com
         Home-page : www.21cbook.co.kr
         ISBN 979-11-6833-045-0

정가 30,000원

이 책의 일부 혹은 전체 내용을 무단 복사, 복제, 전재하는 것은 저작권법에 저촉됩니다.
저작권법 제136조(권리의침해죄)1항에 따라 침해한 자는 5년 이하의 징역 또는 5천만 원 이하의 벌금에 처하거나 이를 병과
(倂科)할 수 있습니다. 파본이나 잘못된 책은 교환해 드립니다.